Corinne Hofmann

Żegnaj Afryko

Dalsze losy Białej Masajki

Z niemieckiego przełożył
Dariusz Muszer

Świat Książki

Tytuł oryginału
ZURÜCK AUS AFRIKA

Redaktor prowadzący
Tomasz Jendryczko

Redakcja
Jacek Ring
Małgorzata Holender-Staniszewska

Redakcja techniczna
Lidia Lamparska

Korekta
Małgorzata Toczydłowska
Agata Bołdok

Świat Książki
Warszawa 2008
Bertelsmann Media sp. z o.o.
ul. Rosoła 10, 02-786 Warszawa

Wyłączna dystrybucja: Platon Sp. z o.o.
ul. Kolejowa 19/21, 01-217 Warszawa
e-mail: platon@platon.com.pl
www.platon.com.pl

Skład i łamanie
Plus 2

Printed in EU

ISBN 978-83-247-1270-0
Nr 6565

Kiedy w sierpniu 1998 roku ukazała się „Biała Masajka", miałam nadzieję, że historia mojej afrykańskiej miłości spotka się z szerokim zainteresowaniem, ale nawet w najśmielszych marzeniach nie przypuszczałam, iż książka ta w krótkim czasie znajdzie się na listach bestsellerów, zostanie przetłumaczona na 15 języków świata, a także sfilmowana. Sukces wydawniczy i wszystkie przeżycia z nim związane stały się kolejną wielką przygodą w moim życiu.

Wtedy nie miałam wcale zamiaru opisać dalszej części moich przygód. Ale w ciągu kilku lat otrzymałam tysiące listów, faksów i e-maili, w których czytelnicy w najróżniejszy sposób opowiadali mi, jak silne wrażenie wywarła na nich ta moja historia. Niemalże zawsze listy te kończyły się pytaniem, co teraz słychać u mojej kenijskiej rodziny, córki i mnie samej.

Początkowo starałam się każdemu odpisywać osobiście. Nadszedł jednak dzień, kiedy w obliczu lawiny pytań musiałam skapitulować. Z każdym nowym dowodem zainteresowania naszymi dalszymi losami rosło we mnie wewnętrzne przekonanie, że powinnam wywiązać się z pewnego rodzaju zobowiązania.

Pragnę zadedykować tę książkę wszystkim, którzy wzruszyli mnie swoim uznaniem, wsparciem i zainteresowaniem moją historią.

Lugano, w kwietniu 2003

PRZYBYCIE DO „BIAŁEGO ŚWIATA"

Jak przez mgłę słyszę głos: „Halo, halo, pobudka!". Czuję czyjąś dłoń na ramieniu, otwieram oczy. W pierwszej chwili nie wiem, gdzie jestem. Mój wzrok pada na łóżeczko pod nogami, w którym śpi Napirai, i od razu wiem: Jestem w samolocie. Siedząca obok kobieta zdejmuje dłoń z mego ramienia i mówi z uśmiechem: „Spałyście jak kamień! Niebawem lądujemy w Zurychu, a pani przegapiła wszystkie posiłki".

Nie mogę uwierzyć: udało nam się. Wyrwałyśmy się z Kenii. Jesteśmy wolne, moja córka i ja!

Natychmiast przypominam sobie ostatnie przejścia w Nairobi przy kontroli paszportowej. Mężczyzna spogląda na nas i pyta: *Is this your child?* Napirai śpi w *kandze* na moich plecach, a ja odpowiadam: *Yes*. Przerzuca kartki w paszporcie dziecka i w moim. „Dlaczego wyjeżdża pani z córką?" – brzmi następne pytanie. „Chcę pokazać mojej matce wnuczkę". „A dlaczego mąż nie jedzie z wami?". Najspokojniej jak potrafię, wyjaśniam, że musi pracować i zarabiać pieniądze.

Mężczyzna patrzy srogo i mówi, że chce dokładniej zobaczyć twarz dziecka. Mam je obudzić, zwracając się do niego po imieniu. Jeszcze bardziej się denerwuję. Napirai, która ma nieco ponad rok i trzy miesiące, budzi się i rozgląda rozespana. Mężczyzna pyta ją kilka razy, jak ma na imię. Napirai w odpowiedzi wykrzywia usta w podkówkę i zaczyna płakać. Próbuję szybko ją uspokoić. Obawiam się, że w ostatniej chwili wszystko spali na panewce i nie będziemy mogły opuścić tego kraju. Mężczyzna obraca na wszystkie strony niemiecki paszport Napirai i pyta surowym tonem: „Dlaczego dziecko ma niemiecki paszport, skoro ojciec jest Kenijczykiem? Czy to jest rzeczywiście pani córka?". Zarzuca mnie coraz to nowymi pytaniami, a ja znów jestem cała spocona ze strachu. Najspokojniej, jak potrafię, tłumaczę, że mój mąż jest przywiązanym do tradycji Masajem, że nie dostał paszportu i że udało nam się załatwić dla dziecka tylko paszport niemiecki. Wracam jednak za trzy tygodnie i postaram się o kenijski. Mówiąc to, ponownie podsuwam mężczyźnie podpisany przez męża list i modlę się cicho: „Kochany Panie Boże, nie zostawiaj nas w potrzebie, pozwól nam pokonać te kilka metrów, jakie dzielą nas od samolotu!". Za nami tłoczą się poirytowani turyści, obserwując całą scenę. Mężczyzna spogląda na mnie jeszcze raz przenikliwie, kilka sekund milczy, po czym błyskając białymi zębami mówi z szerokim uśmiechem: „O'kay! Szczęśliwej podróży i do zobaczenia za trzy tygodnie. Niech pani przywiezie mężowi coś ładnego!".

Takie obrazy przesuwają mi się przed oczami, gdy ciągle jeszcze potwornie zmęczona biorę córkę na ręce i podaję jej pierś. Zaraz lądujemy, a ja mam bardzo mieszane uczucia. Co powie moja matka? Czy przyjdzie na lotnisko ze swoim mężem? Co będzie dalej? Jak mam jej powiedzieć, że wcale nie przyjeżdżam na urlop, tylko że uciekłam od swojej wielkiej miłości i nie mam już ani sił, ani odwagi, żeby tam wracać? Po prostu nie wiem.

Potrząsając głową, pakuję rzeczy, jakbym chciała pozbyć się wszystkich tych natrętnych myśli. Samolot podchodzi do lądowania, a ja znów czuję ogromną ulgę: wydostałam z Kenii córkę. Udało nam się!

Biegnę przez teren portu lotniczego z Napirai na plecach i czuję się tego zimnego 6 października 1990 roku nieco nie na miejscu w tej swojej połatanej spódnicy, w podkoszulku z krótkimi rękawami i w sandałach. Mam wrażenie, że ludzie przypatrują mi się podejrzliwie.

Wreszcie dostrzegam matkę i jej męża. Radośnie zmierzam ku nim i widzę przerażenie w ich oczach. Jestem chuda jak patyk:

mam metr osiemdziesiąt wzrostu, a ważę poniżej pięćdziesięciu kilogramów. Z trudem powstrzymuję łzy. Czuję się nagle potwornie zmęczona, osłabiona jak po wielkiej bitwie. Wzruszona matka bierze mnie w ramiona. W oczach ma łzy. Jej mąż, Hanspeter, wita się z nami przyjaźnie, choć nieco z dystansem, bo nie znamy się jeszcze zbyt dobrze.

Ruszamy w drogę do ich domu. Jakiś czas temu przeprowadzili się z Alp Berneńskich do Wetzikon, gminy w kantonie Zurych. Już w samochodzie matka pyta, co tam słychać u Lketingi i na jak długo przyjechałam na urlop. Zasycha mi w gardle, nie wiem, co odpowiedzieć. Mówię wymijająco: „Na jakieś trzy, cztery tygodnie".

Postanawiam, że później opowiem jej o całej tragedii. Przecież matka nie ma zielonego pojęcia, jak mi jest źle. Z Kenii nie mogłam ani napisać, ani w inny sposób jej poinformować o wydarzeniach ostatnich miesięcy. Mój mąż kontrolował wszystko. Każde napisane zdanie musiałam mu tłumaczyć. Gdy mieszkaliśmy na wybrzeżu, zdarzało się nawet, że zanosił moje listy do ludzi, którzy trochę znali niemiecki. Jeśli coś dla niego było podejrzane, musiałam list wrzucić do ognia. Gdy tylko pomyślałam o Szwajcarii, zerkał na mnie nieufnie i, jakby potrafił czytać w moich myślach, mówił: *Why you are thinking at Switzerland, you stay here in Kenia and you are my wife.* Poza tym nie chciałam niepotrzebnie martwić matki, bo wciąż wierzyłam, że jednak między nami jakoś się ułoży.

W domu wita nas głośne szczekanie, które bardzo przeraża Napirai, bo tego nie zna; w Kenii podchodzi się raczej z rezerwą do psów. Zwierzę szczeka jak oszalałe i szczerzy zęby.

– Nie jest przyzwyczajony do obcych, a szczególnie do dzieci – wyjaśnia matka. – Chyba jednak jakoś wytrzymamy te kilka dni.

A mnie serce się ściska, gdy pomyślę, że musimy zostać u niej tak długo, aż wszystkie sprawy zostaną załatwione. A to może potrwać. Moje zezwolenie na zamieszkanie w Szwajcarii straciło swoją ważność i przyjechałam tu jako turystka. Wprawdzie urodziłam się w Szwajcarii i tu wyrosłam, mam jednak tylko niemiecki paszport, podobnie jak mój ojciec. Według tutejszych przepisów, jeśli pobyt za granicą trwa dłużej niż sześć miesięcy, traci się automatycznie zezwolenie na pobyt. Nie chcę nawet myśleć o tym, co nas jeszcze czeka.

Mój Boże, muszę to wszystko powiedzieć matce! Ale na razie nie chcę psuć jej całej radości. Jest przecież tak szczęśliwa, że może znów mnie zobaczyć i poznać swoją wnuczkę. Poza tym na pewno nie jest przygotowana na nagły powrót dorosłej córki z dzieckiem na ręku. Bądź co bądź od moich osiemnastych urodzin nie mieszkam już w domu.

Wprowadzamy się z Napirai do małego pokoju dla gości i rozpakowujemy swój skromny dobytek. Mam tylko kilka ubranek dla dziecka, jakieś dwadzieścia pieluszek, dla siebie jedną parę dżinsów i jeden pulower. Inne rzeczy zostawiłam w Kenii – musiałam uśpić czujność Lketinga, miał być przekonany, że do niego wrócę. Inaczej nigdy nie pozwoliłby mi na wyjazd z córką.

Poruszam się ostrożnie po tym pięknym obszernym domu, starannie umeblowanym, z kwiatami i dywanami. Największe wrażenie robi na mnie możliwość korzystania z prawdziwej toalety. Po śmierdzących wychodkach w Kenii jest to zrozumiałe. Matka pyta, co bym najchętniej zjadła. Na samą myśl o soczystej sałatce z żółtym serem i kiełbasą cieknie mi ślina. Wypowiadam swoje życzenie. Matka jest nieco zawiedziona, gdyż chciała mi ugotować coś specjalnego. Lecz dla mnie ta potrawa, po czterech latach pobytu w buszu, jest największym rarytasem, jaki potrafię sobie wyobrazić. Gdy żyłam u Samburu, nie miałam nigdy możliwości zjedzenia czegoś tak świeżego. Poza mąką kukurydzianą, czasem ryżem, a jeszcze rzadziej mięsem, i to bez przypraw, po prostu nie było nic. Jakże cieszę się teraz na tę sałatkę z kawałkiem świeżego chleba!

Tymczasem w Napirai obudziła się ciekawość, obserwuje nieznanych jej dotąd białych ludzi. Zdążyła już wyrzucić prawie wszystkie książki z półek, a teraz grzebie w doniczkach z kwiatami. Wszystko tu jest dla niej zupełnie nowe.

Wreszcie jest jedzenie. Już od samego patrzenia chce mi się płakać z radości. Ile to razy w bezsenne noce marzyłam o takim posiłku! Teraz wystarczy tylko sobie zażyczyć i pół godziny później stoi przede mną.

Naturalnie matka domaga się dokładnej relacji o moim nowym życiu w Mombasie. Pyta, jakie powodzenie ma sklep z pamiątkami na Diani-Beach. Jest bardzo szczęśliwa, że po trzech latach pobytu w głębokim buszu żyję wreszcie nieco bliżej cywilizacji.

Nie przychodzi jej tylko do głowy, czemu od ostatniej wizyty u niej tak bardzo schudłam, skoro mam teraz tyle możliwości, żeby się lepiej odżywiać. Te pytania zupełnie mnie dobijają. Jeszcze bardziej pogrążam się w smutku. Automatycznie udzielam odpowiedzi, dalekich od rzeczywistości. Zdaję sobie sprawę, że, w obliczu niemal naiwnej beztroski mojej matki, powiedzenie prawdy przyjdzie mi bardzo ciężko.

Radość z wyśmienitego jedzenia nie trwa długo. Po półgodzinie piekielnie boli mnie żołądek. Leżę zwinięta na łóżku. Po *hepatitis*, zakaźnym zapaleniu wątroby, którego nabawiłam się przed rokiem, nie powinnam naturalnie jeść nic tłustego, a już szczególnie zimnego jedzenia z lodówki. Poza tym przez kilka lat jadałam wyłącznie najprostsze potrawy z kotła. Mając wreszcie możliwość zjedzenia czegoś szczególnego, po prostu zapomniałam o tym wszystkim. Teraz nie mam wyjścia, muszę zwymiotować, aby żołądek się uspokoił.

Matka kąpie Napirai, której się to bardzo podoba. Pluska się i piszczy z radości, a potem otrzymuje pierwszą w życiu pieluszkę Pampers. Mój Boże, jakież to proste! Założyć, zapaskudzić, zdjąć i wyrzucić. Niesamowite! Skończyły się czasy Nairobi, kiedy musiałam przez cały dzień targać ze sobą ufajdane pieluchy i prać je wieczorem w zimnej wodzie, zdzierając sobie przy tym boleśnie skórę z kostek palców.

O godzinie ósmej padam z nóg. O tej porze w Kenii zwykle szliśmy spać, gdyż nie mieliśmy elektryczności, a wcześnie robiło się ciemno. A poza tym i tak muszę iść do łóżka z Napirai, gdyż nie jest przyzwyczajona zasypiać sama. W *manyatcie*, kiedy mieszkaliśmy na wyżynie, zawsze spała przy mnie lub ze swoją babcią, a na wybrzeżu – między mężem a mną. Dla dzieci Samburu jest to normalne. Potrzebują cielesnego kontaktu. W łóżku ogarnia mnie przygnębienie i wątpliwości, czy aby naprawdę właściwie postępuję. Płacząc w poduszkę, zasypiam.

Rano zadaję sobie ważne pytanie: w co się mamy ubrać? Jest październik, dlatego nam, przybyszom z gorącej Kenii, jest potwornie zimno. Napirai nigdy nie lubiła nosić sukienek, a teraz musi włożyć jeszcze sweter i kurtkę, podarowane przez matkę. Nie czuje się dobrze w tych wszystkich rzeczach, które ma na sobie, i próbuje je

11

zdjąć. Tak nie wolno. Jest zimno, a poza tym w Szwajcarii chodzi się w ubraniu.

Następnym kłopotem jest pies. Wygląda na to, że wciąż nie przepada za nami. Czujnie nas obserwuje, warczy, szczeka i szczerzy zęby. Napirai przyzwyczaiła się już jednak do niego i stale chce się z nim bawić. Najwyraźniej, jako prawdziwa masajska dziewczynka, nie zna strachu, za to ja histerycznie się boję, że zwierzę mogłoby ją ugryźć. Widzę w nim prawdziwe zagrożenie. Z kolei dla mojej matki i Hanspetera jest to ukochany piesek, który, w pewnym sensie, zastępuje im dziecko.

Przez pierwsze dwa, trzy dni jestem bardzo zmęczona, jakby półżywa. Stale myślę o Lketindze, jak też sobie radzi sam ze sklepem. Ma wprawdzie Williama do pomocy, ale od czasu, kiedy chłopak ukradł nam pieniądze, nie rozumieją się już tak dobrze.

Aby się nieco odprężyć, chodzę na spacery do pobliskiej szkoły rolniczej i godzinami obserwuję krowy. W takich chwilach odczuwam wewnętrzny spokój i zdaję sobie sprawę, jak mocno jestem związana z *nGogo*, moją teściową. Jak też ona zareaguje, gdy się dowie, że już więcej nie zobaczy ani Napirai, ani mnie? Zgodnie z obyczajami Samburu moja córka właściwie należy do niej.

Wieczorami, kiedy matka i Hanspeter oglądają dziennik telewizyjny, uciekam zazwyczaj z Napirai do naszego pokoiku. Wszystkie te przerażające obrazy z wojny w Zatoce Perskiej i panującej na świecie nędzy wstrząsają mną. Nie jestem w stanie na to patrzeć. Ponad cztery lata nie miałam żadnego kontaktu z telewizją i innymi mediami. Żyłam w świecie jak sprzed tysięcy lat i teraz czuję się jak porażona tymi wszystkimi wiadomościami i obrazami. Pewnego razu siedzę jak przykuta przed telewizorem. Właśnie pokazują reportaż o upadku muru w Niemczech. Nie potrafię pojąć tego, co widzę. Chociaż od wydarzenia minął rok, nic o tym nie wiedziałam. Nie mogę uwierzyć!

Wcześniej mur berliński był w naszym domu tematem ciągłych dyskusji, ponieważ moi dziadkowie ze strony ojca żyli w Niemczech Wschodnich. Już od dziecka wiedziałam, jak różne były te dwa niemieckie światy. Ojciec dużo mi o tym opowiadał, kiedy wracał z odwiedzin w NRD. A teraz te dwa kraje są połączone! I cały świat o tym już dawno wie, tylko do nas, do buszu, nie dotarła ta wiadomość. Z oczu lecą mi łzy. Dla matki i jej męża oczywiście moja reakcja jest śmieszna. Również większość filmów fabularnych oglądam zupełnie inaczej niż kiedyś. Czyżbym tak bardzo się zmieniła? W każdym razie wpadam w lekkie zdziwienie na widok tych wszystkich scen rozbieranych i miłosnych we współczesnych filmach. Kenijczycy nawet nie całują się publicznie, nie trzymają się za ręce, nie wspominając już o tym, że u Samburu nie ma w ogóle żadnego całowania. Z wolna dociera do mnie, jak bardzo stałam się purytańska w ciągu ostatnich czterech lat.

Po kilku dniach matka daje mi do zrozumienia, że powinnam sobie wreszcie sprawić coś nowego do ubrania. Ruszam więc po zakupy, podczas gdy ona pilnuje Napirai. Ta masa ubrań i produktów, te wszystkie pękające w szwach sklepy sprawiają, że czuję się niepewnie. Nie za bardzo wiem, co do mnie pasuje, dlatego kupuję po prostu parę legginsów (wydaje mi się, że są teraz modne) a do tego sweter. Wszystko to jest dziko drogie. Za te same pieniądze mogłabym w Kenii kupić trzy lub cztery kozy albo przepiękną krowę.

W domu prezentuję matce zakupy, a ona stwierdza z przerażeniem, że w żadnym wypadku nie mogę pokazać się w takich legginsach na ulicy. Jestem za chuda i wyglądam w nich, jakbym była chora. Jeszcze przed chwilą byłam taka dumna z nowo kupionych, ładnych rzeczy, teraz czuję się okropnie brzydka. Z przerażeniem stwierdzam, że w tym „białym" świecie stałam się potwornie wrażliwa. W moim świecie, w Kenii, pośród Afrykańczyków, było całkiem inaczej. Tam byłam zdana wyłącznie na siebie. Coraz wyraźniej uświadamiam sobie, jak bardzo się zmieniłam przez te lata. Tutaj, w Europie, czas płynie szybko i wiele rzeczy jest teraz dla mnie nowych i nieznanych. W Afryce wszystko jeszcze toczy się powoli i dni wydają się przez to nieskończenie długie. Gdzie się podziała ta niegdyś pewna siebie bizneswoman? Co z niej zostało? Wychudzona, bezdomna z małym dzieckiem, która nawet nie ma odwagi zwierzyć się własnej matce!

Po tygodniu los rozstrzyga za mnie. Siedzimy właśnie przy kolacji, gdy rozlega się dzwonek telefonu. Matka odbiera i kilkakrotnie powtarza w kółko: „Halo, tak, słucham!", a następnie odkłada słuchawkę. Twierdzi, że połączenie było chyba z bardzo daleka, ale nikt nic nie mówił. Ze spoconymi rękoma wpatruję się z niedowierzaniem w matkę. Ta śmieje się i mówi: „Nie bądź taka przerażona! To na pewno tylko twój mąż chce się zameldować. Cieszże się!".

Ze strachu i zdenerwowania robi mi się niedobrze. Rzecz jasna, w Mombasie zostawiłam numer telefonu. Sophia, moja włoska przyjaciółka, prosiła mnie o to. Obiecała, że do mnie zadzwoni, gdyby Lketinga miał kłopoty w sklepie, bo on przecież jeszcze nigdy w życiu nie telefonował. Jej również nic nie powiedziałam. Nikogo nie wtajemniczyłam w swoje plany ucieczki z obawy, że może się nie udać. A teraz masz babo placek! Nie mogę oderwać wzroku od telefonu, który milczy jak zaklęty. Matka mówi, że na pewno nic złego się nie stało, że powinnam dalej jeść kolację. Ja jednak straciłam apetyt. Gorączkowo zastanawiam się, jak mam się zachować podczas rozmowy. I w tym momencie rozlega się ponownie dzwonek. Rozbawiona matka namawia mnie, abym poszła wreszcie odebrać. Nie mogę jednak ruszyć się z miejsca. Ogarnięta paniką patrzę, jak matka podnosi słuchawkę. Po radosnym *Yes* daje mi znak, abym podeszła. Jak automat zmierzam do telefonu, przykładam słuchawkę do ucha i rozpoznaję głos Sophii. *„Hallo, Corinne, how are you? I'm here together with your husband Lketinga*. Twój mąż chce wiedzieć, co słychać u ciebie i dziecka i kiedy wracacie do Kenii. Mam ci go dać?". *„No, wait!* – krzyczę w słuchawkę. – Najpierw muszę porozmawiać z tobą, Sophio. To, co ci powiem, będzie bardzo trudne dla Lketingi, dla ciebie, dla mnie, w ogóle dla wszystkich. My nie wracamy! Po prostu nie wytrzymam dłużej z moim zazdrosnym mężem. Sama przecież trochę widziałaś, jak to z nim jest. Nie mogłam wam tego wcześniej powiedzieć, bo wtedy nie mogłybyśmy w ogóle wyjechać". Słyszę, jak za mną spadają sztućce na podłogę.

„Proszę, proszę cię, Sophio, wytłumacz to Lketindze. Jak tylko będę mogła, pomogę mu ze sklepem i z autem. Kiedy sprzeda wszystkie rzeczy, stanie się bogatym człowiekiem. Niech zatrzyma wszystko, także konta bankowe. Wszystko oprócz naszej córki Napirai. Spróbuję tutaj z nią ułożyć sobie nowe życie". Sophia jest wstrząśnięta. Pyta, czy nie chciałabym mimo wszystko porozmawiać ze swoim mężem, ale właśnie kończą się jej pieniądze. Notuję numer telefonu i mówię, że zadzwonię za dziesięć minut i porozmawiam z Lketingą. Wyczerpana odkładam słuchawkę. Odwracam się i widzę osłupiałą matkę i Hanspetera. W tym samym momencie zaczynają lecieć mi z oczu łzy i zanoszę się płaczem. Przez dłuższą chwilę siedzę obok telefonu. Czuję się potwornie nieszczęśliwa, a jednocześnie jest mi nieco lżej na sercu, gdyż teraz matka nareszcie wie, jak się sprawy mają, a w najbliższych minutach dowie się o tym pewnie również Lketinga.

Słyszę niepewne pytanie matki: „No tak, a jak to sobie teraz wszystko wyobrażasz? Myślałam, że poza kilkoma drobnostkami jesteś naprawdę szczęśliwa. Przecież dopiero otworzyłaś za ostatnie pieniądze sklep. A poza tym nie masz już prawa pobytu w Szwajcarii!". W jej oczach pojawiają się łzy. Jest mi straszliwie przykro, że sprawiam jej ból. Z rozpaczą przypominam sobie, jak to kiedyś pragnęłam stworzyć z moim ukochanym szczęśliwą rodzinę, taką do końca życia, jak wierzyłam że moja córka zawsze będzie miała ojca. Przecież ona jest dzieckiem wielkiej miłości. Zabrakło już jednak sił i wiem, że muszę wybrać życie, a nie śmierć. Napirai nie ma nawet jeszcze dwóch lat i potrzebuje mnie. Przeżyłam o wiele za dużo, choćby o ataki malarii podczas ciąży, poród w szpitalu w buszu i naszą izolację z powodu żółtaczki zakaźnej. Nie, nigdy nie oddam mojej małej dziewczynki. I pragnę żyć właśnie dla niej! Kiedy będzie starsza, nie pozwolę, aby obrzezano ją przed wyjściem za mąż. Tego chcę jej oszczędzić. Zapłaci za to cenę dorastania bez ojca w świecie białych.

„Mogę zadzwonić do Kenii? Lketinga jest z pewnością skołowany" – pytam matkę, zamiast odpowiedzieć na jej pytania. W tym momencie i tak nie bardzo wiem, co miałabym jej właściwie powiedzieć. Trzy razy wybieram numer, zanim udaje mi się uzyskać połączenie. Najpierw słyszę jakiś obcy głos, potem Sophię, a następnie Lketingę. *Hallo my wife, why you not come back to me? I'm your husband! I really love you and my baby. I cannot stay without you and Napirai. I don't want another wife! You are my wife.* Pyta, dlaczego nie wrócę, przecież jest moim mężem i naprawdę kocha mnie i dziecko. Nie może żyć bez nas i wcale nie chce innej żony, bo to ja jestem jego żoną.

Płacząc, tłumaczę mu, że już zbyt wiele razy mnie zranił swoim nieobliczalnym zachowaniem i chorobliwą zazdrością. „Na koniec czułam się jak więźniarka. Nie potrafię i nie chcę tak żyć. A kiedy potem zarzuciłeś mi jeszcze, że Napirai nie jest wcale twoją córką, zabiłeś we mnie ostatecznie miłość i nadzieję. Lketinga, ja tego po prostu dłużej nie wytrzymam. Jak tylko będę mogła, będę ci pomagać. Napiszę do Jamesa, aby przyjechał i również ci pomógł. Postaram się wytłumaczyć wszystko w liście. Tak mi przykro".

Nie rozumie mnie. Niepewnie i na pół z uśmiechem mówi: *I don't know what you tell me. My wife, I wait for you and my child. I'm sure you will come back to me.* Następnie coś trzeszczy w słuchawce i połączenie zostaje przerwane.

Jak odurzona idę po Napirai, wyjmuję ją z dziecięcego krzesełka i, doszczętnie wycieńczona, udaję się do naszego pokoju. Dziś już nie jestem w stanie zebrać myśli. Matka i Hanspeter rozumieją to. Milczą. Napirai zawsze wyczuwa, kiedy ze mną jest coś nie tak, i wtedy w szczególny sposób lgnie do mnie. Uspokojona przysysa się do mej piersi, ugniatając ją ręką.

Gdy zasypia, zaczynam pisać listy.

Drogi Lketingo,

Ufam, że wybaczysz mi to, o czym muszę Cię powiadomić. Nie wrócę do Kenii.

Wiele o nas myślałam. Ponad trzy i pół roku temu tak bardzo Cię kochałam, że byłam gotowa zamieszkać z Tobą w Barsaloi. Urodziłam Ci także córkę. Ale od tego dnia, kiedy mi zarzuciłeś, że dziecko nie jest Twoje, zmieniły się moje uczucia do Ciebie. Też to zauważyłeś.

Nigdy nie chciałam nikogo innego oprócz Ciebie i nigdy Cię nie okłamałam. Lecz przez wszystkie te lata nigdy mnie nie rozumiałeś, może dlatego, że jestem jedną z mzungu. Nasze światy bardzo się różnią, choć myślałam, że pewnego dnia znajdziemy się razem we wspólnym świecie.

Teraz, po tej ostatniej szansie, jaką mieliśmy w Mombasie, pojęłam, że nie jesteś szczęśliwy i ja również nie jestem. Nadal jesteśmy młodzi i nie możemy tak dalej żyć. Wiem, że teraz mnie nie zrozumiesz, jednak po jakimś czasie także i Ty zobaczysz, że z kimś innym możesz być na powrót szczęśliwy. Nie będzie Ci trudno znaleźć nową żonę ze swojego świata.

Szukaj jednak kobiety Samburu, a nie znowu białej, zbyt się różnimy. Pewnego dnia będziesz miał wiele dzieci.

Zabrałam Napirai ze sobą, gdyż tylko ona mi pozostała. Wiem, że nie mogę mieć więcej dzieci. Bez Napirai nie mogłabym dalej żyć. Ona jest moim życiem! Proszę Cię, proszę, Lketingo, wybacz mi! Nie jestem już taka silna, aby żyć w Kenii. Byłam tam zawsze bardzo samotna, nie miałam nikogo, a Ty traktowałeś mnie jak przestępcę. Sam tego nie dostrzegałeś, gdyż to jest Afryka! Powtarzam raz jeszcze: nigdy nie zrobiłam nic niewłaściwego.

Musisz się zastanowić, co zrobić ze sklepem. Piszę również do Sophii, może Ci pomóc. Cały sklep daję Ci w prezencie. Ale jeśli będziesz chciał go sprzedać, musisz pertraktować z Anilem, Hindusem.

Jak tylko będę mogła, będę Cię stąd wspomagała. Nie opuszczę Cię w biedzie. Gdybyś miał problemy, powiedz o tym Sophii. Czynsz za sklep jest zapłacony do połowy grudnia; jeśli jednak nie masz zamiaru prowadzić go dalej, musisz koniecznie porozmawiać z Anilem. Podaruję Ci również samochód. Dołączam do tego listu podpisane odpowiednie oświadczenie. Jeśli zechcesz sprzedać samochód, dostaniesz za niego przynajmniej osiemdziesiąt tysięcy szylingów, ale musisz znaleźć kogoś odpowiedniego, kto Ci pomoże. Potem będziesz bogatym człowiekiem.

Lketingo, proszę Cię, nie smuć się. Znajdziesz sobie lepszą żonę, bo jesteś młody i piękny. Postaram się, aby Napirai zachowała Cię w jak najlepszej pamięci. Proszę, zrozum mnie! Umarłabym w Kenii, a nie sądzę, żebyś tego chciał. Moja rodzina nie myśli o Tobie źle, nadal Cię lubi, jednakże zbyt się różnimy.

Moc pozdrowień od Corinne z rodziną

Witaj, Sophio!

Przed chwilą rozmawiałam z Tobą i Lketingą przez telefon. Jestem bardzo smutna i bez przerwy płaczę. Powiedziałam Ci, że nie wrócę. I to jest prawda. Było to dla mnie jasne, zanim jeszcze dotarłam do Szwajcarii. Ty również trochę znasz mego męża. Kochałam go tak, jak nikogo przedtem w życiu! Dla niego byłam gotowa prowadzić życie, jakie wiodą Samburu. Bardzo często byłam chora w Barsaloi, ale nie wyjeżdżałam stamtąd, gdyż go kochałam. Wiele się zmieniło po tym, jak wydałam na świat

17

Napirai. Pewnego dnia powiedział, że to dziecko nie jest jego. Od tamtej chwili coś we mnie pękło. Dni mijały. Raz było gorzej, raz znów lepiej, ale zbyt często źle mnie traktował.

Sophio, przysięgam Ci przed Bogiem, nigdy nie miałam żadnego innego mężczyzny, nigdy! A mimo to musiałam wysłuchiwać tego wszystkiego od rana do wieczora. W Mombasie dałam mojemu mężowi i sobie jeszcze jedną szansę. Ale nie mogę tak dłużej żyć. On sam tego nawet nie zauważa! Zrezygnowałam ze wszystkiego, nawet z własnej ojczyzny. Pewnie, ja również się zmieniłam, myślę jednak, że, biorąc pod uwagę wszystkie okoliczności, jest to normalne. Jest mi przykro, że tak się to wszystko potoczyło. Gdzie będę żyła w przyszłości, tego jeszcze nie wiem.

Moim największym problemem jest Lketinga. Teraz nie ma już nikogo do sklepu, a sam nie poprowadzi interesu. Daj mi, proszę, znać, czy chce sklep zatrzymać. Byłabym szczęśliwa, gdyby dał sobie z nim radę. Jeśli jednak nie, niech wszystko sprzeda. To samo dotyczy samochodu. Napirai pozostanie przy mnie. Wiem, że będzie w ten sposób szczęśliwsza. Sophio, proszę Cię, zatroszcz się trochę o Lketingę, czeka go teraz wiele problemów. Niestety, nie mogę mu zbyt wiele pomóc. Gdybym wróciła do Kenii, nigdy więcej nie pozwoliłby mi wyjechać do Szwajcarii.

Liczę na to, że jego brat James przybędzie do Mombasy. Napisałam do niego. Porozmawiaj z nim, proszę, to mu pomoże. Jestem świadoma, że Ty również masz wiele swoich problemów, i mam nadzieję, że wkrótce się ich pozbędziesz. Życzę Ci pomyślności i żebyś znalazła jakąś nową białą przyjaciółkę. Napirai i ja nigdy Was nie zapomnimy.

Życzę Ci wszystkiego dobrego i pozdrawiam Cię

Corinne

O tej smutnej prawdzie piszę również do Jamesa, młodszego brata Lketingi, który jedyny z rodziny chodził do szkoły i bardzo nam pomógł, oraz do misjonarza, ojca Giuliana z Barsaloi.

Następnego ranka matka ma mocno podkrążone oczy, podobnie zresztą jak i ja. Siadamy przy stole i wreszcie opowiadam całą prawdę o swoim życiu w Afryce. Tym razem matki nie oszczędzam. Siedzimy przecież naprzeciwko siebie w Szwajcarii. Przedstawiam jej moje życie w plemieniu Lketingi ze wszystkimi jego ciemnymi i jasnymi stronami. Przypominam matce, że na początku wyobrażałam sobie, iż zostanę wśród Samburu na zawsze, „ale po otwarciu sklepu spożywczego zaczęła mi dotkliwie dokuczać coraz większa zazdrość Lketingi. Wszystko stało się bardzo trudne. Wkrótce odwrócili się od nas prawie wszyscy ludzie. Nawet z misjonarzem nie wolno mi było porozmawiać, a co dopiero z młodszym bratem Lketingi, Jamesem, czy innymi chłopcami. A tak się zawsze cieszyłam na rozmowę z nimi, gdy wreszcie przyjeżdżali na wakacje. Lketinga robił dzikie awantury i jeden z chłopców musiał nawet opuścić wioskę, bo inaczej stałoby się coś złego. Przez moje ciągłe choroby sklep nie funkcjonował najlepiej i w końcu przed paroma miesiącami przeprowadziliśmy się na wybrzeże. Wtedy naprawdę jeszcze wierzyłam, że możemy wszystko zacząć od początku. Dlatego poprosiłam Marca, żeby przywiózł mi te duże pieniądze na sklep z pamiątkami. Spodziewałam się, że rozmowa, którą przeprowadzi z Lketingą, jako najstarszy brat w rodzinie, przyniesie pozytywny skutek. Rzeczywiście na krótki czas dała jakieś rezultaty. Lketinga stał się bardziej normalny, niekiedy nawet kochający i troskliwy. Od czasu do czasu pomagał przy rozkręcaniu sklepu i cieszył się z tej pracy. Później jednak, kiedy musiałam rozmawiać z turystami, a niekiedy pożartować z nimi, zaczynało się piekło. Przy turystach pytał mnie, skąd znam tę czy tamtą osobę, a kiedy zaprzeczałam, nie wierzył. Wciąż próbowałam mu dowieść, że go kocham i że wzięłam to wszystko na swoje barki, aby było nam lżej. Z czasem pił coraz więcej piwa. Albo stawiali mu je niczego nieświadomi turyści, albo płacił za nie pieniędzmi z kasy. William i ja pracowaliśmy jak wariaci, a on przychodził, wyciągał plik banknotów, wsiadał w auto i znikał w Ukundzie. Stale żyłam w strachu, jak będzie się zachowywał, gdy wróci. Prawie nigdy nie wolno mi było opuszczać naszej chaty. Godzinami siedziałam na łóżku i bawiłam się z Napirai. Kiedy szłam do ubikacji, zazwyczaj mi towarzyszył. Było to takie upokarzające. Nasze awantury nie były też dobre dla Napirai".

Po tych wszystkich skargach podkreślam, że Lketinga w głębi serca jest dobrym człowiekiem. Wcześniej w wielu sytuacjach mogłam się przekonać, że mnie kocha. W Mombasie jest jednak nieszczęśliwy, a ja nie mogę wrócić do buszu, bo wtedy umarłabym na malarię. Zaproponowałam mu nawet, aby wrócił do Barsaloi, wziął sobie drugą żonę ze swego plemienia, a mnie pozwolił spokojnie pracować w Mombasie, żebyśmy znowu wszyscy byli szczęśliwi. „Ale on wcale nie chciał drugiej żony, mimo że kiedy się pobieraliśmy, musiałam się na to zgodzić. I tak pozostała mi jedynie ucieczka do Szwajcarii" – kończę swą opowieść.

Matka wysłuchuje tej całej historii z przerażeniem, ale i spokojem. Na koniec mówi: „Wiedziałam wprawdzie od twojej siostry, która niedawno była u was, że nie wszystko idzie jak z płatka, ale nie wyobrażałam sobie, że jest aż tak źle! Pisałaś do mnie tylko optymistyczne i pełne wiary listy. Okazuje się, że teraz mamy zgoła odmienną sytuację. Gdy jednak dokładniej się nad tym zastanowię, to nie jest tak źle. Dostaję z powrotem córkę, a do tego słodką wnuczkę".

Z ulgą rzucamy się sobie w ramiona. „To znaczy, że nie będzie zbyt wielkiego kłopotu, jeśli pomieszkam tu z Napirai jeszcze przez jakiś czas i odczekam, jak się wszystko rozwinie?". „Nie, tylko musimy to jakoś osłodzić psu" – mówi matka, nieśmiało się uśmiechając.

Popołudnie spędzamy na rozplataniu moich afrykańskich warkoczyków. Całymi garściami wypadają mi przy tym włosy. Następnie biorę gorącą kąpiel i wciąż nie mogę uwierzyć, że leżenie w wannie pełnej wody może być tak cudowne. W Kenii musiałam biegać do oddalonej o półtora kilometra rzeki, gdzie ledwie dawałam radę jako tako się umyć. Później, w Mombasie, podgrzewałam wodę na maszynce węglowej, a następnie myłam się w miednicy. Tutaj, w Szwajcarii, wody jest pod dostatkiem. Wystarczy tylko odkręcić kran, a już ma się zimną albo nawet ciepłą. W Afryce zupełnie zapomniałam, jak przyjemnie kiedyś mi się żyło. Teraz z każdą godziną coraz bardziej uświadamiam sobie, w jakich luksusach tutaj żyjemy, dzięki choćby takim prostym rzeczom, jak woda, prąd, lodówka i świetne jedzenie.

Nie, tutaj życia nie muszę się przecież bać! Pójdę do pracy, wszystko jedno gdzie, najważniejsze, żebym dostała ponownie zezwolenie na pobyt!

Następnego dnia postanawiam zasięgnąć informacji w gminie. Idę tam z matką, ponieważ zna pewną kobietę, która tam pracuje.

Na miejscu dowiadujemy się, że muszę złożyć pisemną prośbę o ponowne nadanie prawa do osiedlenia, dołączając do tego życiorys. Prośba będzie rozpatrywana przez policję dla cudzoziemców, co oznacza, że należy po prostu odczekać swoje. W domu załatwiam od razu całą tę papierkową robotę i jestem dobrej myśli, gdyż urzędnicy w biurze byli bardzo mili. Moje doświadczenia z urzędami w Kenii miały zupełnie inny charakter.

W następnych dniach chodzę na długie spacery z córką, żeby nie myśleć stale o Kenii. Kiedy dzwoni telefon, boję się, że to ponownie Lketinga albo ktoś stamtąd z jakąś złą wiadomością. Moje listy musiały już dotrzeć na miejsce. Czasem mam wrażenie, że niemal fizycznie odczuwam smutek i inne emocje, które targają moimi bliskimi, przede wszystkim kochaną teściową, a także Lketingą. Na pewno wreszcie zrozumiał, że naprawdę do niego nie wrócę. Mogę tylko czekać na reakcję. W końcu, 3 listopada 1990 roku, otrzymuję pierwszy długi list od Jamesa ze szkoły.

Droga Corinne!

Halo, tutaj James. Jak ci leci? Mam nadzieję, że u Twojej rodziny i u kochanej siostry Napirai wszystko dobrze. Dostałem Twój smutny list, który bardzo mnie zmartwił, gdyż piszesz w nim, że jesteś teraz w Szwajcarii i że nie wrócisz już do naszej wioski. Wszyscy tutaj, w Barsaloi, którzy Cię znają, są bardzo nieszczęśliwi. Kiedy do Ciebie piszę, chce mi się płakać, pomimo że dopiero wtedy uwierzę we wszystko, kiedy zobaczę to na twarzy mego brata w Mombasie.

Corinne, to, co słyszę od Ciebie, czułem już w mej krwi, kiedy widziałem, jak brzydko zachowywał się mój brat w stosunku do ciebie. Co mam jednak powiedzieć tym wszystkim, którzy będą pytali, gdzie jest nasza droga Corinne i dlaczego odeszła? To przekleństwo, że musiałaś odejść z powodu Lketingi. Będzie bardzo samotny w naszej okolicy. Wszyscy są źli na niego, gdyż widzieli, jak ciężko pracowałaś. Wszystkie te rzeczy, które chcesz mu dać, bardzo go zbałamucą. Chcę mu pomóc i wszystko załatwić jak należy, mimo że nie mam na niego zbyt wielkiego wpływu. Wiesz, że często się z nim kłóciłem, gdyż był taki podły dla Ciebie, dla własnej żony. Bez Ciebie mój brat jest niepotrzebną osobą w naszej społeczności, pomimo

*auta i sklepu. Co on zrobi z tym wielkim sklepem, skoro przecież, jak wiesz,
nienawidzi pracy? I co mu po aucie bez prawa jazdy? To, że wszystko mu
zostawiłaś, pokazuje, jak bardzo go kochasz. Ale on nie jest przy zdrowych
zmysłach i nie potrafi się z tym obchodzić. Corinne, on jest bardzo ogłupia-
ły i z pewnością Cię kocha, ale jego problemem jest to, że mówi jak zły człowiek i nie zastanawia się, jak inni odbierają jego słowa. Mogę mu tylko do-
radzić, żeby dobrze wykorzystał bogactwo, które mu dajesz.*

*Ale jak on sprzeda ten sklep, kiedy Ciebie tutaj nie ma? Chyba że za-
dzwonisz do właściciela, do Hindusa. Napisałem do swojego brata list
i powiedziałem mu, żeby przysłał mi pieniądze na autobus do Mombasy,
abym mógł pojechać do niego 16 listopada, jak tylko się skończy szkoła.
Jeśli nie zechce mi przysłać, udam się do domu i sprzedam kilka kóz. Potem pojadę, aby zobaczyć, co robi. Napiszę do Ciebie w listopadzie albo
w grudniu i opowiem Ci, jak leci, a także o tym, co w domu, a przede
wszystkim u mamy.*

*Corinne, nie sądzę, żeby mój brat ponownie się ożenił, a to choćby
z Twego powodu. Myślę, że spędzi całe swe życie w Mombasie i będzie się
utrzymywał z tego, co mu tam zostawiłaś. Na jego miejscu wstydziłbym
się wracać do domu. Zupełnie nie wiem, jak ja to wszystko powiem mamie i reszcie rodziny.*

*Życzę Ci znalezienia swego miejsca w Szwajcarii albo w Niemczech.
Chciałbym, abyśmy nadal mogli być w kontakcie. Jestem pewny, że Lketinga nadal bardzo cię kocha i będzie po Tobie płakał. O wszystkim Ci
napiszę. Proszę, pisz również do mnie, gdziekolwiek byś się na tym świecie znalazła. Wiem, że Bóg Cię kocha i znajdzie dla Ciebie jakieś dobre
miejsce. Tak więc nie zapomnij i myśl o nas, gdyż jesteś częścią naszej rodziny, gdziekolwiek byś się znajdowała. Nie zapomnimy Ciebie, Twojej
całej rodziny i naszej gorąco ukochanej siostry Napirai. Zastanów się, czy
nie przyjechałabyś do nas za kilka miesięcy albo lat, abyśmy mogli Cię zobaczyć, i przyślij nam zdjęcia albo inne rzeczy, które przypominałyby
nam Ciebie i Twoją rodzinę. Postaram się również ze wszystkich sił przesłać Ci coś, po czym poznasz, że nie wszyscy z naszej rodziny z Tobą ze-
rwali, ponieważ Cię kochamy. Jeszcze przez półtora roku będę chodził do
szkoły. Potem chcę pracować, zarabiać pieniądze i zaprosić Cię do nas
w odwiedziny.*

*Powiedz, proszę, swojemu bratu Marcowi, że te problemy nie wynikły
z powodu mojej rodziny, że to tylko wina Lketingi. Corinne, ze smutną*

twarzą pragnę w tym miejscu już zakończyć i mam nadzieję, że wkrótce
coś o Tobie usłyszę.

Pozdrów całą swoją rodzinę, Marca i jego przyjaciółkę, a także Napirai.
Życzę Wam wszystkim szczęśliwego Bożego Narodzenia

James

Ten list rozdrapał ciągle jeszcze świeże rany. Z oczu lecą mi łzy. Mimo wszystko w żadnym wypadku nie chcę, aby Lketinga został opuszczony przez swoje plemię. Czuję się podle i na nowo gnębią mnie wątpliwości. Dzielę się nimi z matką, która siedzi spięta przy stole i mnie obserwuje. Odpowiada energicznie: „Popatrz lepiej w lustro, a wtedy sama zobaczysz, że nie masz innego wyjścia! Nawet po dwóch tygodniach wyglądasz na chorą i jesteś taka słaba, że prawie przez cały czas śpisz. Z powodu żółtaczki musisz być na diecie, a w dodatku karmisz dziecko! Co ty sobie w ogóle wyobrażasz? Musisz przecież myśleć teraz o sobie i Napirai! Macie dość własnych kłopotów!". Jej energiczny ton nawet dobrze mi robi. Po raz pierwszy od dawna czuję się znowu jak dziecko, które ktoś próbuje ochronić.

Po południu piszę do Jamesa i dziękuję mu za gotowość odwiedzenia Lketingi w Mombasie. Dla niego to gigantyczna podróż. Ma dopiero jakieś 16 lat i dotychczas był w Mombasie tylko raz, kiedy to opuściliśmy dystrykt Samburu i pojechaliśmy autem 1460 kilometrów na wybrzeże. Towarzyszył nam wtedy. Podczas karkołomnej podróży na zmianę z Lketingą trzymał na kolanach Napirai. Teraz, niestety, będzie musiał podróżować sam, a to dla tamtejszych ludzi jest rzadkością; zazwyczaj ruszają w drogę co najmniej w dwie osoby. Dwu-, trzydniowa podróż autobusem jest droga i, jak wspomina o tym w liście, zdobędzie na nią pieniądze, sprzedając kozy. Lketinga nic mu nie prześle, gdyż pieniądze znikają z kopert, a James, jako uczeń, nie ma konta bankowego. Niewielu znanych mi tam ludzi ma pieniądze. Ich majątek to stado. W razie konieczności sprzedaje się zwierzęta albo skórę ubitej kozy czy krowy i kupuje za to najbardziej potrzebne środki do życia. Mam nadzieję, że Jamesowi wszystko się uda i że Lketinga zwróci mu pieniądze.

Tymczasem Napirai przyzwyczaiła się do zimna i nie buntuje się podczas ubierania. Za ostatnie pieniądze kupuję nam, w różnych sklepach z używaną odzieżą, zimowe ubrania. Nie chcę dodatkowo obciążać finansowo matki. Wystarczająco dużo kosztuje nasze wyżywienie. Poza tym stale kupuje coś ekstra dla Napirai. Z psem układa się lepiej, chociaż niekiedy nadal reaguje nieco nieobliczalnie.

Od czasu do czasu matka próbuje namówić mnie na odwiedzenie starych przyjaciół – chce, żebym wreszcie pobyła trochę wśród ludzi. Nie mam jednak odwagi jeździć jej samochodem po zatłoczonych autostradach, na których w dodatku panuje ruch prawostronny. W buszu podczas całej wielogodzinnej podróży nadjeżdżał z naprzeciwka co najwyżej jeden pojazd. Prędzej już można było napotkać słonie albo bawoły, które okupowały drogę, co doprowadzało niekiedy do niebezpiecznych sytuacji. Z kolei tutaj, w Szwajcarii, wygląda na to, jakby wszyscy ludzie jednocześnie wyruszyli samochodami w drogę. Dlatego nie ruszam się z Napirai z domu.

Pewnego wieczoru w połowie listopada dzwoni telefon, a ja od razu czuję, że to z Kenii. Melduje się Sophia. Tym razem jestem spokojniejsza. W Szwajcarii mieszkamy już od ponad miesiąca i wszyscy już o wszystkim wiedzą. *„Hallo, Corinne, how are you and Napirai?* Nadal jesteś pewna, że nie wracasz? Lketinga rzadko teraz pracuje. Gdy zaglądam do sklepu, najczęściej jest zamknięty. Twój mąż wcale nie chce, żebym mu pomagała. Nie wiem, co w tej sytuacji zrobić. Mam, jak wiesz, własne kłopoty, gdyż restauracja jest czynna, a ja nadal nie dostałam zezwolenia na pracę. A poza tym za cztery dni lecę na dwa tygodnie do Włoch, żeby odwiedzić rodzinę". „Sophio – odpowiadam – to miło, że przed wyjazdem do mnie dzwonisz. Moja decyzja jest ostateczna. Jestem szczęśliwa, że nadal żyję i że udało nam się uciec z Napirai. Nie zajmuj się więcej Lketingą. Wkrótce James przybędzie do Mombasy, żeby mu pomóc i zdecydować, co stanie się dalej ze sklepem. Dobrze wiem, jak nieufny jest mój mąż. Może go spotkałaś i wiesz, co u niego słychać?". Sophia mówi, że dawno go nie spotkała, a jeśli już, to właśnie jechał autem do Ukundy. Więcej nic nie może powiedzieć. Żegnam się i z całego serca życzę jej wszystkiego najlepszego, dużo sił i miłości w dalszym życiu w Kenii. W tym momencie jeszcze nie wiem, że nigdy więcej nie usłyszę już o Sophii.

Kilka dni później otrzymuję list od ojca Giuliana.

Droga Corinne,

Przed kilkoma dniami dostałem list od Pani z 26 października i chciałbym teraz na niego odpowiedzieć.

Myślę, że będzie dla Pani lepiej, jeśli pozostanie Pani w Szwajcarii. I tak byłem zaskoczony, że tak długo wytrzymała Pani z Lketingą. Mnie również często wydawał się nieco osobliwy i wiele razy dziwiłem się, że przez tyle czasu udawało się Pani dojść z nim do ładu. Ale zostawmy to, życzę Pani i Napirai lepszego życia. W liście wspomniała Pani, że załącza trochę pieniędzy dla matki Lketingi, w środku jednak nic nie znalazłem. Wkładanie pieniędzy do kopert jest dość niebezpieczne, są otwierane, a wtedy nawet same listy nie dochodzą. Jeśli ma Pani wolny czek z Barclays Bank, może go Pani wypisać na naszą misję katolicką, a ja podrzucę go do mego banku. Gdy nadejdą pieniądze, przekażę całą sumę Mamie Leparmorijo. Myślę, że będzie to najlepsze rozwiązanie.

Moc pozdrowień z Barsaloi. Teraz panuje u nas pora deszczowa i wszystko jest zielone i cudowne.

Moc pozdrowień, także od ojca Roberta

Giuliano

Cieszę się z tego krótkiego listu i jestem uspokojona, że wreszcie znalazłam możliwość wywiązania się z przyrzeczenia danego teściowej. Gdy przeprowadzaliśmy się do Mombasy, przyrzekłam jej, że do końca życia będę o niej myśleć, nigdy jej nie zapomnę i zawsze będę się o nią troszczyć, niezależnie od tego, gdzie będę mieszkała. Taka byłam wtedy szczęśliwa, że nie zabrała mi mojej Napirai! Normalnie pierworodna córka należy do matki męża, jako swego rodzaju „zabezpieczenie na starość". Podrastająca dziewczynka przynosi babci drewno na opał, pasie jej kozy, krowy i nosi wodę z rzeki. Za to babcia ją żywi. Między trzynastym a szesnastym rokiem życia dziewczyna zostaje wydana za mąż i babcia otrzymuje podarek za narzeczoną, który składa się z wielu kóz, krów, cukru i innych rzeczy. Tak mi to wyjaśnił Lketinga krótko po narodzinach Napirai. Nie mieściło mi się w głowie, że miałabym postąpić zgodnie z tym obyczajem. Saguna, prawie trzyletnia córka starszego brata Lketingi, żyje właśnie przy babci, pomimo że jej matka mieszka w tym samym kraalu. Saguna śpi i je u babci, a jej o jakieś dwa lata starszy brat żyje przy rodzicach w sąsiedniej chacie. Tak, to właśnie mojej teściowej zawdzięczam, że pozwoliła mi wtedy odejść z Napirai. Tłumaczyłam jej, że nie mogłabym żyć bez mojego dziecka, a wtedy popatrzyła na mnie uważnie i w milczeniu oddała mi Napirai na ręce, chociaż uważała, że mogłabym urodzić jeszcze dziesięcioro dzieci.

Teraz pragnę dotrzymać obietnicy i prześlę jej coś z pierwszych zarobionych pieniędzy. Dopóki nie mam pozwolenia na pracę, będę wystawiała czeki na swoje konta w Kenii i zlecę misji, aby wypłacano jej miesięcznie stałą sumę. Tylko w ten sposób pieniądze nie zostaną w ciągu kilku dni wydane przez niezliczonych krewnych. Lketinga powinien mieć jeszcze wystarczające zasoby z tego, co mu pozostawiłam. Jeśli jednak nie pracuje, o czym wspominała Sophia w rozmowie telefonicznej, tylko żyje z gotówki, z pewnością wkrótce popadnie w tarapaty. Mam nadzieję, że niebawem się dowiem, co tam u niego się dzieje. James z pewnością dotarł już do Mombasy. Codziennie czekam na pocztę, aby sprawdzić, czy nie ma listu z Kenii. Upłynęły już dwa miesiące, a ja nadal czuję się odpowiedzialna za tyle spraw, pomimo że wszystko, co posiadałam, tam zostawiłam. Wreszcie przychodzi długo oczekiwany list od Jamesa.

Droga Corinne i rodzino!

Ja, James, piszę do Ciebie z Mombasy po tym, jak dostałem Twój list z 6 grudnia. Co tam słychać u Ciebie, Twojej rodziny i u naszej kochanej Napirai? Mam nadzieję, że u Was wszystko w porządku. Lketindze i mnie nie wiedzie się tutaj źle. Nie mogę jednak napisać Ci zbyt wiele o swojej rodzinie, gdyż dawno nie miałem od niej wieści. Z listu, który mi napisałaś, wiem, że nie znalazłaś jeszcze miejsca, gdzie mogłabyś się na nowo osiedlić. Będę modlił się o to, abyś pewnego dnia coś znalazła.

Dowiedziałem się również, że próbowałaś naszej matce pomóc, przesyłając pieniądze, które jednak nie dotarły.

Rozmawiałem z Lketingą o sklepie. Postanowił, że go sprzeda. Dlatego skontaktuj się, proszę, z właścicielem, aby sprzedał sklep w imieniu Lketingi. Będę również próbował porozmawiać z jego bratem, jak mi mówiłaś. Samochodu Lketinga nie będzie sprzedawał. Także pieniędzmi nie chce się podzielić. Wracam teraz do Maralalu i nie sądzę, żeby mi dał na szkołę pieniądze. Często pije i żuje teraz bardzo dużo miraa. Dlatego zrób coś, żeby sprzedać sklep, bo będzie jeszcze miał długi u Hindusa. Napisałem do Diners Club, żeby zablokowali kartę.

Corinne, 10 grudnia wracam do Barsaloi i jestem bardzo smutny, ponieważ brat nie dał mi żadnych pieniędzy poza tymi, co na drogę do domu. Nie wiem, co zabiorę ze sobą do szkoły i do mamy. Ostatni raz w życiu odwiedziłem Lketingę. Bądź co bądź zarobiłem w sklepie jeszcze 12 000 kenijskich szylingów, ale on wszystko wydał. Jak przychodził, to mówił, że zaniesie do banku, ale roztrwonił wszystko na piwo i miraa. Corinne, taka jest smutna prawda.

Tak jak mi powiedziałaś, założę w banku własne konto, żebyś mogła mi coś przesłać i pomóc mnie i naszej rodzinie. Pojadę do Barsaloi i poproszę Richarda o pożyczkę, żeby założyć konto. Jak to zrobię, to podam ci numer.

Życie mojego brata prawdopodobnie będzie bardzo krótko trwało. Od czasu gdy go opuściłaś, niechętnie się z nim zadaję, ponieważ nam nie pomaga, chociaż teraz miałby z czego. Przekażę mamie, co mi napisałaś i że mam założyć konto, abyś mogła nam pomagać. Opowiem jej również o kłopotach, jakie sprawił mi mój brat. W Barsaloi sprzedam kilka z pozostałych kóz, żeby mieć pieniądze na szkołę. O problemach naszej rodziny nie mam co pisać, ponieważ nadal jestem w szkole i dawno nikogo z nich nie widziałem. Prześlij nam, proszę, jakieś zdjęcia Napirai i rodziny.

Życzę wam wszystkim szczęśliwego Nowego Roku

Twój James

Jestem wściekła z powodu tego listu. Czytam go powtórnie i dochodzę do wniosku, że poprzedni list chyba do mnie nie dotarł. Nadal więc nie wiem, jak ludzie z Barsaloi przyjęli nasz wyjazd i w jaki sposób James zdobył pieniądze na podróż do Mombasy. Ponadto przypuszczam, że nie wstąpił wcale do domu w Barsaloi, tylko czym prędzej po rozpoczęciu ferii szkolnych wyjechał z Eldoret do Mombasy. Najbardziej wścieka mnie to, że Lketinga, po wszystkim, co James dla niego zrobił, nie chciał mu nawet dać pieniędzy na czesne. To on przyjeżdża na moje życzenie do Mombasy, aby pomóc Lketindze, a ten robi go w konia! Przecież to jego młodszy brat!

Wiem, jak bardzo obydwaj są różni. James jest o jakieś 13 lat młodszy. Dokładnego roku urodzenia sam nie zna. Jego wiek, podobnie jak innych, został tylko mniej więcej oszacowany przez urzędnika dystryktu. Nikt nie wie, którego dnia się urodził. Braci najbardziej różni to, że James chodzi do szkoły, a Lketinga nigdy tego nie robił. Sprawiają wrażenie, jakby pochodzili z dwóch różnych światów.

Lketinga, który jeszcze do niedawna miał status wojownika, nie umie ani czytać, ani pisać. Wyrastał w buszu, zgodnie ze starymi rytuałami i obyczajami. Z kolei James, najmłodszy, jako jedyny w rodzinie uczęszcza od siódmego roku życia do szkoły, która jest finansowana przez misję. Jeśli dochodziło do różnicy poglądów, często słyszałam, jak Lketinga mówił: „Ach, to nie są żadni prawdziwi mężczyźni, nigdy nie byli w buszu, tylko przesiadują sobie w szkole. O życiu nic nie wiedzą. *They don't know about life!*".

Z kolei od Jamesa i innych chłopców uczęszczających do szkoły słyszałam: „Wiesz, o tym nie możesz porozmawiać z tymi ludźmi. Oni cię wcale nie zrozumieją, bo nic nie wiedzą o świecie. Znają tylko busz i to, jak przeżyć i jak przeżyją ich zwierzęta. Nie mają pojęcia, co się dzieje na świecie".

Niekiedy wydawało mi się, że bracia są sobie całkowicie obcy. Pomimo to uważałam, że Lketinga przynajmniej w takiej sytuacji zaufa i pomoże Jamesowi.

Wściekłość wywołana listem zmusza mnie do działania. Przez międzynarodową informację telefoniczną dostaję numer Hindusa i nawiązuję z nim kontakt. Jest bardzo zaskoczony moimi opowieściami i tym, że już nie wrócę. Nie dawniej jak kilka dni temu Lketinga mu mówił, że pojechałam na urlop i wkrótce będę z powrotem. Ubolewa nad moją decyzją, ale równocześnie jest gotów przeprowadzić z Lketingą pertraktacje w sprawie przejęcia sklepu, gdyż nie widzi szans, aby interes mógł beze mnie dalej funkcjonować. Dziękuję mu i oddycham z ulgą. Teraz przynajmniej sklep nie będzie przysparzał Lketindze więcej kłopotów. Co zrobi z masą pieniędzy, jaką za niego dostanie, tego nie wiem. Mogę mieć tylko nadzieję, że nie wyda wszystkiego na piwo i miraa. Natychmiast informuję listownie Jamesa o ustaleniach.

Całe to zamieszanie ma w sobie coś dobrego. Tutaj, w Szwajcarii, siedzę tylko bezczynnie i czekam na zawiadomienie z policji, ale gdy chodzi o Kenię, nie mam żadnych zahamowań, działam z niebywałą energią. Dzięki temu rośnie we mnie pewność siebie i ochota, żeby znowu pracować. Nowe otoczenie przestaje być dla mnie zupełnie obce. Z wolna zaczynam przybierać na wadze. Coraz częściej jem normalne posiłki zamiast dietetycznych i cała szczęśliwa zauważam, że z tygodnia na tydzień mam coraz mniej problemów żołądkowych.

Krótko przed Bożym Narodzeniem rozkoszujemy się z Napirai pierwszym śniegiem. Jest wprawdzie potwornie zimno, ale jakoś przestało mi to przeszkadzać. Wprost przeciwnie, tutejsza pogoda wydaje się nagle ciekawsza od stale niebieskiego nieba z prażącym słońcem, które wypala całą roślinność, a kiedy po wielomiesięcznych upałach wreszcie pada deszcz, wszystko znajduje się nagle pod wodą, zagrażając życiu ludzi i zwierząt. Po takich doświadczeniach potrafię się na nowo cieszyć deszczem, śniegiem, a nawet mgłą.

Kilka dni przed Bożym Narodzeniem udajemy się z matką na zakupy do Rapperswilu. Niesamowite, ile tego wszystkiego jest w sklepach! Postanawiam, że w przyszłości będę się starała ograniczać swoje potrzeby do minimum. Komu tak naprawdę potrzebny jest cały ten zbytek?! Przypadkiem spotykam byłego szefa z czasów, kiedy podjęłam pierwszą pracę jako akwizytor w pewnej firmie ubezpieczeniowej. Miałam 20 lat i byłam pierwszą kobietą zatrudnioną w tej branży. Odnosiłam duże sukcesy. Przez dwa lata oszczędziłam wystarczająco dużo pieniędzy, aby założyć sklep z suknami ślubnymi. Tak bardzo podobał mi się pomysł handlowania nowymi i używanymi suknami, że odważyłam się na samodzielne prowadzenie interesu. Szef bardzo wtedy ubolewał nad moją decyzją. A teraz nagle stoi przede mną i słucha ze zdziwieniem opowieści o moich przeżyciach. Na koniec wręcza mi wizytówkę i mówi, że wystarczy jeden telefon, a z miejsca zatrudni mnie u siebie. Pożegnawszy się z nim cała promienieję i mówię do matki: „Widzisz, jak szybko potrafię znaleźć pracę?".

Nawet jeśli nie mam wcale zamiaru ponownie zatrudniać się w tej firmie, ta rozmowa dobrze mi zrobiła. Dodała pewności siebie. W końcu była to pierwsza rozmowa z mężczyzną, i to z takim, który znał mnie z czasów, kiedy wiara we własne siły wprost mnie rozpierała. A w dodatku od razu taka propozycja! Nieważne, czy rzeczywiście poważna, i tak jestem w siódmym niebie, choćby dlatego, że były szef sądzi, iż coś potrafię. Oznajmiam matce, że po świętach zapytam na policji, jak to dalej ma być z Napirai i ze mną, gdyż już wkrótce kończy się nam trzymiesięczne zezwolenie na pobyt. Matka uważa, że powinnam lepiej siedzieć cicho i spokojnie czekać.

Cieszę się, że wreszcie znowu będę mogła obchodzić prawdziwe Boże Narodzenie, ze śniegiem, mrozem i całą tą świąteczną otoczką. W Kenii trudno było o świąteczny nastrój, gdyż zazwyczaj w tym czasie było strasznie gorąco. Jedynie starsi ludzie z Barsaloi, którzy odbywali pielgrzymkę do misji, aby odebrać tam nowe koce wełniane i trochę mąki kukurydzianej, przypominali mi o świętach. Ci, którzy regularnie chodzili do „kościoła w buszu", dostawali na koniec roku takie właśnie prezenty, z czego mama naturalnie nie zapominała skorzystać. Płacząc w duchu, obserwowałam ją, kiedy wyruszała w tę swoją wyrachowaną pielgrzymkę do misji.

W Wigilię spotyka się prawie cała nasza rodzina, gdyż matka swoje urodziny obchodzi w samo Boże Narodzenie. Tylko Eric, mój młodszy brat, przybędzie ze swoją żoną Jelly dopiero za dwa dni – pragną obchodzić święta ze swoimi dwoma synami u siebie w domu. Pod choinką piętrzą się prezenty dla mojej córeczki. Wszyscy chcą jej coś podarować. Napirai jest zachwycona. Rozrywa paczkę za paczką i nie może się zdecydować, czym najpierw się bawić. Nie podoba mi się to, właśnie takich sytuacji chciałam uniknąć. Wystarczyłyby w zupełności dwie albo trzy paczki. Gdzie my to wszystko pochowamy? Dla Napirai i tak największym szczęściem jest plac zabaw, gdzie może pobawić się z innymi dziećmi.

Chwilę później bardzo się cieszę z tego, że siedzę z rodziną przy przepięknie nakrytym stole i spożywam nasze tradycyjne *fondue bourguignonne*. Spoglądając na półmisek, na którym leży całkiem spora porcja mięsa, wybucham nagle śmiechem. Ponieważ pozostali patrzą na mnie ze zdziwieniem, tłumaczę im powód swojej wesołości: „Gdyby był tu teraz Lketinga, uśmiałby się, że te trochę mięsa ma wystarczyć dla nas wszystkich. On może w ciągu jednej tylko nocy razem z innymi wojownikami zjeść spokojnie średniej wielkości kozę".

„To byłoby u nas niemożliwe, choćby ze względu na ceny mięsa" – mówi Hanspeter, uśmiechając się przy tym filuternie. Znowu jestem myślami przy Lketindze i próbuję wyobrazić sobie, co też w tej chwili robi.

Niektóre dni dłużą się niesamowicie, inne z kolei przemijają w okamgnieniu. Sylwester jest właśnie takim długim, niekończącym się dniem. Nie obchodzimy go hucznie, każdy pogrąża się we własnych myślach. Na najbliższą przyszłość życzę sobie z całego serca, abyśmy mogły pozostać na stałe w Szwajcarii. O inne sprawy się nie boję.

Na początku nowego roku dzwoni do mnie indyjski właściciel sklepu i wyjaśnia mi, że byłby gotów przejąć interes, ale Lketinga zmienił zdanie i chce dalej pracować. Oczekuje więc teraz trzymiesięcznej zaliczki na poczet czynszu. Daję mu do zrozumienia, że powinien się zwrócić z tym do Lketingi. Zapłaciłam do końca roku, a teraz wszystko leży w gestii męża, jeśli chce nadal prowadzić sklep. Ja nie mam już na nic wpływu. Moje pieniądze zostały w Kenii i wszystko przepisałam na niego.

Niepokoi mnie myśl, że Lketinga pragnie dalej prowadzić sklep, żywię nadzieję, że udało mu się znaleźć kogoś dobrego do pomocy.

Dokładnie trzy miesiące po przyjeździe do Szwajcarii otrzymuję pismo z policji. Z bijącym sercem otwieram list, który być może zaważy na całym moim przyszłym życiu, a przede wszystkim na tym, w jakim kraju je spędzę. Po dwóch zdaniach stwierdzam zawiedziona, ale również nieco z ulgą, że muszę jeszcze udzielić informacji o wszystkich członkach rodziny. Robię to skrupulatnie, jak sobie tego życzą, i podkreślam, że budżet gminy nie będzie obciążony utrzymaniem mojej osoby. W razie trudności pomoże mi rodzina. Dodaję też, że właśnie otrzymałam konkretną propozycję pracy. Pełna ufności odsyłam papiery z powrotem. Matka jest smutna i mówi, że tak się już przyzwyczaiła do mnie i do Napirai, że chyba się załamie, jeśli znowu będziemy zmuszone przeprowadzić się za granicę. „Wszystko będzie dobrze, inaczej od razu wyrzuciliby mnie po tych trzech miesiącach" – próbuję ją uspokoić.

Koniec stycznia jest tak zimny, że położone niedaleko jezioro Pfäffiker całkiem zamarzło, co zdarza się najwyżej raz na dziesięć lat. Idę więc z Napirai, ciepło owiniętą w sankach, pospacerować po jeziorze. Przypatruję się tłumom ludzi poruszających się radośnie na przeróżnych wehikułach po lodzie. Jakie to wszystko szalone! Jeszcze przed trzema miesiącami pociłam się w upale i żyłam w zupełnie innym świecie, a dzisiaj spaceruję po zamarzniętym jeziorze. Niemalże każdego dnia wszystko, co widzę lub robię, przyrównuję automatycznie do Afryki. Patrzę na rozpromienione twarze starych i młodych ludzi i myślę o tym, jak wielu z nich w życiu codziennym jest zamkniętych w sobie, pomimo że przecież mają wszystko. Tak samo rzuca mi się w oczy, jak wielu młodych nie ma szacunku dla starszych. Przed pobytem w Afryce nie zdawałam sobie z tego sprawy. Ale teraz porównuję to z obyczajami Samburu. Tam poważanie zdobywa się z wiekiem. Uroda przemija, lecz za to człowiek jest bardziej szanowany. Im ktoś jest starszy – nieważne, czy kobieta, czy mężczyzna – tym bardziej liczą się z jego zdaniem. Młodsi nie zrobią niczego bez błogosławieństwa starszych. James, przyjeżdżając ze szkoły na wakacje do domu, pochylał głowę, kiedy witał się z matką, i nie patrzył jej w oczy. Dopiero gdy zaczynał o czymś opowiadać, rzucał jej krótkie spojrzenie. Masajską babcię otacza zazwyczaj wianuszek dzieci i każdy, kto przechodzi, mężczyzna czy kobieta, młody czy stary, znajomy czy nieznajomy, pozdrawia ją i zabawia rozmową. Moja teściowa nigdy się nie nudzi, mimo że przez cały dzień siedzi pod drzewem przed swoją chatą.

A tutaj, w Szwajcarii? Obserwuję, jak wielu ludzi przesiaduje samotnie w kawiarniach albo restauracjach. Nikt ich nie zauważa i nikt z nimi nie rozmawia. Materialnych rzeczy jest tu w bród, lecz ludzie nie mają czasu dla siebie i brakuje społecznych więzi. Za to każdy jest w stanie jakoś sam sobie poradzić. U Masajów w Kenii byłoby to niewyobrażalne.

Po spacerze po lodzie wracamy do domu, gdzie znajduję list od Jamesa z 12 stycznia. Jestem podekscytowana, na pewno pisze, co słychać w domu i u mamy.

Droga Corinne i rodzino,

Ogromne podziękowania za szczegółowy list, jaki dzisiaj od Ciebie dostałem. Obejrzałem zdjęcia Napirai, Twojej matki i Twoje i byłem bardzo szczęśliwy, że was widzę. Zaniosłem zdjęcia mamie i popłakała się, ale ją uspokoiłem, mówiąc, że być może przyjedziesz, kiedy skończę szkołę. Wszystkim ludziom tutaj podoba się, że mogą Ciebie i Napirai zobaczyć na zdjęciach. Opowiedziałem rodzinie, że odeszłaś tylko z powodu Lketingi. I mieli na to dowód, gdy wróciłem do domu z pustymi rękami. Powiedzieli, żebym spokojnie zostawił go tam, gdzie jest, i mają nadzieję, że już wkrótce przepuści wszystko, co mu zostawiłaś.

Corinne, drugi raz nie wybiorę się już do Mombasy, bo tam czekają mnie znowu problemy, o których Ci pisałem. Dobrze, że sprzedałaś sklep, bo w ten sposób nie wszystko poszło na marne. Jeśli Lketinga wróci do domu, pomogę mu. Dwunastego jadę z Maralalu do szkoły. Richard pomógł mi i otworzył dla mnie konto bankowe w Maralalu. Tam więc możesz nam przesłać pieniądze, jeśli chcesz.

Opowiedziałem mamie i rodzinie wszystko, o czym napisałaś mi Ty i Twoja rodzina. Niektórzy są zawiedzeni Twoim odejściem, ale rozumieją, że nie miałaś innego wyjścia. Wszyscy powiedzieli, że jeśli przyjedziesz do domu, nawet tylko w odwiedziny, to chcą Cię widzieć. Będzie jednak lepiej, jeśli ja będę przy tym. Przeczytałem również, że chcesz mi przysłać jakieś rzeczy. Możesz je przesłać do szkoły, tak będzie najprościej. Nie przesyłaj jednak takich rzeczy, za które będę musiał płacić du-

żo pieniędzy na poczcie. Spróbuję nawiązać z tobą kontakt ze szkoły. W szkole zostanę trzy miesiące.

Giuliano i Roberto są nadal w Barsaloi. Teraz Barsaloi jest bardzo zielone i mamy dużo mleka. Nasza rodzina nie przebywa obecnie w Barsaloi, tylko jakieś dwa kilometry dalej w kierunku na Lpusi. Nie mamy już tak wiele kóz jak wcześniej. Twoja czarna koza i cap z białymi cętkami bardzo urosły. Podczas wakacji zrobię zdjęcia naszej rodzinie i zwierzętom i prześlę Ci je. Dostałem to małe radio od Lketingi i mam je teraz w szkole. To jedyna dobra rzecz, jaką mi dał. Wziąłem również trochę Twoich ubrań, przede wszystkim spódnic, które teraz nosi mama. Ukradłem je tuż przed wyjazdem, gdyż Lketinga nie chciał mi ich dać.

Podaj mi, proszę, adres swojego brata Marca, abym mógł mu przesłać parę słów ode mnie i od mojej rodziny, żeby nas nie zapomniał. Jeśli chciałby przyjechać do Barsaloi, jak to kiedyś omówiliśmy, jestem gotów przyjąć go z otwartymi ramionami i pokazać mu wszystko.

Moc pozdrowień dla rodziny, dla wszystkich przyjaciół i dla naszej kochanej siostry Napirai. Ciągle mocno się modlę, żeby Ci się powiodło w Szwajcarii.

Twój brat James

PS. Jeszcze kilka słów od mojej rodziny: wszyscy życzą Tobie i Napirai szczęścia w Szwajcarii i mają nadzieję, że Was jeszcze kiedyś zobaczą, nawet jeśli miałybyście przyjechać tylko w odwiedziny.

Ten list mnie uszczęśliwia. Cieszę się, że ludzie w Barsaloi nie potępiają mnie i że pragną kiedyś zobaczyć. To ważne, przede wszystkim ze względu na Napirai. Kamień spada mi z serca i najchętniej pocałowałabym moją teściową w jej wygoloną czarną głowę. Z ulgą piszę odpowiedź.

Dwa dni później otrzymuję list od pewnej Niemki, która mieszka w Kenii. Wnioskuję z niego, że zetknęłyśmy się przelotnie. Chce kupić auto od Lketingi i potrzebuje kilku moich podpisów na załączonych formularzach. Auto zostało uszkodzone w czasie pożaru, jest bardzo zniszczone. Mimo to chce je kupić i oddać do naprawy. Ledwo mogę uwierzyć w to, co czytam. Ten piękny drogi samochód jest na pół spalony, a przecież Lketinga ma zamiar, jak dowiedziałam się od Hindusa, zatrzymać sklep! Jakże on bez auta załatwi towar? I jak on się czuje? Może został ranny przy pożarze? Ciągle te nerwy! Chce mi się wyć, choć przecież sprawa auta powinna być mi obojętna. Zastanawiam się, jak mu się znów udało zrobić coś takiego. Najprawdopodobniej samochód był wypchany do granic możliwości Masajami, którzy palili w drodze na występy, albo Lketinga nigdy nie dolewał oleju i wody.

Takie i podobne snuję rozważania pochylona nad formularzami. Z chęcią zadzwoniłabym teraz do Kenii i porozmawiała z Lketingą. Ale nikt z ludzi, których tam znałam, nie ma telefonu. Większość nie ma nawet podłączenia do prądu w swoich chatach, chociaż żyją w pobliżu plaży i ośrodków turystycznych. Skąpe oświetlenie pochodzi z lamp naftowych. Nic nie mogę zrobić poza odesłaniem papierów i czekaniem w napięciu, co też będzie się jeszcze działo.

AKLIMATYZUJEMY SIĘ

W końcu lutego matka pokazuje mi ogłoszenie w gazecie zachęcające kobiety z naszej okolicy, samotnie wychowujące dzieci, do założenia związku. „Zgłoś się tam, pobędziesz wśród ludzi i nawiążesz nowe kontakty" – namawia troskliwie. Po zastanowieniu się rzeczywiście to robię. W środku marca otrzymuję zaproszenie na niedzielne późne śniadanie, podczas którego wszyscy mają się poznać.

Spotkanie odbywa się w uroczej leśnej chacie na skraju pewnej wioski. Gdy przybywam tam z Napirai, zastaję już parę kobiet ze swoimi latoroślami. Niektóre dzieci biegają swawolnie i krzyczą, inne trzymają się matek. Napirai podchodzi śmiało do dzieci i przypatruje się im uważnie. Na nią również wszyscy patrzą z zaciekawieniem – jest jedynym kolorowym dzieckiem. Przybywa coraz więcej kobiet, aż w końcu tworzymy grupę mniej więcej dwudziestoosobową, jeśli liczyć tylko dorosłych. Wszystkie stoły są nakryte i pachnie kawą. Dwie organizatorki przedstawiają się i opowiadają o związku. Planują spotkania raz w miesiącu na późnym śniadaniu, aby rozmawiać o problemach i wzajemnie siebie wspierać. Silniejsze z nas powinny pomagać słabszym. Krok po kroku mają zostać rozbudowane społeczne kontakty na zewnątrz. Następnie wszystkie kobiety przedstawiają się po kolei i opowiadają zwięźle, jak to się stało, że same wychowują dzieci. Niektóre relacje są niezwykle smutne i głęboko mnie poruszają. Część kobiet robi wrażenie pewnych siebie, inne są nieśmiałe i zakompleksione. Jedne są już od lat same, inne z kolei, tak jak ja, dopiero od kilku miesięcy. Gdy opowiadam swoją historię, większość kobiet chce usłyszeć więcej i więcej. Wiele z nich określa moje życie jako wyjątkowe, zwariowane i niezwykle trudne. Z kolei ja jestem zdania, że pod pewnym względem mają znacznie większe problemy ode mnie. Wiele walczy o pieniądze albo o prawo do dziecka. Inne nadal bardzo cierpią z powodu rozstania z mężem, szczególnie te, które zostały porzucone. Moja sytuacja wydaje się o wiele lepsza. Żyję z kilku groszy, jakie udało mi się zachować, i tylko czekam na pozwolenie na pracę, aby wreszcie zacząć działać. Problem walki z mężem o płacenie alimentów mnie nie dotyczy.

Kiedy zastanawiam się nad swoim obecnym położeniem, przypominam sobie życie w Afryce, które bywało walką o przetrwanie aż do granicy śmierci. Przeważnie byłam zdana wyłącznie na siebie, prawie nie mówiłam językiem *maa* i nie miałam żadnych kontaktów z cywilizowanym światem. Bywały dni, że nie zamieniłam z nikim ani słowa. Ucieczka z naszej wioski na kenijskiej wyżynie nigdy by mi się nie udała, gdyż żadna kobieta nie odważyłaby się mi pomóc. Nie trzymałaby małej Napirai podczas jazdy na złamanie karku przez dżunglę. Nawet gdybym zapłaciła duże pieniądze, ponieważ wtedy taka kobieta nigdy więcej nie mogłaby powrócić do swego plemienia. A mężczyźni masajscy? Ci to dopiero nie staną nigdy po stronie kobiety, która ma zamiar uciec.

Tutaj można z każdym porozmawiać, dogadać się i najczęściej otrzyma się jeszcze pomoc. Trzeba się tylko trochę ruszyć z miejsca. Od czasu, kiedy jestem matką samotnie wychowującą dziecko w Szwajcarii, życie stało się dla mnie o wiele prostsze, a będzie jeszcze łatwiej, gdy tylko zacznę pracować. O tym jestem przekonana. Niektóre kobiety uprzedzają mnie, że nie powinnam popadać w euforię, gdyż nie ma zbyt wiele pracy dla kobiet w naszej sytuacji. Poza tym musiałabym załatwić stałą opiekę dla Napirai. Niektóre matki uważają za dość dziwne, że nadal karmię piersią córkę, pomimo że ma prawie dwa lata. Pożyjemy, zobaczymy, myślę sobie i nie daję się zbić z pantałyku.

Pewna kobieta o imieniu Madeleine przysiada się do mnie i opowiada, że w końcu kwietnia leci do Kenii, żeby sobie w końcu wypocząć i przyjść do siebie po rozwodzie. Ma udać się w podróż na południowe wybrzeże. Umawiamy się, że przedtem odwiedzę ją w domu. Chce zasięgnąć u mnie informacji o kraju. Narysuję jej, gdzie znajduje się nasz sklep, aby zajrzała tam i ewentualnie porozmawiała z Lketingą. Robi na mnie dobre wrażenie. Podczas śniadania zwracam też uwagę na dwie, trzy inne kobiety, a przede wszystkim na jedną z organizatorek spotkania, która tryska energią i później zostanie wybrana naszą przewodniczącą. Tylko z nielicznymi nie udaje mi się nawiązać żadnej rozmowy. Czas mija bardzo szybko i oto już zabieramy się do sprzątania i zmywania naczyń. Chata zostaje wypucowana, a potem żegnamy się do następnego spotkania za cztery tygodnie.

W drodze do domu zastanawiam się nad losami tych kobiet. To spotkanie dobrze mi zrobiło. Po pierwsze, mam ochotę z niektórymi utrzymywać kontakty również poza grupą. Po drugie, stało się dla mnie jasne, że nie wolno mi czekać, aż znajdę się całkowicie bez środków do życia. A co najważniejsze zetknęłam się z problemami kobiet samotnie wychowującymi dzieci. Przed pobytem w Afryce byłam dobrze zarabiającą bizneswoman, która nie myślała o dziecku, a w Kenii jest to normalne, że kobiety muszą same troszczyć się o swoje liczne potomstwo. Do tej pory nie musiałam w ogóle zaprzątać sobie głowy tą sprawą. Dziś jednak mogłam się przekonać, że wcale nie tak mało kobiet bezwolnie poddaje się swemu losowi. Tego w żadnym razie nie chcę!

Po powrocie opowiadam matce o wrażeniach i oznajmiam jej, że przyłączę się do tej grupy, tym bardziej że również Napirai była bardzo zadowolona – mogła poszaleć z tyloma dziećmi. Jutro mam zamiar ponownie dowiedzieć się na policji, jak się sprawy mają. Bądź co bądź jesteśmy tutaj już od pięciu miesięcy.

Kiedy następnego ranka dzwonię, czuję każdą kosteczką swojego ciała, jak jest dla mnie ważna ta chwila. Matka siedzi z Napirai na kanapie i patrzy na mnie w napięciu, z pewnością się przy tym modląc.

Kiedy zostaję połączona z właściwym urzędem, przedstawiam kobiecie swoją prośbę. Życzliwie mówi, że zaraz zobaczy. Mam poczekać chwilę. Nigdy w życiu nie zapomnę tego czekania! Serce podchodzi mi do gardła, a klatka piersiowa robi się coraz ciaśniejsza i ciaśniejsza. Te sekundy albo minuty zdają się wiecznością. „Kochany Panie Boże, pomóż nam, proszę, jeszcze tylko ten jeden raz!" – modlę się w myślach i trzymam kciuki za siebie i za moją małą córeczkę. W końcu słyszę głos kobiety: „Nazywa się pani Corinne Hofmann, zamieszkała tymczasowo w Wetzikon z córką Napirai, urodzoną 1 lipca 1989 roku, czy to się zgadza?". „Tak" – wyduszam z siebie. „Pani wniosek został przyjęty. W najbliższych dniach otrzyma pani jeszcze pisemne potwierdzenie". Wstrzymuję powietrze, a potem wyrzucam z siebie: „Dziękuję, bardzo dziękuję. Uczyniła mnie pani najszczęśliwszym człowiekiem na ziemi. Do widzenia!". Odwracam się i krzyczę niemal z egzaltacją: „Możemy zostać! Bogu niech będą dzięki!".

Czuję się jak nowo narodzona i tańczę z Napirai po całym mieszkaniu. Śmieje się i piszczy, mimo że naturalnie nie wie, dlaczego jej mama zachowuje się, jakby właśnie postradała zmysły. Mojej matce płyną po twarzy łzy ulgi. Z tej całej radości ledwo mogę trzeźwo myśleć. Teraz już będzie dobrze. Zrobię wszystko, żeby jak najszybciej załatwić sobie pracę i mieszkanie. Telefonuję do rodzeństwa i dzielę się z nim swoim szczęściem. Piszę również od razu list do Jamesa. Z przejęcia o mało nie wyskakuję ze skóry. Od urodzenia córki z niczego tak bardzo się nie cieszyłam, jak z tego jednego zdania, które wypowiedziała zupełnie nie znana mi urzędniczka. Jej słowa oznaczają dla mnie nowe życie! Czy jest świadoma wagi tych paru słów? Co tam, odganiam tę myśl, najważniejsze, że osiągnęłam swój cel. Gdy tylko dostanę pisemne potwierdzenie, zaraz dam ogłoszenie do gazety, że poszukuję pracy.

Wieczorem także Hanspeter cieszy się z dobrej wiadomości. Przy kolacji zastanawiamy się, gdzie mogłabym pracować. Przychodzi mi do głowy, że mogłabym podjąć pierwszą próbę w jakimś kiosku. Gdybym chodziła na pierwszą zmianę, mogłabym już w południe być w domu przy Napirai. Matka proponuje mi, że zajmie się Napirai przez dwa, trzy dni w tygodniu, gdyż bardzo przyzwyczaiła się do wnuczki i chętnie z nią przebywa. Z Hanspeterem sporządzam zestawienie kosztów, jakie mnie czekają, gdy przeprowadzę się do własnego mieszkania. Szybko stwierdzam, że jeśli nie chcę przymierać głodem, to muszę jednak wziąć pracę na cały etat. A poza tym trzeba kupić tyle nowych rzeczy do mieszkania. Przecież nic nie mam. Ani talerzy, ani sztućców, nawet jednego ręcznika, o meblach już nie wspominając. Dlatego wchodzi w grę tylko praca w akwizycji, gdzie będę mogła swobodnie dysponować czasem, a dzięki prowizji szybciej i więcej zarobić. Matka przypomina mi o moim byłym szefie z ubezpieczeń. Mimo że jego propozycja bardzo mnie ucieszyła, muszę ją odrzucić – w tej branży musiałabym pracować głównie wieczorami. Chcę najpierw spróbować znaleźć jakąś interesującą pracę w dzień i dlatego postanawiam dać ogłoszenie do gazety.

Oczywiście muszę popracować jeszcze trochę nad swoim wyglądem. Na gwałt potrzebuję nowej fryzury, a także powinnam kupić sobie dwa, trzy kostiumy. To można załatwić w sklepach z używaną odzieżą. Ewentualnie trzeba będzie kupić samochód, co tutaj, w Szwajcarii, nie powinno być zbyt wielkim problemem, w przeciwieństwie do Kenii. Handlarzy używanymi samochodami jest bez liku i znalezienie jakiegoś auta za rozsądną cenę nie będzie z pewnością trudne.

Największy problem w tym, że brakuje mi pewności siebie. Nawiązywanie kontaktów z obcymi ludźmi i zachęcanie ich do kupna czegoś wydaje mi się w chwili obecnej sprawą trudną. Także perspektywa, że będę musiała poruszać się po jakimś mieście i szukać nie znanych ulic, napełnia mnie strachem. Ale przecież raz to już umiałam, skoro tak, to na pewno wkrótce sobie przypomnę. Wszystko wydaje mi się łatwiejsze do przezwyciężenia niż jeszcze przed czterema miesiącami. Kiedy pomyślę, że w Kenii bywały chwile, gdy z osłabienia nie mogłam ustać na nogach, a przejście pięćdziesięciu metrów wydawało mi się zadaniem ponad ludzkie siły, to w porównaniu z tym dzisiaj jestem „siłaczką". Dopnę swego. Jestem pewna!

Kilka dni później otrzymuję pisemne zezwolenie na osiedlenie się w Szwajcarii. Należy jeszcze tylko wyjaśnić sprawę mojego małżeństwa. W Szwajcarii nie jest ono zalegalizowane, jak mnie informują. Ponieważ mam obywatelstwo niemieckie, sprawa musi zostać rozstrzygnięta w Berlinie. Szwajcaria uzna decyzję Niemiec. Zatem nie zostało jeszcze ustalone, czy w Europie jestem zamężna, czy też stanu wolnego. Nad tym jednak w tym momencie się nie zastanawiam. Jakie to będzie miało konsekwencje, przekonam się na własnej skórze niecały rok później. Teraz jestem po prostu szczęśliwa.

W gazecie ukazuje się moje ogłoszenie o poszukiwaniu pracy i czekam pełna nadziei na dobrą propozycję od firmy akwizycyjnej. Studiuję również ogłoszenia o mieszkaniach, ale ceny i skąpy wybór szybko studzą mój optymizm. Nie muszę naturalnie od razu wyprowadzać się od matki, ale chciałabym, szczególnie gdy już będę chodziła do pracy, mieszkać we własnych czterech ścianach.

Dobre dwa tygodnie po pierwszym spotkaniu naszej grupy matek samotnie wychowujących dzieci dzwoni Madeleine i zaprasza mnie z Napirai na plotki przy kawie. Mieszka w sąsiedniej, oddalonej tylko o kilka minut jazdy samochodem wiosce, która leży powyżej Wetzikon. Od razu podoba mi się osiedle. Cztery bloki naprzeciwko siebie, po każdej stronie po dwa. W środku duży teren zieleni z placem zabaw, na którym dokazuje kilkoro małych dzieci. Napirai, naturalnie, też by tak chciała! Do tego zachwyca mnie bliskość lasu z szumiącym strumieniem.

Madeleine cieszy się z naszych odwiedzin. Jej syn ma dziesięć lat i z anielską cierpliwością zajmuje się Napirai. Dokładnie opowiadamy sobie o naszych losach życiowych i gdy Madeleine słyszy, że definitywnie przyznano mi ponownie zezwolenie na pobyt w Szwajcarii, niezmiernie się cieszy. Dzielę się z nią moim przeświadczeniem, że wkrótce na pewno znajdę pracę. Tylko z mieszkaniem będzie chyba trudniej, bo szukam czegoś w takim osiedlu jak właśnie to. Madeleine proponuje, że zapyta w administracji, nie powinnam sobie jednak robić zbytnich nadziei, gdyż są listy oczekujących na te mieszkania. Mnie się tutaj rzeczywiście spodobało i tak szybko się nie poddam.

Pokazuję jej jeszcze zdjęcia swojego męża oraz naszego sklepu w Kenii i proszę, aby zaszła tam podczas urlopu i oddała Lketindze list ode mnie. Ma także spróbować dowiedzieć się czegoś o Sophii. Ten zbieg okoliczności, że akurat podczas pierwszego wyjścia z domu od razu spotkałam kogoś, kto leci do Kenii, odbieram jako znak. Przy pożegnaniu z odrobiną smutku życzę Madeleine pięknego urlopu. W domu z entuzjazmem opowiadam matce o osiedlu. Twardo postanawiam, że póki nie dostanę negatywnej odpowiedzi z administracji, nie będę szukała mieszkania gdzieś indziej.

W następnych dniach propozycje pracy kapią jak krew z nosa. Większość jest do niczego. Albo nie podoba mi się produkt, jaki miałabym sprzedawać, albo firmy nie chcą zagwarantować żadnej stałej pensji, na co nie mogę sobie w obecnej sytuacji pozwolić. Gdy zaczynam już tracić nadzieję, dostaję pewną propozycję z Zurychu. Chodzi o fularowe chustki i krawaty, które mają być sprzedawane różnym przedsiębiorstwom, jako prezenty firmowe. Oglądam załączone prospekty i czuję, że byłaby to dla mnie szansa. Szybko dzwonię i umawiam się na rozmowę kwalifikacyjną.

Teraz wszystko zależy ode mnie. Otrzymanie pierwszej posady po długim pobycie za granicą będzie szczególnie trudne. Załatwiam sobie porządny plan Zurychu i kupuję piękny kostium. To, że jestem wysoka i chuda, ma swoje dobre strony, gdyż większość ubrań z domów towarowych pasuje na mnie jak ulał i dobrze w nich wyglądam. U fryzjera każę sobie po raz pierwszy w życiu obciąć włosy na krótko i ufarbować na rudo. Para szpilek na niezbyt wysokim obcasie nadaje mojej aparycji ostatecznego szlifu. Nikt nie rozpozna we mnie kobiety, która wiodła „masajskie życie" w chacie z krowich placków, kucającej na ziemi przy ognisku i warzącej *ugali*. Moja matka potwierdza to – w pierwszej chwili ledwo mnie poznaje. Podobnie Napirai, która patrzy na mnie niepewnie i ze zdziwieniem. Tylko mój głos wydaje jej się jakby skądś znajomy. Gdy jednak podaję jej pierś, rzuca się na mnie jak zwykle. Przysysa się i jest nareszcie całkowicie pewna, że wylądowała u swojej mamy.

Ponieważ chcę zjawić się na rozmowie kwalifikacyjnej możliwie rozluźniona, do Zurychu nie jadę autem, tylko pociągiem. Ale już na dworcu przeżywam swoją pierwszą małą porażkę. Usiłuję kupić bilet przy okienku, a tam stoi tłum ludzi. Do odjazdu nie zostało zbyt wiele czasu, pytam więc mężczyznę w okienku, czy bilet do Zurychu będę mogła kupić w pociągu. Patrzy na mnie zdumiony i mówi: „Nie, w pociągu podmiejskim nie sprzedają. Musi pani kupić w automacie na peronie". Za dwie minuty przyjedzie pociąg, pędzę więc na właściwy peron i szukam odpowiedniej skrzynki. Gdy ją znajduję, nie umiem rozeznać się w zawikłanych liczbach i strzałkach. Sterczę jak człowiek z epoki kamiennej i nie mam pojęcia, w jaki sposób zdobyć bilet. Jakiś młodociany tłumaczy mi z protekcjonalną pobłażliwością funkcjonowanie automatu. Ze wstydu o mało nie zapadłam się pod ziemię. Ależ stałam się nieporadna podczas tych czterech lat w buszu!

Zorientowanie się w planie miasta w Zurychu to następne wyzwanie. Pytam przechodniów i z trudem przedzieram się przez ulice. Pod umówiony adres docieram w kompletnie przepoconym pięknym nowym kostiumie. Na szczęście mam jeszcze dziesięć minut, aby nieco ochłonąć i dojść do siebie.

W pomieszczeniu do prezentacji jedwabie mienią się wszystkimi kolorami tęczy. Wita mnie mniej więcej pięćdziesięcioletnia kobieta. Przedstawiam się krótko, a ona woła męża, który jest odpowiedzialny za przyjmowanie ludzi do pracy. Pojawia się mały, starszy, lecz nadal żywotny mężczyzna. Od razu prezentuje mi różne rodzaje i jakości tkanin. Nie jestem pewna, co mam sądzić o tej parze ludzi, ale produkty są ładne i na pewno można je dobrze sprzedać. To rozpoznaję od razu. Mężczyzna prosi mnie do swojego biura, gdzie rozmawiamy. Gdy dowiaduje się, że niedawno powróciłam z zagranicy, nie jest zachwycony, ponieważ nie mogę przedłożyć mu referencji. Przezornie opowiadam mu tylko o swojej działalności gospodarczej w branży pamiątkarskiej w Mombasie. Na pytanie, czy jestem zamężna, odpowiadam, że nie, gdyż tak czy inaczej nadal nie wiadomo, jak w przyszłości zostanę zarejestrowana. Ocenia to pozytywnie, ponieważ mężowie często są zazdrośni o żony pracujące jako akwizytorki. Nie pyta mnie o dzieci, dlatego nie wspominam na razie o córce. Na koniec rozmawiamy o wynagrodzeniu. Ku mojemu zdziwieniu słyszę, że od razu przystaje na moją propozycję, oczywiście jeśli zostanie zawarty kontrakt. Ma jeszcze jednego kandydata i ja również powinnam zastanowić się nad wszystkim. Od razu mówię, że nie potrzebuję czasu do namysłu i że chcę zacząć jak najszybciej. Śmieje się i odpowiada: „W najbliższych dniach zadzwonię do pani".

Mimo że nie wiem, jaką podejmie decyzję, już w drodze do tramwaju zastanawiam się, jak się zabrać do rzeczy. Zakład nie ma stałych odbiorców i musiałabym zorganizować wszystko od początku. Dotychczas szef upłynniał towar w sklepach odzieżowych. Ja z kolei mam zbywać te drogie markowe produkty u klientów z przemysłu jako firmowe prezenty reklamowe. Ta praca mnie kusi – zamiast prozaicznych umów ubezpieczeniowych mogłabym prezentować piękne rzeczy. Droga do domu przebiega bez przygód. „Zobaczysz, Corinne, każdy dzień pracy zbliży cię na nowo do życia tutaj i uczyni je prostszym" – myślę i uśmiecham się pod nosem.

W domu Napirai rzuca się na mnie i podsuwa mi pulower do góry, aby possać piersi. Och, jakże ja kocham tę moją córeczkę z kręconymi, brązowymi włosami i ciemnymi jak wiśnie oczami! Czeka nas niezłe przestawienie się, gdyż nie będziemy mogły spędzać całego dnia razem. Wiem jednak, że Napirai ma u babci naprawdę dobrze, ponieważ ta kocha ją jak własną córkę.

Musimy poszukać opiekunki, która przez dwa dni w tygodniu zajmie się córeczką. Najchętniej wzięłabym kogoś z dziećmi, gdyż mała tęskni za zabawą z rówieśnikami. W Wetzikon znajduje się poradnia rodzinna, do której zachodzę następnego dnia, aby dowiedzieć się, gdzie znaleźć rodzinę z dziećmi. Pracująca tam starsza kobieta jest bardzo miła i pomocna. Obiecuje dowiedzieć się, i dać mi jak najszybciej znać. Jestem jej za to wdzięczna. Uspokojona przechadzam się po miasteczku, myśląc o tym, jak łatwe stało się znów moje życie. Z każdym mogę porozmawiać, każdy mnie rozumie. Wszędzie mogę się o coś zapytać, a nawet otrzymać pomoc. Wraz z upływem czasu staje się dla mnie coraz bardziej jasne, jak surowe i ciężkie były warunki w Kenii. Wcześniej tego tak nie odczuwałam, ale tylko dlatego, że uskrzydlała mnie wielka miłość do Lketinga.

Zatem został nadany bieg sprawom pracy, mieszkania i opieki nad dzieckiem. Teraz muszę tylko poczekać na ich rozstrzygnięcie. Czuję, że w krótkim czasie moje życie całkowicie się odmieni. Bardzo jestem ciekawa jak.

Wieczorem dzwoni do mnie Madeleine i opowiada, że na razie niestety nie zwalnia się żadne mieszkanie i że na każde są zapisy. Mimo to podaje mi adres administracji. Mówi, że może będzie lepiej, jeśli osobiście tam pójdę. Dziękuję jej i ponownie życzę udanych wczasów w Kenii, bo następnego dnia odlatuje. Zawiedziona, próbuję jakoś strawić tę wiadomość o mieszkaniu i postanawiam odczekać jeszcze parę dni.

Od rozmowy kwalifikacyjnej mój, miejmy nadzieję, przyszły pracodawca nie dał znaku życia. Ponieważ nie dostałam żadnych innych propozycji, jestem zdecydowana walczyć o tę pracę. Dzwonię i dopytuję się. Żwawy, starszy mężczyzna nie bardzo chce udzielić mi jasnej odpowiedzi. Pytam go prosto z mostu, w czym problem. Mówi, że nie bardzo wie, czy jestem odpowiednią osobą. Mógłby spróbować ze mną, ale nie za uzgodnione pieniądze, gdyż bądź co bądź nie mam praktyki zawodowej. Musiałabym znacznie zredukować swoje finansowe żądania. Oburzona tłumaczę mu, że z całą pewnością jestem warta tyle, ile się domagam. „Kto w Afryce robił skutecznie interesy, również tutaj odniesie sukces!". Po trwających jakiś czas przetargach zapewnia mnie, że mogę zacząć od 1 maja. Dwa dni później trzymam w rękach umowę. Pierwsza praca, o jaką się ubiegałam, i od razu ją dostałam. Czyż nie jestem szczęściarą?!

ZNOWU STAJĘ NA NOGI

Mam dwa tygodnie, aby przygotować się i załatwić jakiś samochód. Mimo że cieszę się na to wyzwanie, czasami mam jednak wątpliwości, czy dam sobie radę w świecie interesu.

Nadchodzą bardzo gorączkowe dni. Znajduję starego forda, na którego jeszcze mogę sobie pozwolić. Ponieważ różne ubezpieczenia pożerają mnóstwo pieniędzy, kończy mi się powoli grosz odłożony na czarną godzinę. Muszę w końcu zacząć zarabiać.

Trzy dni przed rozpoczęciem pracy dzwoni do mnie sympatyczna kobieta z poradni rodzinnej. Mówi, że mamy szczęście, gdyż zgłosiło się pewne miłe małżeństwo z Wetzikon, które ma syna w wieku Napirai. Rozmawiała już z nimi, teraz powinnam odwiedzić tę rodzinę z Napirai. W końcu ważne są podobne poglądy na sprawę wychowywania dzieci i wzajemne sympatie. Dzwonię do tej rodziny i umawiamy się. Podczas spotkania odczuwam rosnącą sympatię do tej spokojnej, zrównoważonej pary małżeńskiej. Wygląda również na to, że dzieci dobrze się porozumiewają. Już po chwili siedzą na podłodze i bawią się zgodnie zabawkami. Po bliższym poznaniu umawiamy się, że będę przyprowadzała do nich Napirai w czwartki i piątki. W pozostałe dni będzie się nią opiekowała babcia. Wszystko się ułożyło. Mogę ruszać do pracy.

Pierwszy dzień przelatuje jak z bicza trzasł. Ustaliliśmy, że przez tydzień będę się wdrażała, poznając produkty, różnorakie wzory i ich nazwy. Wszystko jest dla mnie zupełnie nowe i ekscytujące. Dopiero gdy już siedzę w aucie i zmierzam do domu, zauważam nagle, jak bardzo jestem zmęczona. Mogłabym zasnąć na stojąco. Kiedy walczę ze znużeniem, przypomina mi się lekarz ze szpitala w Wambie. Powiedział mi, że z powodu przebytej ciężkiej żółtaczki przez długi czas nie będę mogła pracować i że nawet po latach najprawdopodobniej tylko na pół gwizdka, gdyż mój organizm jest w rozpaczliwym stanie i upłynie dużo czasu, zanim wzmocni się mój układ odpornościowy. „Muszę się tylko przestawić" – próbuję się uspokoić i odsunąć od siebie wspomnienie tamtej choroby.

W domu wita mnie niecierpliwa Napirai i ciągnie jak zazwyczaj za bluzkę. Nadal mam stosunkowo dużo mleka i nabrzmiałe piersi, co nieustannie przeszkadzało mi w ciągu dnia. Z ciężkim sercem postanawiam powoli odstawić córkę od piersi. Matka uspokaja mnie, że wszystko poszło jak z płatka. Tylko po poobiedniej drzemce Napirai trochę płakała, gdyż nie dostała piersi. Nie zna ani smoczka, ani butelek ze smoczkiem i uważam, że byłoby niedorzecznością, gdybym teraz zaczęła jej to podawać. Na krótki moment budzą się we mnie wyrzuty sumienia, bo nie jestem przyzwyczajona do tego, żeby Napirai płakała, chyba że zrobiła sobie jakąś krzywdę. Uświadamiam sobie, że w Kenii rzadko się słyszy płaczące dzieci, a marudzących to już w ogóle.

Tygodniowy kurs wprowadzający dobrze mi robi. Mam do czynienia z różnymi ludźmi i moja pewność siebie, którą, jak wszystko na to wskazuje, chyba tylko ja uważam za niewielką, wzrasta z dnia na dzień. Po raz pierwszy od dnia powrotu czuję, że jestem postrzegana również jako kobieta. Nazbyt długo widziałam siebie tylko jako matkę. Teraz, gdy w czasie przerw obiadowych udaję się do pobliskiej restauracji, aby coś przekąsić, zauważam jedno czy drugie spojrzenie, w którym kryje się uznanie. Pewnego razu zastanawiam się przez chwilę, kiedy ostatni raz uprawiałam seks, i dochodzę do wniosku, że nie potrafię sobie przypomnieć. Dla mojego męża i dla mnie seksualność nie odgrywała głównej roli. Pomimo że uważałam go za bardzo pociągającego fizycznie, musiałam już na początku naszego związku przyjąć do wiadomości, że u Samburu nie ma ani całowania, ani głaskania. Seks nie jest u nich zabawą, tylko służy wyłącznie rozmnażaniu się albo co najwyżej zaspokojeniu potrzeb mężczyzny. Nie znają orgazmu u kobiety. Przyczyną tego jest między innymi potworny obyczaj obrzezania dziewcząt. Nigdy nie pojmę tego okrutnego okaleczania kobiecych genitaliów. Nawet Lketinga nie umiał sobie wytłumaczyć, dlaczego robi się coś takiego kobietom. To, że nasze zbliżenia trwały zawsze krótko, szybko przestało mi przeszkadzać, ponieważ kochałam męża z głębi serca i przez długi czas byłam po prostu szczęśliwa, że z nim żyję.

Przypatrując się mężczyznom w restauracji, nie udaje mi się wyobrazić związku albo seksu z którymś z nich. Myśl, że po ponad pięciu latach mogłabym zadać się z jakimś białym, napełnia mnie trwogą i najwyraźniej przekracza moją uśpioną wyobraźnię. A może chodzi tylko o to, że po prostu nie jestem zakochana i mam ważniejsze zadania do spełnienia? Mimo wszystko dochodzę do wniosku, że to okazywanie zainteresowania, do czego nie jestem przyzwyczajona, dobrze mi robi i rozkoszuję się nim z bezpiecznej odległości podczas krótkich przerw obiadowych, zwłaszcza że nie jest ono natarczywe.

Kiedy po raz pierwszy odstawiam Napirai do opiekunki, o mało nie pęknie mi serce. Kąciki ust mojej córeczki zaczynają drżeć, a ciemne oczy napełniają się łzami. Płacząc, bełkocze ciągle „mamaaaa" i wyciąga do mnie rączki. Piastunka bierze Napirai na ręce i mówi do niej coś uspokajająco, głaszcząc ją czule po loczkach. Widząc to, czuję, że będzie miała tutaj dobrze, ale z ciężkim sercem jadę do pracy. Dopiero w firmie, kiedy pojawiają się nowe zajęcia, przestaję o tym myśleć. Dzisiaj zaczynam umawiać się telefonicznie z klientami na spotkania. Wzbudzenie zainteresowania osób odpowiedzialnych nie przychodzi mi łatwo, ale do wieczora ustalam kilka terminów wizyt. Zaraz po pracy jadę do rodziny zastępczej i wbiegam w tych swoich szpilkach na trzecie piętro. Napirai z opiekunką otwierają mi drzwi i po wysmarowanej twarzyczce córki poznaję, że właśnie jadła kolację. Nie rzuca się z miejsca na mój pulower, tylko bierze mnie za rękę i, coś tam gaworząc, ciągnie do pokoju, w którym, jak wszystko na to wskazuje, jeszcze chwilę temu bawiły się dzieci. Robi wrażenie radosnej i zadowolonej, a mnie spada kamień z serca. Gdy przybywamy do mojej matki, powitaniom nie ma końca, gdyż po raz pierwszy Napirai była tak długo z dala od niej.

Matka wręcza mi dwa listy z Kenii. „Och, aż dwa!" – dziwię się i uznaję, że ten drugi musi być od Sophii. W pierwszym James pisze, jak bardzo się cieszy, że pozwolono nam osiedlić się w Szwajcarii. Wszyscy modlili się za nas i widać to pomogło. Dziękuje również w imieniu mamy za pieniądze, które doszły do niej przez misję. To serdeczny list i jestem szczęśliwa, że wszystko tak dobrze się potoczyło. Drugi list, napisany, jeśli sądzić po dacie trzy tygodnie temu, jest od Lketingi. Jestem bardzo zaskoczona, gdyż to pierwszy znak życia od niego od naszej rozmowy telefonicznej sprzed pół roku.

Droga Corinne Leparmorijo

Jambo! Co u Ciebie, moja żono? Mam nadzieję, że wszystko w porządku. U mnie wszystko dobrze, ale bardzo tęsknię za Tobą i moją córką. Mam nadzieję, że już słyszałaś, iż paliło się moje auto, ale nie wiem, jak to się stało. Jedna strona była całkiem zniszczona. Najwięcej kłopotów mam ze sklepem, który nadal prowadzę. Kiedy w październiku odeszłaś, interes przestał iść. Nie zapłaciłem czynszu za sklep, tylko połowę za luty, 5000 kenijskich szylingów. I teraz czekam, żeby w maju zapłacić 21 000. Z powodu kryzysu w Zatoce Perskiej interes nie idzie.

Wszyscy opuścili to miejsce. Sklepu indyjskiego już nie ma. Pozostał tylko doktor Kulumba i chińska restauracja. Teraz sprzedałem auto i za to kupiłem małą toyotę saloon. Sprzedałem je za 80 000, ale osoba, która je kupiła, nie zapłaciła wszystkiego, tylko 67 000 szylingów. Dlatego, proszę, nie zapominaj o mnie. Prześlij mi pieniądze, żebym mógł zapłacić czynsz za sklep. Jeżdżę teraz taksówką dla turystów, którzy jeszcze przybywają. Mam nadzieję, że dostajesz jakieś listy od mego brata. Czy nie?

Mamy dużo deszczu w Mombasie. Teraz jest nasza zima. Moc pozdrowień od Masajów Kamau. Tęsknią za tobą i Napirai. Nazywają mnie ciągle Ojciec Napirai. Wtedy zawsze przypomina mi się moja córka. Jeśli nie wrócicie, daj mi znać, wtedy prześlę swojej córce jej ubrania i lalki. Napisz mi, co teraz robisz. Pracujesz czy siedzisz tylko u mamy w domu?

Nie chciałem, żeby Priszilla za mnie pisała, bo ona nigdy nie chce pisać tego, co jej mówię. Pisze według własnej głowy. Dlatego pomógł mi przy tym liście pewien przyjaciel.

Moc pozdrowień dla mojej córki. Tęsknię za nią i jej miłością do mnie. Tęsknię za Wami.

Moc pozdrowień dla całej rodziny

Lketinga Leparmorijo

Pierwszą moją reakcją na ten list jest wściekłość. Nie pojmuję, że śmie prosić mnie o pieniądze po tym, jak mu zostawiłam wszystko, co miałam. Jak na kenijskie stosunki był pół roku temu niezwykle bogatym człowiekiem. Z kolei jest dla mnie jasne, że nie daje rady sam prowadzić sklepu. Ponownie czytam list i ogarnia mnie straszliwy smutek. Czuję, że rzeczywiście tęskni i nas potrzebuje. Przed oczami pojawiają się obrazy, a przez głowę przelatują wspomnienia pięknych czasów, gdy szczęśliwi chodziliśmy po buszu. Widzę przed sobą Lketingę, jak z dumą opowiada mi o korzeniach i krzewach, jak nad rzeką, ukryty przed ciekawskimi spojrzeniami, myje mi czule plecy, z anielską cierpliwością namydla włosy i spłukuje je wodą, którą czerpie puszką z płynącej wąską strugą rzeki. Z jaką troską szukał jedzenia, gdy byłam chora i słaba. Albo jak nawet w najtrudniejszych sytuacjach promiennie się uśmiechał i mówił: „No problem, my wife. Nie ma problemu, moja żono". Coraz mocniej zatapiam się w tych dobrych wspomnieniach, a wiele okropnych scen się rozmywa. Gdy jednak włącza się rozum, jestem pewna, że nie ma dla mnie powrotu. Zmarnowałabym sobie życie!

Jedno jest pewne: nie mogę i nie chcę mu pomóc, bo nie mam na to pieniędzy. Jestem ciekawa, co powie Madeleine, kiedy wróci z urlopu.

W niedzielny wieczór Madeleine dzwoni do mnie i przekazuje jedną złą i jedną dobrą wiadomość. Urlop bardzo jej się podobał i jest smutna, że już się skończył. „Dałaś Lketindze list?" – pytam. „Nie, dwa razy stałam przed sklepem, ale był ciągle zamknięty. A tak w ogóle to wszystko wygląda tam jak wymarłe i w twoim byłym sklepie jest bardzo mało artykułów. Szczerze mówiąc, nie wierzę, że ktoś tam jeszcze coś sprzedaje" – opowiada. Czuję ukłucie w sercu, że wszystko, co tak wielkim nakładem pracy stworzyłam, doprowadzone zostało do ruiny. Sophii nie spotkała, ale dowiedziała się, że wyjechała. Jestem nieco zawiedziona, że Madeleine nie ma mi nic więcej do opowiedzenia, ale przynajmniej wiem teraz, że pieniądze na sklep, o których wspominał w liście Lketinga, nie są już potrzebne.

Następnie słyszę dobrą nowinę, dotyczącą mojego obecnego życia. Madeleine dowiedziała się, że w bloku naprzeciwko zwolniło się dwupokojowe mieszkanie z aneksem kuchennym, które być może nie zostało jeszcze wynajęte. Perspektywa otrzymania mieszkania w moim wymarzonym osiedlu elektryzuje mnie. Od razu siadam i piszę do administracji długi list, w którym przedstawiam swoją sytuację. Proszę o szansę dla siebie i córki. Dwa dni później dzwonię. Referentka od razu przypomina sobie mój list, wyjaśnia jednak, że lista czekających na przydział jest bardzo długa. Kiedy ponownie dobitnie przedstawiam swoje szczególnie ciężkie położenie, prosi mnie przyjaźnie, abym dała jej jedną noc do namysłu. Jutro przekaże mi odpowiedź. Znowu wznoszę modły do nieba. Również moja matka jest podniecona i proponuje: „Pojedźmy tam! Powinnam chyba zobaczyć, o co mam się modlić". Jesteśmy zachwycone, gdy dostrzegamy w ogrodzie wolne miejsce do zagospodarowania. Napirai będzie mogła bawić się na trawniku, a w lecie wystawi się dla niej mały basen z wodą. I już snujemy z matką plany na przyszłość. To byłoby zbyt piękne, gdybym naprawdę dostała to mieszkanie!

Następnego dnia czekają mnie pierwsze wizyty u potencjalnych klientów. Objuczona dwiema pełnymi torbami, pojawiam się w różnych firmach i pokazuję fularowe krawaty i chustki. O sukcesach od progu nie może, niestety, być mowy – wszyscy muszą najpierw wyjaśnić sprawę budżetu na prezenty firmowe. Mam zameldować się ponownie za trzy, cztery tygodnie. Mimo że prawie każdy z klientów kupuje coś dla siebie prywatnie, nie przynosi to naturalnie spodziewanego obrotu i związanej z tym prowizji. No cóż, pierwsze koty za płoty. Jest dla mnie oczywiste, że czeka mnie jeszcze moc pracy przygotowawczej.

Wieczorem siedzimy zdenerwowane przy kolacji i czekamy na telefon z administracji mieszkaniowej. Czas wlecze się nieznośnie i kiedy już zaczynam tracić nadzieję, krótko przed dziesiątą rozlega się dzwonek. To ta miła kobieta z administracji. Przeprasza za późny telefon i pyta mnie, czy mam już pracę, a jeżeli tak, to jaką. Od razu radośnie udzielam informacji. Następnie słyszę głęboki oddech i kobieta mówi: „Dobrze, zrobię dla pani wyjątek. Od chwili kiedy przeczytałam pani list, ciągle myślę o pani i córce. Prześlę umowę. Nie potrafię jednak na razie podać dokładnego terminu zasiedlenia, gdyż spadkobiercy poprzedniej zmarłej lokatorki muszą jeszcze załatwić parę spraw". Ze łzami w oczach dziękuję jej i nie posiadam się ze szczęścia. Nawet moja matka powoli zaczyna wierzyć. „Mimo wszystko jesteś rzeczywiście straszną szczęściarą, gratuluję ci. Ale teraz czeka cię mnóstwo wydatków" – mówi. Odpowiadam, że przecież potrzebuję tylko tego, co do życia niezbędne. Szybko dzwonię do Madeleine i wspólnie cieszymy się na moją rychłą przeprowadzkę. Ponieważ nie mam mebli, pójdzie jak z płatka.

Kilka dni później dzwoni do mnie jakiś nie znany mężczyzna. Okazuje się, że to syn poprzedniej lokatorki. W administracji dowiedział się o mojej historii i chciałby mi przedstawić pewną propozycję. „Słyszałem, że ma pani wprowadzić się do mieszkania mojej zmarłej matki, i o ile wiem, nie ma pani nic, ponieważ właśnie wróciła pani z zagranicy. Chciałbym więc zaproponować, aby rozejrzała się pani po mieszkaniu. Może pani zatrzymać wszystko, co tylko zechce. Resztę każę wywieźć na śmietnik. W zamian za to przejmie pani końcowe sprzątanie. Czy to pani odpowiada?". Jestem zaskoczona i wzruszona. Dziękuję i zgadzam się; ustalamy termin oględzin. Ten nadmiar szczęścia zaczyna mnie trochę przerażać. Na oględziny zabieram matkę jako doradcę. Gdy tylko przekraczam próg mieszkania, jestem od razu zachwycona i wiem, że będziemy się w nim dobrze czuły. Po tych wszystkich moich kenijskich domostwach wielki, jasny pokój mieszkalny, sypialnia, otwarta kuchnia i mała łazienka wydają mi się wprost pałacem. Umeblowanie jest wprawdzie nieco staroświeckie, ale wcale mi to nie przeszkadza. Wygląda na czyste i zadbane, a przy odrobinie zdolności i chęci wszystko nabierze kolorów. Kuchnia jest kompletnie wyposażona, od porcelanowego serwisu ze złotą obwódką po brytfannę, od wyciskacza do czosnku po ubijacz do piany. W szafie ściennej piętrzą się ręczniki i pościel. Szybko staje się dla mnie jasne, że mogłabym od razu wprowadzić się tutaj i zamieszkać. A wszystko to bez wydania jednego franka! Brakuje tylko ubrań moich i Napirai. Ponownie dziękuję Panu Bogu za całe to szczęście, jakiego doznałam w ostatnim miesiącu.

Gdy tak zachwycona przeprowadzam inspekcję pomieszczeń, nagle przychodzi mi do głowy myśl, że być może poprzez to mieszkanie coś zostaje mi oddane. Zanim bowiem wyruszyłam na stałe do Kenii, miałam podobne mieszkanko. Ponieważ byłam przekonana, że nigdy już nie wrócę, przekazałam je wraz z kompletnym wyposażeniem pewnemu studentowi za cenę mojego biletu na samolot. On wtedy również nie posiadał się ze szczęścia. Widzę tego młodego chłopaka, który miał zamiar uczęszczać na politechnikę, jak stoi przede mną ze swoją matką i pyta, czy naprawdę nic więcej nie potrzebuję. „Nie, tam, dokąd jadę, to wszystko nie będzie mi potrzebne" – powiedziałem, śmiejąc się.

Traktuję więc to, co dzisiaj dostałam, jako „prezent zwrotny". Ponownie dziękuję miłemu mężczyźnie i wyjaśniam mu, jak ogromnie tym gestem ułatwił mi życie. Wygląda na nieco speszonego i szybko się żegna. Po drugiej stronie otwierają się drzwi i pojawia się moja przyszła sąsiadka. Przedstawiam się i mówię do niej, jak bardzo się cieszę, że wprowadzam się tutaj. A gdy jeszcze za nią wychylają się głowy dwóch dziewczynek, staje się dla mnie jasne, że znalazłyśmy raj również dla Napirai.

Tydzień pracy szybko mija i mogę poszczycić się pierwszymi większymi i mniejszymi sukcesami. Ostatniej nocy, jaką spędzam w domu mojej matki, długo nie mogę zasnąć z podniecenia. Chociaż jestem bardzo wdzięczna, że znalazłam tutaj schronienie, bardzo jednak się cieszę ze swojej niezależności. Wreszcie będziemy miały z Napirai własne mieszkanie, w którym będę mogła robić, co mi się żywnie podoba. Kiedy pogrążam się w tych nocnych rozmyślaniach, przypomina mi się, że już raz znajdowałam się w podobnej sytuacji. Gdy w Barsaloi spędzałam ostatnią noc z Lketingą w przyciasnej chacie jego matki, w której wspólnie mieszkaliśmy przez rok, z radości, że przeprowadzamy się do naszej własnej, nowej, większej *manyatty*, nie mogłam zmrużyć oka. Dobrze pamiętam, z jaką dumą urządzałam nasz nowy dom, mając tylko kilka rzeczy. Przychodzi mi nagle do głowy pewne dziwne zdarzenie, do którego wtedy doszło. Gdy chowałam swoje ubrania, odkryłam na wysuszonej ścianie z krowiego łajna małą szarą żmiję. Przestraszona, w pewien sposób odruchowo zabiłam to biedne zwierzę kamieniem z paleniska. Gdy następnego dnia moja teściowa dowiedziała się o tym, nie była specjalnie zachwycona. Lketinga wyjaśnił mi, że jeśli młoda żona, wprowadzając się do swojej *manyatty*, znajdzie dziecko-żmiję, oznacza to, że jest w ciąży. Dlatego nie wolno zabijać tych małych żmij. Było mi wprawdzie bardzo przykro z powodu tego nieszczęsnego zajścia, ale jednocześnie w głębi duszy wiedziałam, że ta żmija wcale nie oznaczała, iż jestem w ciąży. Bądź co bądź musiałabym sama coś wcześniej zauważyć. Kilka tygodni później okazało się, że w tym właśnie czasie byłam jednak w ciąży. „Jutro na pewno żadna żmija nie będzie na nas czekała!" – myślę sobie jeszcze, zanim wreszcie zapadam w sen.

Następnego dnia przeprowadzamy się z naszym skąpym dobytkiem do nowego mieszkania. Mamy niewiele więcej rzeczy niż moja teściowa, gdy przeprowadzała się z miejsca na miejsce. Tyle że ona nie pakowała ich do samochodu. Jej cały majątek mieścił się na jednym ośle. Najpierw rozbierało się większe, nadające się jeszcze do użytku, gałęzie z *manyatty* i mocowało je z prawej i lewej strony zwierzęcia, tak aby znalazło się tam miejsce na zrolowane skóry krowie, służące do spania, i maty sizalowe z pokrycia dachu. Dookoła zawieszała swoje nieliczne garnki, kubki i tykwy. I już wszystko było przygotowane na długi marsz przez sawannę.

Nasza przeprowadzka trwała niecałą godzinę. Matka podarowała mi piękną wielką roślinę, która ożywiła pomieszczenie. Dała nam również kosz z jedzeniem na parapetówkę. Napirai zaznajamia się z nowym otoczeniem i nie bardzo wie, co ma ze sobą zrobić. Porządkuję mieszkanie i idę z nią na plac zabaw, gdzie obok piaskownicy znajduje się zjeżdżalnia dla dzieci. Bawiące się dzieciaki, w różnym wieku, przypatrują się nam nieco niepewnie i coś do siebie szepczą lub chichoczą. Wygląda na to, że nieczęsto mają tu kontakt z ludźmi o innym kolorze skóry, gdyż Napirai jest podziwiana ze wszystkich stron. Dwójka dzieci oddala się nawet pospiesznie i wkrótce widzę, jak stoją z matkami na balkonach. Od innych dzieci próbuję przynajmniej się dowiedzieć, jak mają na imię. Później, gdy dołącza do nas Madeleine, dzieciarnia się ożywia i Madeleine wyjaśnia, kim jesteśmy.

Wieczorem gotuję w nowym mieszkaniu potrawę z makaronem. Madeleine ma przyjść z synem – poświętujemy trochę naszą wprowadzkę. Po raz pierwszy gotuję znowu w europejskiej kuchni, gdyż moja matka nie wpuszcza nikogo do swego królestwa. Rozkoszuję się tym, że wystarczy przekręcić przełącznik piecyka, aby rozgrzać właściwą płytkę, lub odkręcić kran, aby napełnić garnek wodą. Wszystko funkcjonuje niezwykle prosto i szybko. Do wykonania tych zadań w naszej *manyatcie* potrzebowałam od dwóch do trzech godzin. Najpierw musiałam pójść nad rzekę, tam puszką nabrać wody do kanistra, a następnie zanieść go do domu. Potem szukałam drewna na sawannie, aby z mozołem rozpalić ognisko. Naturalnie nie było żadnych gazet na podpałkę, ale jeśli się miało szczęście, znajdowało się resztki starego żaru pod kamieniami z ogniska, które należało dmuchaniem przywrócić do życia. Zanim rozpaliło się na dobre, po chacie rozprzestrzeniał się gryzący dym, który wyciskał łzy z oczu i zatykał oddech. A teraz stoję tutaj, w swoim szwajcarskim mieszkaniu, wykonuję dwa ruchy ręką i garnek stoi na płytce! Ciągle na nowo przeżywam te proste rzeczy jako momenty szczęścia i jestem wdzięczna, że doświadczyłam również tamtych sytuacji.

Madeleine przynosi butelkę czerwonego wina i możemy zacząć imprezę. Dziwimy się, jak bardzo to pierwsze spotkanie matek samotnie wychowujących dzieci odmieniło nasze życie. Jutro ponownie zobaczymy się ze wszystkími. Jestem ciekawa, jak przebiegnie nasze drugie spotkanie i czy również inne kobiety nawiązały ze sobą przyjazne kontakty.

Organizatorki cieszą się z tych pozytywnych doświadczeń i mówią: „Właśnie to pragnęłyśmy osiągnąć. Każda z nas ma jakąś swoją sieć znajomości i dzięki temu może drugiej pomóc. Dokładnie tak ma to funkcjonować!".

Wdaję się w rozmowę z pewną kobietą, która właśnie dołączyła do naszej grupy, i nie mogę wyjść z podziwu. Wychowuje samotnie trójkę dzieci. Mieszkają na wysokości tysiąca dwustu metrów w bardzo starym domu, w małej górskiej wiosce liczącej pięćdziesięciu mieszkańców. Wszystko jest zmuszona robić sama: rąbać drwa, rozniecać ogień w piecu, aby mieć ciepłą wodę i ogrzewanie, a także reperować dom. Po zakupy idzie dwie godziny, potem wszystko niesie w plecaku na górę. W zimie musi odgarniać śnieg, aby móc przejść. Od rozwodu przed kilku laty prawie w ogóle nie spotyka się z ludźmi. To, że tutaj, w Szwajcarii, jakaś młoda kobieta dobrowolnie żyje w odosobnieniu w tak prymitywnych warunkach, wywiera na mnie bardzo silne wrażenie. Postanawiam, że odwiedzę ją w następny wolny weekend. Pragnę na własne oczy zobaczyć, jak sobie z tym wszystkim daje radę.

Później rozmawiam jeszcze z pewną ładną kobietą, która ma dwie córki. Ona również niedawno powróciła z zagranicy i obecnie mieszka u swoich rodziców. Jej małżeństwo się rozpadło. Ponieważ jej dwie córki dobrze rozumieją się z Napirai, umawiamy się, że spędzimy razem jakiś weekend. Szybko kończy się to niedzielne spotkanie i każda z nas rusza w swoją stronę. Tym razem dowiedziałam się od kobiet z grupy, że mam prawo do dodatku na dziecko od mojego pracodawcy. Postanawiam więc, że jak tylko nadarzy się odpowiednia okazja, poinformuję szefa, że mam dziecko.

Pod koniec drugiego miesiąca pracy w akwizycji mam świetny pomysł. Do tej pory obrót zwiększał się zbyt wolno, a to dlatego, że w dużych firmach rzadko składano od razu zamówienia. Powtarza się jednak stale sytuacja, że prawie każda osoba, z jaką się kontaktuje, zamawia coś dla siebie prywatnie. Przychodzi mi więc do głowy, aby zorganizować sprzedaż bezpośrednią dla personelu w bankach, ubezpieczalniach i innych większych przedsiębiorstwach. Mój szef uważa, że powinnam spróbować.

Pomysł okazuje się sukcesem. Teraz umawiam się na wizyty, podczas których prezentowana jest wstępnie kolekcja i ustalony zostaje dzień zakupów dla wszystkich. Wkrótce dochodzi do pierwszej sprzedaży w pewnym banku. Wszystko przebiega wspaniale. Mężczyźni od ręki nabywają dużo markowych krawatów, jak również fulary i chusty dla swoich kobiet. Sprzedaż odbywa się zazwyczaj po zakończeniu dnia pracy, muszę więc wieczorami zostawać dłużej. Ale za to kontakty z klientami są swobodne i bardzo przyjemne – wszyscy po pracy są w dobrym nastroju. Dzięki pokaźnie zwiększonemu obrotowi moje pobory pod koniec miesiąca znacznie wzrosły.

Tymczasem mamy środek lata i staram się wracać do domu jak najwcześniej, aby jeszcze za dnia wyjść z córką na dwór. Świetnie zaaklimatyzowałyśmy się w nowym mieszkaniu. Dzieci sąsiadów z niekłamaną radością bawią się z Napirai. Panuje ożywiony ruch między mieszkaniami. Raz wszystkie dzieci są u mnie, to znowu Napirai znika u kogoś na całe godziny. Turbulencje niczym w Kenii, ale jesteśmy szczęśliwe. W czarowne wieczory Madeleine przesiaduje u nas i plotkujemy do późnej nocy. Napirai śpi lepiej, jeśli słyszy ludzkie głosy. Potrafi zasnąć w każdym harmiderze, a nie zaśnie w ogóle, jeśli panuje całkowita cisza. Za dodatkowo zarobione pieniądze kupiłam grill na węgiel drzewny i dla Napirai nadmuchiwany basenik. Zbiegają się do nas dzieci z połowy osiedla. Jest bardzo wesoło. Jeśli pada, wkładamy kalosze i wędrujemy po pobliskim lesie. Najczęściej przyłącza się do nas jedno czy drugie dziecko. Wciągam w płuca zapach mokrej ziemi, rozkoszuję się zielonymi łąkami i lasami. Jeśli pogoda dopisuje, rozpalamy ognisko w lesie i grillujemy przyniesione kiełbaski. Wszystkie dzieci to lubią. Sama kocham zapach ogniska. Przypomina mi to życie w *manyatcie* w Kenii. W takich chwilach za każdym razem moje myśli krążą wokół jakiegoś przeżycia związanego z ogniem.

Często również przygotowuję coś przed domem na moim nowym grillu na węgiel drzewny. W weekendy zawsze coś się dzieje. Albo jedziemy z Madeleine czy innymi kobietami z grupy nad jezioro, aby się wykąpać i urządzić piknik, albo też idziemy w góry na krótkie piesze wędrówki. Zawsze jesteśmy w większej grupie, z dziećmi, radosne, zapominamy o codziennych problemach.

Dawno nie przeżyłam tak pięknego lata. Jakże szybko wszystko zmieniło się na dobre. Jedyną kroplą goryczy jest to, że nie wiem, jak się wiedzie Lketindze. James nic więcej o nim nie słyszał od czasu, gdy jego brat ostatecznie zrezygnował z prowadzenia sklepu.

PRZEZ PRZESZKODY BIUROKRACJI

Na początku września moja euforia nagle gaśnie stłumiona. Chodzi o podanie w sprawie wystawienia aktu urodzenia mojej córki, które kiedyś złożyłam i o którym kompletnie zapomniałam. To, co właśnie czytam, zwala mnie nieomal z nóg. Według niemieckiego prawa nadal jestem zamężna, co oznacza, że Napirai musi nosić nazwisko rodowe ojca, chyba że oboje rodzice zgodzą się na inne nazwisko. Poza tym nazwisko jest dopiero wtedy zgodne z prawem, jeśli wpisane zostało do niemieckiej księgi rodziny albo do dowodu osobistego. Dodatkowo mam przedłożyć akt urodzenia męża. Ale jak ja mam, na miłość boską, wyczarować akt urodzenia, który w ogóle nie istnieje?! Muszę również wypełnić formularz z tysiącem pytań dotyczących rodziców Lketingi. W jaki sposób mam jednak zdobyć te wszystkie informacje od męża, który nie wiadomo gdzie obecnie przebywa?

Kręci mi się w głowie i robi niedobrze. Lketinga nigdy nie da zezwolenia, aby Napirai nosiła moje nazwisko. Pozwolenie na pobyt w Szwajcarii dostałam wyłącznie na podstawie zapewnienia, że obie nosimy takie samo nazwisko i mamy tę samą narodowość. O mało nie oszaleję ze strachu, że ktoś mógłby zabrać mi Napirai. Czy z powodu kilku idiotycznych paragrafów ma się zawalić nasz piękny, na nowo zbudowany świat? A może jeszcze Lketinga, który żyje w nieznanym, oddalonym od nas o dziesięć tysięcy kilometrów miejscu, ma być prawnym opiekunem Napirai?

Nie mogę w to uwierzyć. Ciągle na nowo przeglądam pytania i nie mam pojęcia, jak i czy kiedykolwiek potrafię na nie odpowiedzieć. Najchętniej wrzuciłabym wszystko do kosza. Lecz Napirai będzie pewnego dnia potrzebowała dowodu osobistego, a do tego niezbędny jest uznany prawnie akt urodzenia, który należy potwierdzić w Kenii. Mój Boże, jak z tym wszystkim będzie? Zupełnie nie wiem, co mam teraz zrobić. Całkowicie zrozpaczona dzwonię do matki, która wprawdzie próbuje mnie pocieszać, ale nie jest w stanie mi pomóc.

Żaden z moich znajomych nie zna podobnego przypadku, dzwonię więc do niemieckiego konsulatu generalnego w Zurychu i umawiam się na wizytę. Urzędnik przyjmuje mnie przyjaźnie i uprzejmie, ale nie umie powiedzieć nic nowego. Takie jest prawo i koniec. Mam spróbować przez brata Lketingi dowiedzieć się czegoś więcej o całej rodzinie. Potem zobaczy, co da się zrobić z tymi danymi i czy okażą się wystarczające.

Wyczerpana i spocona ze zdenerwowania opuszczam konsulat. Jedno tylko w tej chwili wiem: będzie bardzo ciężko. Myślę o swoich ukochanych kenijskich krewnych i o tym, jak prosto i archaicznie żyją. Jak ja tym ludziom wytłumaczę, że potrzebujemy tego wszystkiego w naszym cywilizowanym świecie? Oni, którzy nie znają nawet dnia swoich urodzin i nie rozumieją, dlaczego się je tak uroczyście obchodzi, mają udzielić informacji o zmarłych! Wydaje mi się to kompletnie absurdalne.

Ponieważ nie widzę żadnej innej możliwości, piszę do Jamesa długi list. Proszę go, aby, najlepiej jak potrafi, odpowiedział na całe mnóstwo pytań i swój list – jeśli możliwe, napisany na maszynie – dał do potwierdzenia w misji. Wyjaśniam mu, jak bardzo mi przykro, że robię w wiosce tyle zamieszania, ale dla Napirai i dla mnie wszystko to jest niezwykle ważne. Bez specjalnej nadziei wysyłam list. Z pewnością potrwa dwa lub trzy miesiące, zanim dostanę odpowiedź. James przebywa teraz w szkole i dopiero na Boże Narodzenie zjawi się w domu. Akt urodzenia Napirai i świadectwo ślubu zostaną przesłane przez konsulat do Kenii w celu uwierzytelnienia. To również będzie trwało całą wieczność.

Stopniowo emocje opadają, powoli wracam do codzienności. Pewnie jakoś i ten problem się rozwiąże.

W kilka tygodni przed Bożym Narodzeniem sprzedaż dla pracowników kwitnie. Produkty z mojej firmy świetnie nadają się na prezenty. Szef jest ze mnie bardzo zadowolony i bierze dla mnie w leasing piękny nowy samochód. Mój stary ford coraz częściej rozkracza się w środku miasta, przez co wciąż są kłopoty z dotrzymywaniem terminów. Za każdym razem, gdy tylko psuje mi się wóz, jestem pod wrażeniem, jak szybko i w sposób nieskomplikowany nadchodzi pomoc. Albo natychmiast zatrzymuje się jakiś kierowca, albo dzwoni się do pomocy drogowej i w krótkim czasie przychodzi ratunek. Jakże inaczej było z tym w Kenii! Często staliśmy godzinami, jeśli nie dniami, w buszu i nikt nie nadjeżdżał z pomocą. Z czasem nauczyłam się grzebać w silniku, sama zmieniać koła, kiedy złapałam gumę. Tubylcy mogli mi pomóc tylko wtedy, gdy mój landrover utknął w błocie lub w głębokim piasku. Wycinali wówczas w buszu krzaki, i podkładali je pod koła.

Cała dumna jadę nowym samochodem do pracy. W nocy padał śnieg i ulice toną w błocie. Czuję się pewnie, ponieważ szef zapewnił mnie, że na oponach całorocznych mogę również jeździć w zimową pogodę. Mimo to jadę ostrożnie i powoli. Na pewnym zakręcie w prawo samochód przestaje mnie nagle słuchać: ślizga się po błotnistym śniegu, jedzie prosto i zatrzymuje się dopiero po uderzeniu w jedno z zaparkowanych aut. Jestem zszokowana. Jeszcze nigdy nie miałam wypadku. A przecież w Kenii jeździłam po Bóg wie jak zwariowanych drogach, które rzadko kto wybierał na przejażdżkę. Nie umiem sobie wytłumaczyć, jak to się mogło stać, zwłaszcza że zakręt brałam dosłownie w żółwim tempie. Piękny nowy samochód jest z przodu mocno uszkodzony, a zaparkowane auto nie wygląda wcale lepiej. W wielu domach otwierają się drzwi i okna, a przy nowym, teraz jednak zdemolowanym, samochodzie pojawia się zdenerwowana kobieta. Jestem straszliwie zmartwiona z powodu tego, co się stało, myślę też o szefie, który na pewno urwie mi głowę. Gdy pojawia się mąż właścicielki uszkodzonego auta, jak na ironię okazuje się blacharzem samochodowym, od razu zauważa, że nie mam założonych zimowych opon. Nie chce mi się w to wierzyć, zaczynam histeryzować. Mężczyzna uspokaja mnie i swoją żonę i mówi: „Wcale nie jest tak źle, jak wygląda".

Szef także reaguje spokojnie. Gdy do niego telefonuję, mówi, że zaraz podeśle kogoś, żeby mnie odholowano. Tak kończy się mój pierwszy tydzień z nowym samochodem. Na czas naprawy dostaję inny. „Resztę załatwią ubezpieczalnie", uspokaja mnie szef. Takie to wszystko proste.

Przy organizowaniu i sprzedaży produktów dla pracowników firm spotykam coraz to nowych ludzi. Coraz częściej ten czy inny mężczyzna zaprasza mnie na obiad albo na drinka. Dotychczas odmawiałam. W końcu jednak spotkałam kogoś, kto mi się podoba, i przyjmuję zaproszenie. Umawiamy się w restauracji. Po raz pierwszy od powrotu z Kenii wychodzę wieczorem na spotkanie z mężczyzną, a Napirai nocuje u babci. Już podczas kolacji zauważam, że kiedy opowiadam o swoim wcześniejszym życiu, nie wzbudza to specjalnego zachwytu. „Ach, to masz już dziecko?" – brzmi jedna z jego „głębokich" uwag, przy czym ton mego rozmówcy mówi wszystko. Wieczór stosownie szybko dobiega końca. Innym razem muszę wysłuchiwać: „Aha, tobie bardziej podobają się czarni?". Nawet jeśli opowiadam, że znam tylko jednego afrykańskiego mężczyznę, swojego męża, to i tak pod koniec spotkania pozostaje niemiłe wrażenie. Pewnego razu pojawia się nawet pytanie: „Czy zrobiłaś już test na AIDS?". Za każdym razem jestem strasznie rozczarowana i moje „przygody" najczęściej się kończą, zanim naprawdę się zaczęły. Szybko mam tego dość. Żeby z powodu jakiejś kolacji i to z przykrymi rozmowami oddawać swoją córkę gdzieś na noc? Większą przyjemność sprawia mi gotowanie dla przyjaciółek i urządzanie różnych imprez w domu. Albo spotykanie się od czasu do czasu z dawnymi koleżankami i kolegami w Rapperswilu, kiedy w jednej z tamtejszych restauracji grana jest muzyka na żywo. Wtedy zabieram ze sobą Napirai, która się zawsze z tego cieszy. Uwielbia przebywać wśród ludzi, a w restauracji stoi tuż przed grającym zespołem i radośnie tańczy. Ludzi to bawi. Niekiedy Napirai chodzi od stolika do stolika i po prostu przygląda się ludziom. Kiedy wraca do nas, często przynosi jakiś drobny upominek. Śmieję się do niej wtedy, mimo że nieraz zadaję sobie pytanie, czy te wyrazy sympatii spowodowane są kolorem jej skóry, czy też tym, że jest taka ciekawska i radosna. Jednak gdy nadchodzi jedenasta wieczór, a my nadal siedzimy zadowoleni w lokalu, słyszę niekiedy uwagę: „Dziecko o tej porze powinno być już dawno w łóżku!". Pewnie, i matka również, myślę sobie. Moja córka jest szczęśliwa, że może być przy mnie, i tak jak ja cieszy się muzyką i tym, że jesteśmy razem. Poza tym w weekendy możemy sobie dłużej pospać. Na południu również zabiera się dzieci ze sobą i jak wiadomo większość ludzi jest tam bardziej wesoła. Nie zwracam uwagi na ludzkie gadanie i siedzę z dzieckiem tak długo, aż widzę, że naprawdę jest zmęczone. A potem zadowolone jedziemy do domu.

Podczas jednego z następnych spotkań naszej grupy wspominam o tych uwagach i od razu rozwija się ożywiona dyskusja. Wielu niepewnym, samotnie wychowującym kobietom nie starcza odwagi i dlatego trzymają się ze swymi małymi dziećmi z dala od wszelkich imprez. O nie, ja żyję i wychowuję swoją córkę tak, jak mi nakazuje serce.

Znowu mamy przedświąteczny czas i wszystko leży głęboko pod śniegiem. Na osiedlu pytają mnie, czy Napirai i ja mamy ochotę zabawić się na mikołajki w leśnej chacie. Ma pojawić się Mikołaj na ośle i wszystko będzie, jak być powinno. Każdy ma zapłacić za to niewielką sumę. Zgadzam się i jestem ciekawa, jak na to wszystko zareaguje Napirai. Dziesięcioro dorosłych zbiera się ze swoimi dziećmi w chacie. Wszystko jest świątecznie udekorowane, na stole znajdują się orzechy, mandarynki, świece i wino. Po jakiejś godzinie słyszymy dźwięk dzwonków, a następnie kołatanie do drzwi. Dzieci są podniecone i uciekają do swoich rodziców. Napirai patrzy zaskoczona na mnie, a następnie ponownie, jak zaczarowana, na drzwi. Pojawiają się dwaj ubrani na czerwono Mikołaje i ubrany na czarno flejtuch, Knecht Rupprecht, z rózgą. Przez dłuższą chwilę w chacie panuje cisza. Dopiero gdy dorośli witają się z Mikołajami, dzieci zaczynają się śmiać albo chowają się szybko za rodziców. Napirai dziwi się i pyta: „Mamo, kto to jest?". Żartobliwie objaśniam jej wszystko, a następnie wysłuchujemy wierszyka o każdym dziecku, które odbiera od Mikołaja swoją paczkę. Napirai chce pójść do ubranego na czarno mężczyzny. Nie interesuje się czerwonymi Mikołajami, tylko staje przed Knechtem Rupprechtem i próbuje złapać go za przyklejoną długą czarną brodę. Sytuacja jest dla wszystkich tak komiczna, że wybuchają śmiechem. Większość dzieci obchodzi z daleka tego mężczyznę, a Napirai interesuje się wyłącznie nim. Śmiejemy się do łez. Jest dla mnie jasne, że ma to coś wspólnego z Afryką. Z pewnością pamięta o swoim afrykańskim pochodzeniu i ciemni ludzie są jej nadal bliscy.

Przy okazji przypominam sobie pewną komiczną sytuację sprzed pół roku, kiedy to byłyśmy na zakupach. Jechałyśmy w górę ruchomymi schodami, gdy po drugiej stronie w dół zjeżdżał kolorowy mężczyzna. Napirai siedziała w wózku na zakupy, pokazała palcem na mężczyznę i głośno krzyknęła: „Tata!". Mężczyzna uśmiechnął się do nas, a ja zaczerwieniłam się po same uszy.

A teraz uczepiła się tego przebranego czarnego Knechta Rupprechta. Jestem pewna, że gdy dorośnie, będzie chciała odwiedzić swego ojca. Powoli kończą się Mikołajki i wspólnie sprzątamy chatę. W drodze do domu Napirai z dumą niesie swoją paczkę z orzechami, piernikami i czekoladą.

Kilka dni później otrzymuję list od Jamesa. Donosi, że wszystkim wiedzie się w miarę dobrze, ale prawie od roku nie padało, przez co ludzie i zwierzęta cierpią głód. Z powodu suszy wielu już zmarło. Trawa przestała rosnąć i dlatego zdychają krowy, a ludzie nie mają mleka, które dla nich jest głównym pożywieniem. Jego rodzinie powodzi się jednak znacznie lepiej, dzięki finansowej pomocy ode mnie i mojego brata Marca. Ponownie dziękuje wylewnie za wszystko i pozdrawia nas w imieniu całej rodziny. Nic nie pisze na temat księgi rodziny, więc nie wiem, czy nasze listy minęły się w drodze, czy może mój list gdzieś zaginął. Odczekam jeszcze jakiś czas. O Lketindze James nadal nic nie wie, ale nie ma zamiaru jechać do Mombasy. Poinformuje mnie, gdy tylko dowie się czegoś nowego. Przez święta i potem jeszcze przez dwa miesiące będzie w domu. Chce znowu uczestniczyć w wielkiej ceremonii. Potrzebna mu jest do tego krowa, ale nie ma pieniędzy, żeby ją kupić. Także w tej sprawie liczy na moją pomoc.

Na Boże Narodzenie jesteśmy u mojej matki i Hanspetera. Również tym razem piętrzą się prezenty dla mojej córki, a mnie, w obliczu biedy i suszy w Kenii, dręczą wyrzuty sumienia.

61

Przewodnicząca grupy samotnych matek zaprosiła nas na sylwestra do siebie do domu. Każdy coś przynosi: sałatkę, pizzę, ciasto, mięso, wino albo szampana. W końcu jest nas trzynaście dorosłych kobiet i dwa razy tyle dzieci w różnym wieku. Bufet jest wspaniały, jemy więc, a następnie tańczymy w pięknie udekorowanym mieszkaniu. Po dziesiątej mamy nadal tyle jedzenia, że zastanawiamy się, kto temu wszystkiemu da radę. Ktoś rzuca pomysł, żeby zadzwonić do radia i przekazać odpowiedni meldunek. Po kilku nieudanych próbach jednej z nas udaje się dodzwonić do rozgłośni. Pokrótce opowiada o naszej imprezie, że siedzimy tu w trzynaście kobiet, że zostało nam mnóstwo jedzenia, i że trzeba ze sobą zabrać tylko dobry humor. O dzieciach nie wspominamy. Wkrótce rozdzwania się telefon i zgłaszają się tłumy samotnych mężczyzn, a nawet całe męskie grupy. Tym, którzy mają miły głos, podajemy adres, ale po jakichś dziesięciu minutach przestajemy podnosić słuchawkę, gdyż inaczej mieszkanie mogłoby pęknąć w szwach. Jakiś czas później meldują się pierwsi goście. Starsze dzieci biegną otworzyć. Goście przepraszają i stwierdzają, że zadzwonili nie tam, gdzie się umówili. Jednak dzieci, dobrze „poinformowane", mówią: „Nie, nie, prosimy do środka. Nasze mamy siedzą albo tańczą w stołowym". Tak witani są wszyscy. Jedni są zdziwieni, ale pomimo obecności dzieci zostają, inni z kolei żegnają się od razu przed drzwiami. O północy jest z nami ośmiu mężczyzn. Cierpliwie znoszą zabawy dzieci, które nakładają im papierowe kapelusze i nosy, wcześniej wystrzelone z fajerwerku-wyrzutni. Około drugiej wysiadają jednak nawet najbardziej wytrwałe dzieci, i tak dobiega końca ta nasza niezwykła i radosna noc sylwestrowa.

W domu kładę śpiącą Napirai do łóżka i rozmyślam o minionym roku. Tyle się zmieniło, ale czuję się szczęśliwa. Siedzę w przytulnym dwuipółpokojowym mieszkaniu i nawet po prawie roku odbieram je jako olbrzymie w porównaniu z moimi wcześniejszymi domostwami. Jeszcze teraz czasami wpatruję się długo w lodówkę, zanim wyjmę z niej coś do jedzenia. Ot tak, w poczuciu szacunku, respektu. Tak, udało nam się, dziękuję Bogu za wszystko, co przydarzyło mi się w ubiegłym roku i jestem ciekawa, jaki będzie ten następny, 1992.

Zaraz na początku roku mam zamówioną wizytę u lekarza domowego. Muszę dać sobie zbadać krew i poziom enzymów wątrobowych. Lekarz, który zna całą moją historię, jest zaskoczony, że po roku tak dobrze wyglądam. Nic w tym dziwnego, skoro przytyłam prawie o dziesięć kilo. Jestem nadal bardzo szczupła, ale już nie robię wrażenia wychudzonej. Badając krew, znajduje tylko trochę zarodźców malarii, co jest wysoce osobliwe, biorąc pod uwagę częstotliwość, z jaką zapadałam wcześniej na tę ciężką chorobę tropikalną. Moje enzymy wątrobowe wprawiają go również w osłupienie i nie może uwierzyć, że należy mnie obecnie uznać za prawie całkowicie wyleczoną. Wyjaśniam mu, że tutaj, w Szwajcarii, nigdy nie zajmowałam się swoimi chorobami, tylko dość szybko zaczęłam podchodzić do siebie jak do osoby zdrowej. „Wygląda na to, że pani pozytywne nastawienie bardzo pomogło. Nie spotkałem jeszcze nikogo, kto w tak krótkim czasie tak prędko by się wykurował" – mówi ucieszony.

Styczeń jest zimny i mokry. Sprzedaż nie idzie tak dobrze jak przed Bożym Narodzeniem. Ludzie sprawiają wrażenie nieobecnych i ponurych. Także mój szef narzeka, że obrót mógłby być trochę większy. Ja z kolei uważam, że styczeń to słaby miesiąc i nie ma co ustawiać zbyt wysoko poprzeczki. Znam to dobrze jeszcze ze swoich poprzednich prac. Szef powinien też to wiedzieć, zwłaszcza że siedzi w tym interesie od ponad czterdziestu lat, jak mi to kiedyś z dumą wyznał. W każdym razie obecnie cieszę się z każdego, nawet najmniejszego zamówienia. W lutym na pewno będzie lepiej.

Jedynym urozmaiceniem jest karnawał, który jest we wsi obchodzony. Napirai uczestniczy w czymś takim po raz pierwszy w życiu i przebiera się za czarownicę. Wyrusza z przyjaciółką w drogę i cieszy się z błazeńskich zdarzeń, jakie wokół niej się dzieją. Poza tym wspaniale się czuje u opiekunki. Zdarza się nawet, że tak jest zajęta zabawą z innymi dziećmi, iż wcale nie chce iść do domu, gdy zjawiam się po nią. W pierwszej chwili trochę mnie to boli, ale potem jestem szczęśliwa, że tak bardzo jej się tam podoba.

Wreszcie dostaję napisany na maszynie list z Barsaloi. Nie posiadam się z radości, że James dał sobie z tym radę. Pisze, że cała rodzina się cieszy, a mama nawet popłakała się ze wzruszenia, gdy dowiedziała się, że ma zostać oficjalnie umieszczona w Szwajcarii w księdze rodziny. Wszystkiego się spodziewałam, ale takiej reakcji na pewno nie. Po policzkach spływają mi łzy i nagle odczuwam straszliwą tęsknotę za teściową. Prawie na każde pytanie została udzielona odpowiedź i na liście widnieje pieczątka misji. Żałują jedynie, że nie ma żadnego aktu urodzenia Lketingi, a także nie jest znana dokładna data jego urodzenia. Za to dostaję nawet informacje o zmarłym ojcu. Och, jakże jestem wzruszona i wdzięczna teściowej za wyrozumiałość!

Pełna ufności udaję się do niemieckiego konsulatu i prezentuję urzędnikowi list. Znowu wypełniamy niezliczone formularze. Co do spraw nie do końca wyjaśnionych w liście muszę złożyć oświadczenie pod przysięgą. Ponownie wszystko zostaje wysłane do Berlina. Trzeba dalej czekać. Jest dla mnie oczywiste, że to nie była moja ostatnia wizyta w konsulacie.

Wkrótce nie ma już w Zurychu żadnej ubezpieczalni czy banku, gdzie nie zawitałabym ze swoją ofertą. W Bazylei udało mi się nawet umówić na wizyty tego samego dnia w firmie chemicznej Sandoz, a po południu w Hoffmann La Roche. Niech ktoś spróbuje coś takiego zrobić, myślę z dumą.

W połowie marca spontanicznie odwiedzam pewien bank, gdzie umówiłam się, że będę przychodziła raz na trzy miesiące. Referentka od zakupów dotychczas zawsze zamawiała całe mnóstwo drogich markowych fularów. Wchodzę do budynku i pytam o nią. Pojawia się kompletnie zaskoczona i mówi: „Nie wie pani, że przed trzema tygodniami byłam u pani w firmie i tam złożyłam zamówienie? Pilnie potrzebowałam trochę chustek i próbowałam do pani się dodzwonić. Zaproponowano mi, abym po prostu osobiście zajrzała do sklepu. Wybrałam wszystko, co potrzebowałam, i mam teraz zapasów na kilka miesięcy”. Zaskoczyło mnie to, nic o tym nie wiedziałam. Nie dałam jednak nic po sobie poznać. Żegnam się grzecznie i opuszczam bank. W domu przeglądam rozliczenia, nie znajduję jednak żadnej adnotacji o zamówieniu. Następnego dnia dzwonię do szefa, domagając się wyjaśnień. Najpierw próbuje się wykręcać, ale potem oświadcza, że to zamówienie nie powinno mnie wcale obchodzić, przecież ta kobieta zamówiła bezpośrednio w firmie, a nie u mnie. Jestem oburzona, w tym wypadku chodzi o klientkę, którą ja zdobyłam, i jej powtórne zamówienia muszą być zapisywane na konto moich obrotów. W końcu prowizje stanowią część mojej wypłaty. Szef nie chce się z tym zgodzić, a ja coraz bardziej się wściekam. Jestem pewna, że podobne sytuacje zdarzały się już wiele razy w przeszłości. Dochodzi do niezbyt grzecznej wymiany zdań. Nie potrafię pojąć, czemu szef nie chce przyjąć moich argumentów i w dodatku podbiera mi klientów. To ja pracowałam często do późna w nocy, żeby tylko jakoś nakręcić tę sprzedaż, a on teraz chce mnie zrobić w konia! Jestem strasznie zawiedziona. Wykorzystano mnie w obrzydliwy sposób. Nie mogę tego znieść. Z miejsca składam wymówienie. „A pewnie, pewnie, niech pani to zrobi!" – Szef śmieje się szyderczo i odkłada słuchawkę. Dociera do mnie, że on po prostu chce się mnie pozbyć. Zdobyłam dla niego wszystkie kontakty i teraz chce zaoszczędzić na wypłacie dla mnie. Jestem tak wściekła i rozczarowana, że o mało nie wybucham płaczem. Wybaczyć mogę wiele, lecz niesprawiedliwego traktowania – nigdy. Po ośmiu miesiącach pracy piszę wymówienie. Znajdę coś nowego. Jestem o tym przekonana. Szef musi mi wypisać świadectwo pracy. Biada mu, jeśli nie będzie bez zarzutu! W końcu całe mnóstwo firm, w których przeprowadzałam sprzedaż wśród personelu, złożyło mi pisemne podziękowanie za dobrą organizację i osobisty wkład pracy.

Tydzień później odstawiam samochód i resztę towaru do firmy. Wcześniej udało mi się wytargować, że otrzymam należną jeszcze wypłatę. Poza tym chcę przeczytać świadectwo pracy, zanim zostanie wypisane. O dziwo jest bez zarzutu. Rozchodzimy się, wymieniając przy tym ledwo kilka słów. Pomimo że spędziłam w swojej pierwszej pracy wiele ciekawych i satysfakcjonujących dni, jestem zadowolona, że złożyłam wymówienie. Jest dla mnie jasne, że gdybym dłużej tu pracowała, koniec mógłby być znacznie gorszy.

Znowu nie mam ani samochodu, ani pracy, lecz posiadam mieszkanie, za które trzeba płacić, tak jak za wszystko inne. Wieczorem jadę do Rapperswilu. Potrzebuję trochę rozrywki i muszę się nad wszystkim zastanowić.

Napirai po raz pierwszy nocuje u koleżanek z sąsiedztwa i jest z tego bardzo zadowolona. Podczas wieczoru, który spędzam ze znajomymi, opowiadam o wypowiedzeniu. Jeden z nich radzi mi, abym zapytała o pracę jedną ze znanych mu firm, która rozprowadza artykuły reklamowe. Kilka dni później spotykam się z konkretnymi ludźmi. Oferta nie zwala mnie z nóg, ale lepsze to niż nic i postanawiam spróbować. Chodzi o różne produkty reklamowe, takie jak zapalniczki z nadrukiem, długopisy, teczki itd. Co do klienteli, nie ma żadnych ograniczeń. Każda firma jest potencjalnym klientem. Muszę jednak znowu zaczynać od początku. W tej dziedzinie nie została do tej pory utworzona odpowiednia struktura.

Tydzień po naszej rozmowie przystępuję do pracy. Okazuje się właściwie niemożliwe, aby umówić się z kimkolwiek na złożenie biznesowej wizyty. W samochodzie wziętym w leasing obstukuję po kolei zakłady rzemieślnicze, biura, restauracje itp. Próbuję osobiście sprzedawać artykuły z reklamą danej firmy. Ponieważ nasze ceny są dość niskie, idzie mi całkiem nieźle i wiele osób zamawia od ręki. Po dwóch, trzech miesiącach rozniosło się, że mam w asortymencie dobre i użyteczne rzeczy. Dlatego polecają mnie dalej i wkrótce pierwsi klienci sami do mnie dzwonią. W tej branży kontakty międzyludzkie nie są skomplikowane. Zdarza się na przykład, że wpadam do jakiejś firmy, gdzie pracownicy właśnie mają przerwę i wtedy pozdrawiają mnie serdecznie, zapraszają na kawę, a następnie oglądają mój towar. Styl sprzedaży bardzo się różni od tego z mojej poprzedniej pracy, dobrze się jednak z tym czuję i poznaję wielu nowych ludzi.

Tymczasem krąg moich znajomych znacznie się powiększył. Przede wszystkim znam dużo sympatycznych kobiet i bez trudu znajduję kogoś do towarzystwa na wieczorne wypady. Najchętniej idę trochę potańczyć. W lokalach obserwuję ludzi. Stoją albo siedzą w zatłoczonych barach i ledwo mogą rozmawiać ze sobą, bo tak głośno gra muzyka. Wydaje mi się, jakby wszyscy na coś czekali. Między mną a ludźmi jest niewidoczna ściana. Mam wrażenie, że jestem obecna ciałem, ale nie duchem. Nie czuję, że jestem w środku czegoś, ale raczej z boku. Wszystko wydaje mi się nierzeczywiste i powierzchowne, mimo że poznaję wielu ludzi, a nawet od czasu do czasu nawiązuję jakiś flirt. Z drugiej jednak strony wyraźnie dostrzegam i niekiedy jestem zafascynowana, jak przez te lata zmieniły się obyczaje towarzyskie w lokalach i muzyka.

Gdy myślę o dyskotekach w buszu, jakie organizowałam parę razy w Barsaloi, i porównuję je z tym wszystkim, co teraz oglądam, chce mi się śmiać. Tam wystarczała tylna część naszego sklepu, z której wynieśliśmy uprzednio worki z kukurydzą, tranzystorowe radio, podłączone do akumulatora starego landrowera. Była cola, piwo i grilowane mięso kozie. Ludzie, młodzi i starzy, walili jak w dym do tej zaimprowizowanej dyskoteki. Większość po raz pierwszy w życiu uczestniczyła w podobnej imprezie, dziwili się więc jak małe dzieci. Nawet starcy, zawinięci w swoje wełniane koce, siedzieli w kucki na podłodze i bawili się. Tylko kobiety nie wchodziły do środka, co wcale nie powstrzymywało mężczyzn przed beztroskimi tańcami. Wszyscy byli szczęśliwi i miało się poczucie wspólnoty. Wtedy nie czułam, że między mną a innymi stoi mur. Były to głębokie przeżycia. Tutaj natomiast wydaje mi się to wszystko tylko kolejną formą konsumpcji. Mimo to wychodzę z domu, chłonę nową muzykę i niekiedy całymi godzinami tańczę.

Napirai dorasta i jest bardzo żywą, wesołą dziewczynką. Łączy nas głęboki związek, mimo że już od dawna nie karmię jej piersią. Śpimy jednak nadal w tej samej sypialni, na jednym wielkim łóżku.

W pewien weekend jadę z nią do Biel, aby zajrzeć do mojego byłego sklepu z suknami ślubnymi, który przed wyjazdem na stałe do Afryki odsprzedałam przyjaciółce. Podczas drogi zastanawiam się, czy powinnam zadzwonić do Marca, mojego byłego towarzysza życia, od którego odeszłam z powodu Lketinki. Ponieważ do samego Biel nie potrafię podjąć decyzji, parkuję najpierw na starym mieście, gdzie znajduje się mój dawny butik. Mimi, moja następczyni, nic nie wie o moim powrocie; już jakiś czas temu straciłyśmy siebie z oczu. Wchodzę po schodach do sklepu i zauważam, że wiele się zmieniło. W środku stoją dwie klientki i Mimi rozmawia z nimi. Gdy nas spostrzega, wyrzuca z siebie z niedowierzaniem: *„Non, c'est pas vrai!* Corinne, to ty, naprawdę? Nie wierzę! Skąd się tu wzięłaś?". Zdumiona i oniemiała patrzy na mnie, gdy całuję ją na powitanie.

„Ach, to długa historia, ale zostawmy to. Najpierw musisz mi powiedzieć, co tam słychać w sklepie?" – zachęcam ją. Naturalnie, wszyscy przyglądają się dokładnie Napirai. Gdy klientki opuszczają sklep, opowiadamy sobie, co się wydarzyło w naszym życiu. Po przejęciu butiku Mimi poznała swojego obecnego towarzysza życia, co bardzo mnie cieszy, gdyż wcześniej przez wiele lat po rozwodzie była sama. Potem mówię o sobie i nawet w skróconej wersji opowieść trwa nieco dłużej. Gdy kończę, Mimi jest zawiedziona, że moja wielka miłość tak smutno się skończyła. Niespodziewanie pyta, czy miałybyśmy z córką ochotę odwiedzić ją i przyjaciela w St. Raphael w południowej Francji. Wynajęli tam na kilka tygodni piękną willę, ponieważ jej przyjaciel załapał sezonową pracę w testowaniu silników okrętowych. Mimi wyjeżdża za dwa tygodnie i będziemy o każdej porze dnia i nocy mile widziane. „Willa jest wspaniale położona, ma wielki basen, a miejsca wystarczy dla nas wszystkich. Mogłabyś tam opowiedzieć mi dokładniej o swoim życiu w Kenii". Od razu przystaję na jej propozycję, bo od lat nie miałam wakacji; mimo że każdy, komu wspominam o czterech latach w Kenii, myśli, że byłam tam tylko na urlopie.

Gdy zapisała mi adres, pytam o Marca. Niestety, Mimi prawie nie ma kontaktu z kręgiem naszych starych przyjaciół, wie, że Marco się przeprowadził. Niewiele się zastanawiając, dzwonię do niego. Po głosie poznaję, że nie jest ani zaskoczony, ani też zły na mnie. Rozmawiamy jakiś czas, a następnie umawiamy się w restauracji. Prawie nic się nie zmienił. Opowiadamy sobie w skrócie o najważniejszych wydarzeniach z poprzednich lat i tak oto dowiaduję się, że on również ma za sobą nieudany związek i po dziurki w nosie samotności we dwoje, o czym informuje mnie bez widocznej urazy, uśmiechając się promiennie. Wkrótce nie mamy sobie nic więcej do powiedzenia i żegnamy się, tym bardziej że Napirai strasznie się już nudzi.

W drodze do domu wyobrażam sobie, jak to będzie na wakacjach w południowej Francji, i cieszę się na nie, zwłaszcza że w St. Raphael mieszka moja ciotka, żona brata dziadka ze strony matki, która pochodzi z Indochin, dzisiejszego Wietnamu, i którą przy okazji będę mogła wreszcie poznać.

Trzy tygodnie później udajemy się samochodem w długą podróż. Podczas jazdy śpiewamy, opowiadam różne historie albo słuchamy baśni z kaset magnetofonowych. Przez kilkaset kilometrów nie ma żadnych problemów, potem jednak Napirai zaczyna marudzić, gdyż ma dosyć siedzenia w samochodzie. Próby odwrócenia jej uwagi na nic się zdają. Muszę zjechać z autostrady i poszukać dla nas hotelu. W połowie lipca, we Włoszech, a w dodatku w pobliżu morza, okazuje się to przedsięwzięciem skazanym z góry na niepowodzenie. Wszystko jest zajęte, a poza tym ludzie patrzą na nas nieufnie. Gdy powoli zaczynam godzić się z myślą o noclegu w samochodzie, nagle los się do nas uśmiecha.

Zanim wprowadzamy się do prostego i głośnego pokoju w starym pensjonacie przy przelotowej ulicy, postanawiamy nieco rozprostować kości. Wałęsamy się po małej malowniczej miejscowości, gdzie starcy siedzą na ulicy przed swoimi domami. Ciągle słyszę: *„Che bella bambina, che bella!"*. Niektórzy są tak zachwyceni moją córką, że chcą ją pogłaskać albo choćby jej dotknąć. Napirai wcale się to nie podoba i kwituje takie okazywanie uczuć ponurą miną. Wracamy do pensjonatu, jemy nasze ostatnie kanapki i wyczerpane zasypiamy.

Następnego dnia pokonujemy ostatnie sto kilometrów dzielące nas od St. Raphael i dzięki moim nabytym w akwizycji zdolnościom orientowania się w terenie bez problemu znajdujemy willę. Mimi przyjmuje nas radośnie. Dom jest ogromny i ma wspaniały basen. Wieczorem przedstawia nam swojego towarzysza życia. Jestem mile zaskoczona. To otwarty, młodzieńczy i radosny mężczyzna, który wydaje się odczytywać z oczu Mimi każde jej życzenie. Spędzamy przyjemny wieczór. Niestety, następnego dnia dochodzi niemalże do tragedii. Gdy jadę po zakupy, w domu zdarza się coś przerażającego. Napirai przekrada się cichaczem po schodach do basenu i kiedy Mimi zupełnie przypadkowo wychodzi na taras, widzi tylko wystające z wody kępki włosów Napirai. Pędzi do basenu i w ostatniej chwili wyciąga dziecko. Gdy po dwudziestu minutach wracam do domu, Napirai ciągle jeszcze drze się wniebogłosy. W panice wbiegam po schodach i roztrzęsiona Mimi opowiada, co się wydarzyło, a pode mną uginają się nogi. Łzy ciekną mi ciurkiem po twarzy, gdy uzmysławiam sobie, jak niewiele brakowało, abym straciła córkę. Wiele godzin trzymam ją w ramionach, a przez następne dni ani przez chwilę nie spuszczam jej z oka. Chodzę z nią nad morze, gdzie Napirai rozkoszuje się grzebaniem w piasku. Podczas spaceru po wiosce widzi po raz pierwszy wesołe miasteczko z karuzelami, które od razu polubiła. Pozostała część urlopu przebiega spokojnie, by nie rzec nieco nudnie. Nie jestem przyzwyczajona do bezczynności, a także do takiej ilości wolnego czasu.

Często myślę o Kenii i mojej tamtejszej rodzinie. Chętnie bym się dowiedziała, co stało się z Lketingą i co myśli o nas po tych prawie dwóch latach, jakie upłynęły od mojego odejścia. Wiem, że żyje, ale nie mam pojęcia, jak i gdzie. James powiadomił mnie w swym ostatnim liście, że pewien wojownik Samburu wrócił z wybrzeża do domu i opowiadał, iż Lketinga pomieszkuje to tu, to tam. Nadal ma samochód, ale przydarzył mu się niebezpieczny wypadek. Na szczęście wszystko skończyło się na kilku ranach ciętych twarzy. Ten list zasmucił mnie, ale nic przecież nie mogłam zrobić. A teraz na dodatek siedzę sobie tutaj, w St. Raphael, i narzekam, że taki urlop jak ten jest nudny.

Jedynie spotkanie z moją ciotką dostarcza nieco rozrywki. Stajemy przed jej domkiem bez uprzedzenia. Przedstawiam się. Niezmiernie cieszy się z naszych niespodziewanych odwiedzin. Jest niską, delikatną starszą damą, a jej uroda wskazuje na wyraźnie azjatyckie pochodzenie. Opowiada historie z niezwykłego życia, jakie prowadziła przed wojną. Jej rodzina była bardzo bogata, mieli ponad osiemdziesiąt osób służby, czego nie potrafię sobie nawet wyobrazić. Gdy była dzieckiem, obwiązywano jej stopy, żeby nie rosły. Pozostały piękne i małe, dzięki czemu można było ją potem lepiej wydać za mąż. Później, gdy została żoną brata mojego dziadka i musiała uciekać do Francji, potrzeba było wielu operacji, aby mogła chodzić, nie odczuwając bez większego bólu. Jestem przerażona. O czymś takim jeszcze nie słyszałam. W pewien sposób przypomina mi to potworne obrzezanie dziewczynek, które nadal przeprowadza się u Samburu i innych plemion. Dlaczego na całym świecie maltretuje się w taki czy inny sposób akurat dziewczynki? – zastanawiam się ze smutkiem. Przychodzi czas na dalsze historie z burzliwego życia ciotki, którym przysłuchuję się z zafascynowaniem. Kiedy się żegnamy, jestem szczęśliwa z poznania tej interesującej kobiety. Kto wie, czy jeszcze kiedykolwiek ją zobaczę.

Po powrocie do domu opowiadam matce o wypadku w basenie. Chcę, by również wiedziała, że podczas kąpieli nie należy spuszczać Napirai nawet na chwilę z oczu. Jeszcze w tym roku matka uczy ją pływania bez koła. To z pewnością najlepsza gwarancja, że uniknie się podobnych niebezpieczeństw.

Nasze życie toczy się dalej. Za dnia pracuję, a Napirai przebywa u mojej matki albo u opiekunki. Po wspólnie spędzonych wakacjach znowu z trudem przychodzi mi oddawanie dziecka. Ponieważ sprzedaż idzie dobrze, nie mam zbyt wiele czasu, żeby o tym myśleć. Wkrótce praca sprawia mi znowu przyjemność. Zarobionych pieniędzy wystarcza na życie. Bywa nawet, że pod koniec miesiąca mam kilka setek więcej. Odkładam na przyszły urlop i na podatki.

Pewnego razu zaglądam bez zapowiedzi do nowego klienta. Gdy wchodzę do jego firmy, śmieje się i woła: „O, kolejna akwizytorka! Co też mi pani chce wcisnąć? Ten tutaj też już próbuje". Przy tym pokazuje na pewnego sympatycznego mężczyznę. Na luzie witam się z nimi i zauważam jednocześnie, że nie sprzedajemy tych samych produktów – mężczyzna specjalizuje się w podkoszulkach z reklamą firm. Dyskutujemy o tym i owym. We dwójkę reprezentujemy większy asortyment towarów. Gdy chcę się pożegnać, kolega z branży zaprasza mnie na kawę, mówiąc, że chciałby ze mną jeszcze trochę porozmawiać. W restauracji proponuje mi pracę. Twierdzi, że gdybym tylko miała ochotę, z chęcią zatrudniliby mnie u siebie. Są przedsiębiorstwem rozprowadzającym dobrej jakości podkoszulki, swetry i koszule z nadrukiem albo z wyszytym wzorem. Mogłabym u nich całkiem dobrze zarobić, a ponadto przebywałabym wśród wspaniałych ludzi. Słucham mężczyzny z zaciekawieniem i chętnie przyjmuję jego wizytówkę, która potwierdza, że jest akwizytorem. Odpowiadam, że jak na razie jestem całkowicie zadowolona z tego, co robię. Gdyby się jednak coś zmieniło, dam mu znać.

W domu czeka na mnie list z niemieckiego konsulatu. Ponieważ sprawa świadectwa urodzenia nadal nie jest wyjaśniona, otwieram kopertę z mieszanymi uczuciami. Gdy jednak czytam dwie załączone kartki, jestem niezmiernie szczęśliwa. Wygląda na to, że dane z Kenii były wystarczające, gdyż trzymam w ręku odpis świadectwa urodzenia, na którym Napirai wpisano moje nazwisko. Przede wszystkim oznacza to, że niepodważalnie jest narodowości niemieckiej i że tym samym nie będziemy miały już żadnych problemów w Szwajcarii. Wreszcie pokonałam ostatnią przeszkodę. Teraz powinnam jeszcze tylko wnieść sprawę o rozwód. Ponieważ jednak nie żyję w żadnym stałym związku, nie jest to w tej chwili dla mnie takie ważne. Ta sprawa może poczekać. Aby uczcić dobre wieści, urządzam w weekend z dwoma przyjaciółkami i ich dziećmi jesiennego grilla.

Wkrótce potem mam pewien kłopot. Opiekunka Napirai oświadcza mi, że jest w ciąży. Kiedy jej drugie dziecko przyjdzie na świat, niestety, nie będzie miała dla Napirai ani czasu, ani miejsca do spania. W pierwszym momencie jestem bardzo zmartwiona, gdyż Napirai bardzo dobrze się u niej czuła i na pewno będzie za nią tęsknić. Potem jednak uspokajam się i myślę, że mamy jeszcze kilka miesięcy, żeby coś załatwić.

Teraz, jesienią, artykuły reklamowe sprzedają się dobrze. Napływają pierwsze zamówienia na prezenty dla klientów na Boże Narodzenie. Chwilowo zarabiam nawet więcej niż w pierwszej pracy, dzięki czemu w styczniu 1993 roku mogę sobie pozwolić na wyjazd na narty do Francji, z matką i Hanspeterem. Jeżdżą tam oboje każdego roku. Tym razem możemy się do nich przyłączyć, zwłaszcza że Napirai dostała pod choinkę swój pierwszy ekwipunek narciarski. Są to przepiękne ferie. Każdego dnia niebo jest ciemnoniebieskie, a śnieg skrzypi na mrozie. Po prawie dziesięciu latach przerwy ponownie rozkoszuję się zjeżdżaniem ze stoków. Napirai, która przedpołudniami ćwiczy w szkółce narciarskiej, już po dwóch dniach zaczepia się sama na orczyku talerzowym, który ją prawie podrywa z ziemi. Piątego dnia spotykamy na szczycie góry całą szkółkę narciarską i przypatruję się, jak Napirai powoli zjeżdża w grupie pługiem. Wprost zatyka mnie z wrażenia, co to moje trzyipółroczne masajskie dziecko potrafi. Jestem z niej niesamowicie dumna.

Jak zawsze na początku roku praca idzie jak krew z nosa. Styczeń i luty nie należą do miesięcy, w których odnosi się sukcesy. W dodatku pogoda pod psem. W tym smutnym okresie pewna znajoma przysyła mi zaproszenie na kolację z przyjaciółmi. Mam koniecznie przyjść, gdyż będzie mnóstwo fajnych ludzi i wielu z nich jest ciekawych mojej historii. Zaintrygowana, idę i przeżywam ciekawy wieczór. Opowieściom i dyskusjom nie ma końca. Szybko znajduję pewnego uważnego słuchacza, który wzbudza moje zainteresowanie. Przy pożegnaniu wymieniamy adresy, a on dwa dni później dzwoni do mnie. Umawiamy się na randkę. Jest to początek mojego pierwszego związku z mężczyzną od powrotu z Kenii. Wszystko wskazuje na to, że mężczyzna nie ma żadnych uprzedzeń co do mojego wcześniejszego życia. Jest bardzo zajęty i dużo pracuje za granicą. Nie widujemy się zbyt często, co mi jednak wcale nie przeszkadza, gdyż nie lubię zostawiać córki u kogoś na noc. Niekiedy wydaje mi się, że słyszę w jego głosie pewien żal, kiedy mówi, że z powodu Napirai trudno znaleźć przy mnie trochę miejsca. W dodatku Napirai nie udaje się nawiązać z nim głębszego kontaktu. Wprawdzie go lubi, ale on nie ma właściwego podejścia do dzieci. Pewnie dlatego, że nie doczekał się własnych. Jest, kilka lat starszym ode mnie, kawalerem do szpiku kości, co coraz wyraźniej dostrzegam. Przez te jego długie pobyty za granicą oddalamy się od siebie coraz bardziej i po dwóch latach nasz związek dobiega końca. Z obu stron nie była to wielka miłość. Możliwe jednak, że nie byłam jeszcze po prostu gotowa na to, żeby być z kimś na stałe.

W tym czasie znalazłam nowych opiekunów dla Napirai. Chodzi o pewne małżeństwo z córką w wieku mojej córki. Pomimo że dziewczynka początkowo nie była zbytnio zachwycona tym, że musi dzielić się swoją mamą z kimś innym, obie są teraz najlepszymi przyjaciółkami. Podziwiam tę kobietę, że z taką cierpliwością i wytrwałością majsterkuje z dziećmi, maluje, opowiada im różne historie albo sadzi z nimi rośliny w ogrodzie. Gdy przyjeżdżam po córkę, często nie mogę oderwać jej od zabawy. W końcu ja też chcę mieć swoje dziecko na kilka godzin tylko dla siebie. Zdarza się, że po powrocie do domu na Napirai czekają już dziewczynki z sąsiedztwa. Bywa, że wszystkie śpią w naszym łóżku, i wtedy zadowalam się spędzeniem nocy na sofie. Kiedy wszystkie kąpią się wspólnie w wannie, cieszą się jak szalone. Również urodziny Napirai są zawsze wydarzeniem. Za każdym razem zbiera się na naszym tarasie jakieś dwanaścioro dzieci i kilku dorosłych. Urządzamy party. Naturalnie wszystko jest pięknie udekorowane, a ja organizuję różne gry i zabawy. Grillujemy, a moja sałatka z makaronu jest pochłaniana w piorunującym tempie. W urodziny Napirai zawsze biorę wolne i wszystkie inne sprawy mam serdecznie gdzieś.

W takie dni przypominają mi się niesamowite przeżycia z porodu w szpitalu misyjnym w Wambie. Moja przyjaciółka Sophia, która równocześnie ze mną oczekiwała pierwszego dziecka, i ja byłyśmy prawdziwą sensacją dla tubylców. Przed nami jeszcze nigdy w tym szpitalu żadna biała kobieta nie wydała dziecka na świat i naturalnie obserwowano nas ze szczególnym zaciekawieniem. Gdy zaczęły się u mnie bóle i leżałam w sali porodowej, miejsca przy oknach, w których nie było żadnych szyb, u czarnych kobiet cieszyły się dużym wzięciem. Miałam jednak wtedy tak mocne bóle, że niewiele do mnie docierało. Dopiero gdy Napirai się urodziła, zobaczyłam jak Sophia wpadła do środka, aby mi pogratulować. Trzymała przy tym zapalonego papierosa w ustach, podczas gdy ja leżałam nadal na fotelu ginekologicznym i zszywano mnie bez znieczulenia. Tak, myślę sobie, czegoś takiego nie mogą sobie wyobrazić szwajcarskie kobiety. Zawsze kiedy o tym opowiadam, są zdumione.

Coraz częściej zdaję sobie sprawę z tego, że kiedy wspominam o życiu u Samburu, słuchają mnie z zapartym tchem. Zdarza się, że przerywamy wcześniej zaplanowaną wycieczkę, siedzimy w domu, a ja godzinami opowiadam.

ROZWÓD Z LKETINGĄ

Podczas jednego z kolejnych spotkań grupy kobiet samotnie wychowujących dzieci pewna członkini opowiada o swoim niedawno przeżytym rozwodzie, który ciągnął się całymi latami. Wypytuję ją, ponieważ nie mam pojęcia, jak do czegoś takiego się zabrać. Pomału zaczynam odczuwać potrzebę uporządkowania swoich spraw i chcę załatwić rozwód. Dzwonię, jak mi poradzono, do właściwego sędziego i przedstawiam moją sytuację, przy czym wspominam, że już od trzech lat nie widziałam męża. Na podstawie mojej opowieści, a także okoliczności, że Lketinga przebywa w nieznanym miejscu gdzieś w Kenii i nawiązanie z nim osobistego kontaktu nie jest możliwe, sędzia uznaje, że proceduralna rozmowa mediacyjna jest zbędna. Prześle mi więc odpowiednie kwestionariusze, abym mogła wystąpić oficjalnie o rozwód. Na koniec dodaje, że jeszcze nigdy nie miał do czynienia z podobną sytuacją i że musi się zorientować, jak to wszystko załatwić. Kiedy wczytuję się w przysłane mi formularze, oddycham z ulgą, gdyż wszystko wygląda dość prosto. Chociaż zaskakuje mnie, że domagają się ode mnie danych o czasach młodości, rodzinie, a nawet o rodzeństwie. Muszę wymienić wszystkie szkoły, do jakich uczęszczałam, i złożyć zeznania dotyczące zatrudnienia. Potrzebne też są informacje o związku, między innymi, gdzie, kiedy i w jakim wieku się poznaliśmy. No tak, o tym to miałam wiele do napisania. Rubrykę, w której należało podać roszczenia finansowe dla dziecka, skreślam całkowicie i wyjaśniam, że rezygnuję z jakiegokolwiek wsparcia. W jaki sposób Lketinga ma płacić alimenty, skoro gdy tylko to możliwe, posyłam pieniądze jego rodzinie? Wkładam wszystko do koperty i z lekkim niepokojem wysyłam list. Co mam do stracenia, myślę.

Latem czas wolny spędzamy aktywnie. Pewnego razu zjawia się u nas Madeleine z ogłoszeniem, w którym proponowana jest wycieczka do południowego Tyrolu z trzydniowym pobytem w hotelu z basenem. Zgłaszamy się, ponieważ propozycja jest atrakcyjna cenowo, a my nie mamy nadmiaru pieniędzy. Najważniejsze, że wyjedziemy na kilka dni. Już wsiadając do autokaru, zauważamy, że jesteśmy najmłodszymi uczestniczkami wycieczki, nie licząc oczywiście dzieci. Napirai od razu pyta głośno, tak że wszyscy mogą usłyszeć: „Mamo, dlaczego tylko babcie mają wakacje?". Tłumaczę jej, że starsi ludzie mają więcej wolnego czasu, bo już nie muszą pracować. Nic lepszego nie przychodzi mi w tym momencie do głowy. Podczas jazdy nasze dzieci zabawiają wszystkich podróżnych. Przede wszystkim Napirai przysiada to przy jednej, to znów przy innej babci i wszyscy się cieszą. Trzy dni z pełnym wyżywieniem niewiele nas kosztowały, a dzieciom wiele to dało.

Innym razem pożyczam od matki bardzo stary namiot i wyjeżdżam z córką na biwak nad pobliskie jezioro Walen. Pole namiotowe bez wygód położone jest w samym środku lasu. Mamy najmniejszy i najbardziej komiczny namiot. Rozbijamy go na niewielkim wzniesieniu. Kopię wokół niego rowek, jak to robiłam w Kenii naokoło *manyatty*, aby woda mogła odpłynąć, gdyby padało. Wysiłek się opłacił. W nocy szaleje nad jeziorem potężna burza. Leżymy z Napirai na brzuchach i ze swojego małego namiotu przyglądamy się całemu widowisku, gdyż o spaniu przy takich grzmotach można zapomnieć. Długie błyskawice przeszywają niebo nad jeziorem i rozjaśniają na krótkie chwile całą okolicę. Jesteśmy zafascynowane. Następnego dnia ciężko jest znaleźć suche drewno na ognisko, żeby upiec kiełbaski. Ziemia jest przesiąknięta wodą. Wielu ludzi zwinęło namioty i odjechało. My jednak się nie poddajemy i około południa spotyka nas nagroda w postaci pierwszych promieni słońca. Później łamię cienkie gałęzie z drzew. Te najszybciej wyschły na powietrzu. Niebawem rozpalamy ognisko, a potem jemy spóźniony obiad. Wyraźnie widać, jak bardzo Napirai się cieszy, że może ze swoją mamą tak spędzać czas.

Gdy po letnich wakacjach wracam do pracy, moi pracodawcy oznajmiają, że rozchodzą się i że siedziba firmy zostaje przeniesiona. Dla mnie oznacza to, że nie będę już więcej mogła tak szybko zjawiać się na zebraniach, gdzie omawia się zamówienia, ponieważ muszę liczyć się z kilkugodzinną podróżą. Nie jestem tym zachwycona, bo przez to stracę dużo czasu, który mogłabym spędzić z Napirai. Mówię więc szefom, że muszę przemyśleć naszą dalszą współpracę.

W domu szukam wizytówki szefa akwizycji firmy, która rozprowadza podkoszulki, i dzwonię do niego, nie robiąc sobie przy tym wielkich nadziei, że będzie mnie jeszcze pamiętał. Okazało się jednak, że bardzo się ucieszył. Umawiamy się na spotkanie w firmie. Gdy kilka dni później wchodzę do budynku firmy, jestem pod wrażeniem, jak czysto i profesjonalnie wszystko tutaj wygląda. Fascynują mnie wielkie maszyny do druku sitowego, które odbijają różnorakie desenie na podkoszulkach. Dział haftu też jest interesujący. Przy filiżance kawy rozmawiamy o możliwościach zarobkowych. Podstawowa pensja jest mniej więcej taka sama jak w poprzedniej pracy, tyle że tutaj dostałabym wyższą prowizję i dodatkowo zryczałtowane diety. Porównując wszystko, miałabym dużo więcej niż dotychczas. Sprawa jest więc jasna. Umawiamy się, że zacznę jak najszybciej.

Umowę rozwiążę w ciągu czterech tygodni i już 1 października 1993 roku zaczynam swoją trzecią pracę od powrotu z Kenii. Jestem w pełni zmotywowana. Mam przed sobą nowe możliwości i dobrze rozumiem się z szefem. Przede wszystkim haftowane emblematy firm idą jak woda. Korzystam również z kontaktów z moimi poprzednimi klientami i sprzedaję niesamowite ilości towaru. Ani przez sekundę nie żałuję tego, że zmieniłam firmę. Z satysfakcją stwierdzam, że jak dotychczas każde kolejne miejsce pracy pcha mnie do przodu.

Pewnego listopadowego wieczoru znajduję w skrzynce zawiadomienie z poczty o przesyłce. List polecony zawiera wezwanie do sądu, gdzie będzie rozpatrywana moja sprawa rozwodowa. Teraz, gdy widzę to przed sobą czarno na białym, czuję się dość dziwnie. Najprawdopodobniej zostanie mi udzielony rozwód z mężczyzną, który nic o tym nie będzie wiedział. Rozprawa ma się odbyć 30 listopada 1993 roku o godzinie 17.00. Należy stawić się osobiście z przedstawicielem prawnym albo samemu.

O Boże, nie mam adwokata! Ale czy potrzebuję? – pytam samą siebie. A może mam poprosić matkę albo nawet Madeleine, żeby poszły ze mną? Potem jednak postanawiam, że pójdę sama, przecież tylko ja tak naprawdę znam całą historię. Przez lata pracy w akwizycji wyrobiłam w sobie gotowość do walki, a moja pewność siebie tak wzrosła, że nie można jej nawet porównać z tą z pierwszych miesięcy po powrocie z Kenii, kiedy to nawet nie miałam odwagi pokazać się na ulicy.

W wyznaczony dzień zabieram ze sobą obydwa zaświadczenia o zarobkach, żeby było jasne, że mogę wyżywić siebie i córkę, oraz wykaz kosztów utrzymania, a także kilka zdjęć pokazujących mego męża i nasze ówczesne życie. Nigdy nie byłam w budynku sądu, czuję, jak z niepokoju wali mi serce. Przed licznymi drzwiami czekają mniejsze lub większe grupki ludzi, najczęściej otaczają adwokata ubranego w togę. Ja jestem sama i niosę tylko cienką teczkę na akta. Czuję się nieco zagubiona. Gdy mnie wywołują, wchodzę w napięciu do pomieszczenia, w którym czekają już cztery osoby. Siadam w ławce przed sędzią. Najpierw podaję swoje personalia, a następnie muszę opowiedzieć krótko o swoim życiu z Lketingą.

Ponieważ szybko staje się dla mnie jasne, że pojęcie plemienia mego męża dla sędziego jest nie do wyobrażenia, po zakończeniu opowieści pytam, czy mogłabym dla lepszego przybliżenia sprawy przedłożyć mu kilka fotografii. Po krótkim wahaniu zgadza się. Kładę przed nim na pulpicie sześć zdjęć. Jedno pokazuje mojego męża w barwach wojennych z dzidą, inne ubój wołu przed *manyattą*, a jeszcze inne nas oboje z córką Napirai. Sędzia chrząka i pyta z niedowierzaniem: „Tak więc to jest pani mąż?". Pozostałe panie i panowie wstają z miejsc i podchodzą do stołu, aby również obejrzeć fotografie. Zawiązuje się między nimi krótka dyskusja, a następnie sędzia pyta mnie, czy do czasu podjęcia ostatecznej decyzji może załączyć te zdjęcia do akt. Wyrażam na to zgodę i zostaję zwolniona do następnej rozprawy. Gdy opuszczam budynek, czuję przedsmak wolności.

Dwa tygodnie później, czyli w połowie grudnia, otrzymuję kolejne wezwanie. Teraz skończyły się żarty. Czekają na mnie te same osoby. Ponownie pytają, czy nic nie słyszałam o małżonku i czy nadal nie znam dokładnego miejsca jego pobytu. Odpowiadam pod przysięgą, że do dzisiejszego dnia nie udało mi się uzyskać żadnych dodatkowych informacji. Potem pytają mnie, czy zamierzam skarżyć męża o alimenty. Zaprzeczam. Na koniec sędzia odczytuje, że ze względu na podane okoliczności małżeństwo stron zostaje rozwiązane, z następującym postanowieniem dodatkowym: władzę rodzicielską (co za okropny zwrot!) nad wywodzącą się z tego małżeństwa córką Napirai będzie odtąd sprawowała wyłącznie matka. Podkreśla się, że matka rezygnuje z roszczeń alimentacyjnych. Ponadto zostaje nadmienione, że rozwodzące się strony nie mają w stosunku do siebie żadnych wzajemnych roszczeń. Następują ustalenia dotyczące kosztów procesu, a także wydany zostaje nakaz opublikowania wyroku w tutejszym dzienniku urzędowym. Cóż za absurd!

Pod koniec rozprawy słyszę jeszcze, że jeśli żadna ze stron nie złoży w ciągu dziesięciu dni odwołania, wyrok będzie prawomocny. W głowie mi huczy i stoję nieco bezradna, podczas gdy te cztery osoby pakują swoje rzeczy. Niepewnie pytam: „Czy teraz jestem już rozwiedziona? Czy rzeczywiście to już koniec? Mogę teraz iść czy muszę coś jeszcze odebrać albo zapłacić?". Sędzia rejonowy kiwa głową i znika. Bez pośpiechu opuszczam pomieszczenie i nie mogę uwierzyć, że wszystko poszło tak łatwo. Powoli dociera do mnie, że zawdzięczam to okoliczności, iż Lketinga w pewnym sensie przepadł bez wieści. Dopiero gdy wychodzę z sądu, w grudniowym zimnie, ogarnia mnie wielka radość, że dopóki nie pojadę do Kenii, nikt już nie może mi zabrać Napirai. Zaraz też dzwonię do matki, która cieszy się wraz ze mną i zaprasza nas na kolację.

DOPADAJĄ MNIE WSPOMNIENIA

Krótko przed Bożym Narodzeniem otrzymuję rozliczenie zarobków za grudzień. Wliczając trzynastkę, mam całkiem niezłą sumkę. Teraz mogłabym naprawdę pozwolić sobie na jakieś wspaniałe ferie z Napirai. Po krótkim zastanowieniu ruszam do biura podróży. Chcę polecieć do takiego kraju, w którym jest teraz słonecznie, ciepło i w którym nie grozi malaria. Zasięgnąwszy porady, decyduję się na lot do Dominikany. Cieszę się na te dwa tygodnie, podczas których nie będzie mi brakowało nawet koziego mleka, i z tego, że spędzę je wspólnie z Napirai, i że będziemy jadły, co dusza zapragnie, i pluskały się przez cały czas w morzu. Jak zareaguje Napirai, kiedy znowu znajdzie się wśród czarnych ludzi? Czy przypomni jej się wtedy tata?

Jeszcze przed podróżą otrzymuję list z Barsaloi. James przeprasza, że tak długo nie pisał, ale nadeszły dla nich ciężkie czasy. Najpierw podczas straszliwych walk z rebeliantami, którzy ukradli im prawie całe bydło, zginęło wielu ludzi, a później padało i w Barsaloi roi się od moskitów. To tylko kwestia czasu, kiedy zapadnie się na malarię. James dostał posadę w nowej szkole w Barsaloi i praca sprawia mu ogromną przyjemność. Teraz jednak niezbyt wiele dzieci przychodzi do szkoły. Kilkoro z nich umarło na malarię. Także w małym szpitalu w Barsaloi ludzie umierają na malarię. Mimo to jest szczęśliwy, że w ogóle znalazł pracę i że wreszcie skończyła się walka z rebeliantami. Wszystko jednak strasznie podrożało. Ubrania, ryż, cukier, a nawet kukurydza są teraz dziesięć razy droższe niż za moich czasów. Niewiarygodne! James chce w grudniu pojechać do Mombasy i sprawdzić, co tam słychać u Lketingi. Jak tylko będzie coś wiedział, zaraz do mnie napisze.

Z jednej strony bardzo się cieszę z tego listu, gdyż dawno nie było wieści od Jamesa, z drugiej jednak – martwię się o swoją byłą rodzinę. Wygląda na to, że mają teraz szczególnie ciężkie życie. Przypominają mi się straszliwe ataki malarii, jakie przeżyłam. Kiedy człowiekiem trzęsie febra, w krótkim czasie staje się wrakiem. Dostaje biegunki. Mimo że żołądek jest pusty, ciągle wymiotuje, aż wreszcie leży się apatycznie i bez sił na łóżku. Mój Boże, nikomu nie życzę tej choroby i mam nadzieję, że ta plaga w Barsaloi wkrótce się skończy. Jestem ciekawa, czy James znajdzie Lketingę w Mombasie i co mi o nim napisze w następnym liście. Bądź co bądź od ponad trzech lat nic o nim nie słyszałam.

Wreszcie ruszamy. Napirai i ja po raz pierwszy od ucieczki z Kenii wsiadamy ponownie do samolotu. Tym razem udajemy się w kierunku Porto Plata. Lot trwa długo. Napirai dostaje w samolocie zabawki, coś tam maluje, aż w końcu zasypia. Gdy po przybyciu na miejsce biegniemy przez lotnisko, przypomina mi się lądowanie w Mombasie przed kilku laty. Nagle wszystko staje mi przed oczami jak żywe i przez chwilę nie wiem, czy czuję Mombasę, czy też Porto Plata. Nieopodal czekają małe autobusy, które mają nas zawieźć do hotelu. Wyglądam przez okno i widzę nierówną ulicę, wzdłuż której rosną palmy, i mnóstwo czarnych ludzi w kolorowych ubraniach. Jest jeszcze ranek, a powietrze już stało się parne. Jakże ja to kocham! Przed moimi oczami pojawiają się wyraziste wspomnienia z Kenii. Na każdym wyboju przypomina mi się niewiarygodny stan tamtejszych dróg na północy. Wszystko wiruje mi w głowie, lecz czuję się bezpieczna i szczęśliwa. Po policzkach spływają mi łzy. Targają mną różne uczucia. Zepchnięta w niepamięć przeszłość dopada mnie już w pierwszych kilku minutach pobytu. Jestem szczęśliwa, że w autobusie nie siedzi zbyt wielu turystów. Wstydzę się swoich łez.

Napirai patrzy przez okno i największe wrażenie robi na niej mnogość palm. Zanim jeszcze docieramy do hotelu, opadają ze mnie emocje i uspokajam się. Hotel jest bardzo ładny, położony tuż nad morzem, a nasz pokój spory, przytulny i jasny. Podczas przyjęcia na powitanie gości zauważam, że mało jest rodzin z dziećmi, za to dużo zakochanych par. Napirai może bawić się w klubie dla dzieci, a ja będę dużo czytała i pisała listy. Bufet jest jak marzenie. Kosztujemy wielu egzotycznych potraw. Pracownikom hotelu podoba się Napirai i są przekonani, że jest Dominikanką. Natychmiast też mnie pytają, czy odwiedzamy tutaj jej ojca. Chce mi się śmiać z ich zawiedzionych min i wyjaśniam, że Napirai pochodzi z Kenii. Już po dwóch dniach Napirai czuje się tutaj jak w domu. Biega z dziećmi po całym hotelu i dość rzadko ją widuję.

Pewnego dnia opowiada mi podczas kolacji, że w południe poznała pewną panią z bardzo długimi włosami koloru blond, którą koniecznie chciałaby mi pokazać, i już znika w podskokach. Pięć minut później przyprowadza do naszego stolika wysoką blondynkę. Andrea, jak się dowiaduję, jest tutaj ze swoim przyjacielem. Oboje pochodzą z południowych Niemiec. Zaprasza mnie, abym przysiadła się do nich. W ich niewielkiej grupie są różne pary i na pewno chociaż trochę się rozerwę. Napirai jest zachwycona Andreą, choćby tylko z powodu długich blond włosów, których ciągle dotyka swoimi małymi brązowymi paluszkami. Podczas urlopu muszę wiele razy wysłuchiwać, jakie jest największe, lecz niemożliwe do spełnienia marzenie mojej córki: „Mamo, ja też chcę mieć takie włosy!". Już od momentu poznania robimy z Andreą wspólne wypady. Jej towarzysz woli raczej leżeć przy basenie i czytać stosy magazynów, niż porozmawiać ze swoją miłą przyjaciółką. Nie potrafię tego zrozumieć. Wiem tylko, że lepiej jest jechać na urlop samemu, niż być samotnym w dwójkę.

Podczas gdy w pierwszym tygodniu podoba mi się to, że mogę oddać się słodkiemu lenistwu, to w drugim zaczyna mi czegoś brakować i chętnie coś bym zrobiła. Mimo że na początku wszystko tutaj przypominało mi Kenię, to jednak nie da się jej z tym krajem porównać. Kenia jest bardziej dzika, bardziej różnorodna i przede wszystkim żyje tam więcej zwierząt. Na swój sposób tęsknię za Kenią i automatycznie ją porównuję z Dominikaną. Nie jestem specjalnie smutna, gdy urlop wreszcie dobiega końca.

Po powrocie do domu, pełna energii rzucam się w wir pracy. Podkoszulki z nadrukiem i haftem cieszą się wielkim powodzeniem, jako prezenty reklamowe lub jako robocze uniformy w różnych przedsiębiorstwach. Jest wielki boom. Nawet zakłady gastronomiczne sprzedają wymyślne podkoszulki i haftowane czapki, robiąc sobie w ten sposób reklamę. Interes kwitnie, a ja zarabiam nieźle pieniądze. Mogę sobie pozwolić na wręczenie pieniędzy pewnej kobiecie z naszej grupy, która ma dwójkę dzieci i nie stać jej nawet na bilet autobusowy. Dzięki swoim znajomościom mogę również którejś z samotnych matek załatwić lepszą pracę.

Poznaję interesujące kobiety, z którymi często spotykam się również prywatnie. Jedną z nich jest Hanni, która słucha chętnie moich afrykańskich historii, podczas gdy pokazuję jej kolekcję. Jest tak zachwycona moimi opowieściami, że za każdym razem radzi mi, żebym opisała swoje życie w książce. Śmieję się wtedy i mówię: „Hanni, po pierwsze nie potrafię, a po drugie pracuję na pełnym etacie, w dodatku mam córkę i prowadzę dom". Pomysł uważam za nierealny, lecz Hanni przez wiele miesięcy nie daje mi spokoju.

W połowie lutego 1994 roku otrzymuję kolejny list od Jamesa. Zaciekawiona, otwieram go i jak zwykle na początku czytam serdeczne pozdrowienia od całej rodziny. Potem James pisze, że był w Mombasie i odnalazł Lketingę, wychudzonego i w bardzo złym stanie. Lketinga miał mnóstwo kłopotów. Stracił już auto, ba, nie ma nawet porządnego ubrania! James musiał mu je kupić, zanim zabrał go do domu. Teraz Lketinga jest u mamy. Chce ponownie się ożenić, ale James nie uważa, żeby było to możliwe, gdyż Lketinga niewiele ma. Dalej pisze, że pieniądze, które przesłałam na konto misji, aby wypłacano je regularnie mamie, właśnie w tym miesiącu się skończyły. Mama ponownie dziękuje mi za długotrwałe wsparcie. Następnie James prosi o ponowne przesłanie pieniędzy, gdyż

mama ma problemy z oczami i musi pójść do lekarza. Napisze znowu, jak tylko będzie coś do opowiedzenia, szczególnie o Lketindze.
Jestem uspokojona, że Lketinga wreszcie, po tak długim czasie, znowu mieszka w domu. Jednocześnie przykro mi, że nic, ale to dosłownie nic, nie zostało z majątku, który mu zostawiłam. Mimo to mam nadzieję, że uda mu się coś wymyślić, by mógł się ponownie ożenić. Śmieszne, myślę sobie, niecałe dwa miesiące temu otrzymałam rozwód z Lketingą, po tym jak ponad trzy lata nic o nim nie słyszałam, a teraz nagle dowiaduję się o nim, i o tym, że myśli o małżeństwie. Jaki ten los bywa dziwny!

Czas upływa błyskawicznie. Większość weekendów mam zarezerwowaną dla przyjaciółek i ich dzieci. Teraz, w zimie, chodzimy często na łyżwy albo zjeżdżamy na sankach po stokach gór na skraju wioski. Sprawia nam to wielką przyjemność, szczególnie, gdy zapada zmrok. Potem siedzimy wszystkie w moim ciepłym mieszkaniu i plotkujemy, a dzieci bawią się na podłodze.
Pewnego dnia na początku wiosny dzwoni telefon. Jestem zaskoczona, bo słyszę głos Andrei, Niemki z długimi blond włosami. Kiedy kończy się urlop, ludzie często wymieniają się adresami, ale potem z reguły nie kontaktują się ze sobą. Andrea pragnie nas odwiedzić. Napirai bardzo się cieszy. Tydzień później Andrea zjawia się u nas, bez swojego przyjaciela. Wymieniamy się zdjęciami z urlopu i sporo sobie opowiadamy. Dowiaduję się, że nie jest szczęśliwa w swoim związku, gdyż jej towarzysz prawie nie ma dla niej czasu. Napirai proponuje, żeby częściej nas odwiedzała. Będzie robiła jej za to przepiękne fryzury. Andrea nie jest jej propozycją zbytnio zachwycona, przyrzeka jednak, że wkrótce znowu przyjedzie. Kilka tygodni później dotrzymuje słowa. Kiedy pytam ją, czy nie miałaby czasu i ochoty pomóc przy otwarciu interesu przyjaciołom, którzy są również moimi dobrymi klientami, od razu się zgadza. I tak oto pewnego wieczoru wspólnie zmagamy się z rozkręcaniem nowego przedsięwzięcia. Ten wieczór odmienia jej życie. Zakochuje się w pewnym mężczyźnie. Pół roku później przenosi się do Szwajcarii, a rok później wychodzi za mąż. Nadal jesteśmy dobrymi przyjaciółkami i ta przyjaźń później po raz kolejny diametralnie odmieni moje życie.

Na początku 1995 roku przychodzą dobre wieści od Jamesa. Pisze, że Lketinga ożenił się z młodą kobietą, która od razu zaszła w ciążę. Jestem niezmiernie szczęśliwa z tej nowiny. Lżej mi na duszy, że Lketinga znowu będzie ojcem. Jego żona to dziewczyna, która mieszkała niedaleko naszej *manyatty*. James prześle mi jej zdjęcie, jak tylko będzie miał możliwość pożyczenia gdzieś aparatu. Jestem bardzo ciekawa, która to. Jeśli mieszkała w pobliżu nas, na pewno ją rozpoznam. Tak bardzo się cieszę z powodu Lketingi, że bezzwłocznie odpowiadam na list, a także przelewam pieniądze, żeby mógł kupić sobie krowę z okazji ślubu. Jak też będzie wyglądało ich dziecko? Czy będzie podobne do Napirai? Na razie muszę poskromić swoją ciekawość i uzbroić się w cierpliwość. Nawet jeśli Jamesowi uda się zorganizować jakiś aparat fotograficzny, to i tak wywołanie filmu i zdjęć będzie trwało następne dwa miesiące.

Praca sprawia mi nadal wielką przyjemność, między innymi dlatego, iż moje obroty wciąż rosną. Wiosną pojawia się nowy współpracownik, który ma wzmocnić kierownictwo firmy. Już podczas pierwszego spotkania zauważam, że jest całkiem inny niż mój obecny szef i nie potrafię sobie wyobrazić, jak ci dwaj mają ze sobą pracować. Ale co mnie to może obchodzić? Pracuję, że tak powiem, niezależnie i rzadko zaglądam do firmy. Mam inne kłopoty. Napirai po wakacjach letnich ma pójść do przedszkola. Oznacza to, że muszę poszukać dla niej kogoś nowego do opieki, ponieważ jej dotychczasowa opiekunka nie mieszka w naszej gminie. I znowu mamy wielkie szczęście. Moja córka znajduje schronienie u pewnej rodziny, którą już zna. Nowi opiekunowie mają czwórkę własnych dzieci, dziewczynkę i trzech chłopców. Wkrótce Napirai czuje się u nich jak w domu, choć na początku musiała się mocno przestawić, aby wśród tylu dzieci znaleźć miejsce dla siebie. W tym samym roku moja matka i Hanspeter przeprowadzają się do naszej wioski.

W końcu nadchodzi wielki dzień – Napirai idzie po raz pierwszy do przedszkola. Dumna niesie swoją teczuszkę i wstęgę ze światłami odblaskowymi na piersiach. W przedszkolu wita się z nami pewna starsza dama, która przedstawia się jako przedszkolanka. Jest mnóstwo rodziców. Ponieważ jesteśmy jedyną niepełną rodziną, patrzą na nas raczej z ukosa, niż witają z otwartymi ramionami. Dzieci przyglądają się nam, a przede wszystkim Napirai, tak natarczywie, że moja córka czuje się nagle nieswojo. W żadnym wypadku nie chce, abym ją zostawiła samą. Takie zachowanie jest dla niej raczej nietypowe. Dzięki Bogu po kilku dniach przechodzi jej ta nieśmiałość.

Ostatnio zdarza się, że Napirai chce nocować u opiekunów albo u mojej matki, co ma taki skutek, że częściej mogę wychodzić wieczorem z domu.

I tak oto niejeden wieczór spędzam z Hanni. Najpierw idziemy coś zjeść, a następnie potańczyć. Wydaje mi się, że ta kobieta zna wszystko i wszystkich. Gdziekolwiek się pojawimy, zaraz spotyka znajomych i przedstawia mnie, najczęściej jako „tę z Afryki", co powoduje, że ludzie zarzucają mnie pytaniami. Minęło już pięć lat od mojego powrotu, a moja historia miłosna nadal wzbudza zainteresowanie. Hanni po raz kolejny psioczy, że powinnam wreszcie wszystko przelać na papier.

CHCĘ ZAPISAĆ SWOJĄ HISTORIĘ

Namowy Hanni powoli zaczynają mieć na mnie wpływ. Coraz częściej myślę o tym, żeby zapisać swoją historię. Pewnego wieczoru z ociąganiem biorę kratkowany blok i ołówek i zaczynam cofać się myślami o dziewięć lat. Przypominam sobie, jak na początku urlopu wylądowałam ze swoim ówczesnym partnerem, Markiem, w Mombasie i jak mnie natychmiast poruszyła aura tego miejsca. Miałam dziwne uczucie, jakbym po długim czasie wróciła wreszcie do domu. Wówczas nie mogłam tego jeszcze wiedzieć, ale pierwsze spotkanie z Lketingą poruszyło mnie tak głęboko, że wszystko, na czym zbudowałam swoje życie, zawaliło się w ciągu kilku sekund. Zobaczyłam go i moje dotychczasowe życie przestało cokolwiek dla mnie znaczyć. Czuję, oddycham tym wszystkim, jak gdyby wydarzało się to po raz drugi, a moja ręka zaczyna automatycznie przenosić te wrażenia na papier. Cała historia przelatuje mi przed oczami niczym film i ani sekundę nie muszę się zastanawiać, co mam napisać. Samo się pisze! Nie zauważam, jak mija czas. Dopiero gdy zaczynają mnie boleć palce, patrzę na zegarek i jestem przerażona – jest już dawno po północy. „O Boże, muszę już iść do łóżka! Jutro czeka mnie dzień pełen pracy" – mówię do siebie i kładę się ostrożnie obok śpiącej Napirai. Nie mogąc zasnąć, w myślach piszę dalej, aż wreszcie zapadam w sen.

Gdy następnego dnia po pracy odbieram córkę od matki, czytam jej pierwsze zapisane strony. Jest bardzo zaskoczona, ale i zachwycona. „Chcesz teraz napisać książkę?" – dopytuje się. Odpowiadam: „Nie, wcale nie, właściwie chcę tylko wszystko zapisać, żeby później Napirai mogła się dowiedzieć, z jak wielkiej miłości została zrodzona i dlaczego jej rodzicom mimo wszystko nie udało się pozostać razem. Gdyby coś mi się stało, nikt nie potrafiłby jej opowiedzieć o tym, skąd pochodzi". Matka szuka listów, które napisałam do niej z Afryki, i wręcza mi je, abym mogła odświeżyć pamięć.

W domu przygotowuję nam kolację, a następnie zajmuję się Napirai. O siódmej kładę ją do łóżka i pospiesznie załatwiam sprawy domowe. Nareszcie mam spokój i czas aby ponownie przeczytać zapisane poprzedniego dnia strony. Szybko znów się zanurzam w przeszłości i automatycznie piszę dalej. Widzę przed sobą Lketingę. Opisuję go jako wysokiego pięknego mężczyznę, mającego w sobie coś z kobiety, bardzo egzotycznego, z muskularną budową ciała i dzikimi, płonącymi oczami. Światło zachodzącego słońca nadaje szczególnego blasku jego brązowemu ciału, pomalowanej twarzy, długim czerwonym włosom, które zaplecione są w misterne warkoczyki. Ubrany wyłącznie w czerwoną chustę związaną na biodrach i kilka kolorowych sznurów pereł, robi wrażenie skromne, a jednocześnie poruszające. Kiedy to piszę, na nowo czuję podziw i pociąg.

Nagle dzwoni telefon. Wyrwana z przeszłości, podnoszę słuchawkę i odzywam się dość szorstko. To Madeleine, która pyta, czy może wpaść do mnie z butelką wina, żeby coś omówić. Normalnie ucieszyłabym się, dziś jednak nie chcę powracać do rzeczywistości. Słyszę, jak Madeleine mówi: „Hej, Corinne, co się z tobą dzieje? Nie jesteś sama? Przeszkadzam ci?". Nieco zawstydzona swoim zachowaniem, mówię: „Jasne, wpadaj, muszę coś ci pokazać". Wkrótce słyszę pukanie do drzwi i Madeleine wślizguje się do pokoju z promiennym uśmiechem i butelką czerwonego wina pod pachą. Gdy pyta, dlaczego jestem taka roztargniona, wyciągam zapisane kartki i zaczynam czytać na głos. Kiedy kończę, jest zafascynowana i mówi: „Dobre, rzeczywiście dobre! Lecz jak pomyślę o tym, ile będziesz potrzebowała czasu, aby to wszystko opisać, to sądzę, że wieczorami będziemy się już rzadziej spotykały. W każdym razie jestem ciekawa, co będzie dalej!".

W ciągu następnych dwóch, trzech miesięcy atmosfera w pracy tak drastycznie się pogarsza, że „stary" szef składa wymówienie i opuszcza firmę. Wiele osób, w tym również ja, czujemy się niepewnie. Wkrótce zaczynają panować w firmie nowe porządki. Pewnego razu przychodzę na zebranie i widzę, jak jedna z sekretarek zalewa się łzami. Innym razem słyszę głośną sprzeczkę. Z zamówieniami nie idzie już tak gładko i moi klienci zgłaszają pierwsze większe reklamacje. Ciągle mam nadzieję, że sytuacja wróci do normy. Ważniejsze jednak jest dla mnie teraz moje wieczorne pisanie. Z wolna staje się niemal nałogiem.

Pod koniec sierpnia znajduję w skrzynce pocztowej zaproszenie na zjazd maturalny klasy, który ma się odbyć w październiku. Cieszę się i jestem ciekawa, co właściwie wyrosło z tych wszystkich moich koleżanek i kolegów. Od ukończenia szkoły nikogo z nich nie widziałam. Szczególnie interesują mnie losy mojej ówczesnej przyjaciółki Therese. Gdy przybywam na umówione miejsce, wielu byłych uczniów i uczennic jest już obecnych. Na początku trochę mi wstyd, że prawie nikogo nie rozpoznaję. Czuję, że rzucam się nieprzyzwoicie w oczy w tym swoim eleganckim czarnym kostiumie ze skóry i z ognistoczerwonymi włosami. Inni wydają mi się bardziej stosownie ubrani. Po aperitifie idziemy do restauracji. Stoły ustawione są w podkowę, tak że około dwudziestu uczestników spotkania dobrze się widzi. Dopiero teraz odkrywam nowego przybysza. To przecież Markus! Siedzi obok naszej byłej nauczycielki. Jak wcześniej w szkole zabawia towarzystwo zuchwałymi powiedzonkami i zaraża wszystkich tym swoim wesołym, serdecznym śmiechem. Stał się atrakcyjnym mężczyzną. Już w trzeciej klasie bardzo mi się podobał. Ja natomiast byłam dla niego za wysoka i za chuda. Dlatego nie odpowiadał na moje romantyczne liściki, o czym dopiero później się dowiedziałam. Podczas posiłku rozmawia prowokacyjnie z naszym byłym nauczycielem o moim wyglądzie i krzyczy tak, żeby wszyscy słyszeli: „Corinne, taka jak jesteś, podobałabyś mi się już wcześniej!". Odpowiadam na to: „Sam sobie jesteś winien, przed dwudziestu pięciu laty miałeś swoją szansę!". Wiele osób się śmieje, niektórzy nie rozumieją żartu. Niestety, nie zjawia się moja dawna przyjaciółka Therese. Nie przybyło również paru kolegów, których chciałam spotkać. Po jedzeniu szybko tworzy się kilka mniejszych grupek, toczą się dyskusje, śmiejemy się, pijemy. U kobiet Markus cieszy się dużym wzięciem. Wygląda bardzo dobrze i potrafi zabawiać innych w dowcipny i przy tym inteligentny sposób. Ja również przysłuchuję się z zaciekawieniem jego opowieściom. Prowadzi biuro inżynieryjne, ożenił się i ma dwie córki. Prawdziwy wzór męża, myślę i trochę zazdroszczę tej nieznanej kobiecie, która może wspólnie iść przez życie z takim mężczyzną. Tego wieczoru budzi się we mnie marzenie, aby mój następny partner był tak samo promiennie wesoły, tak samo dobrze wyglądał i był tak samo pewny siebie jak Markus. Gdyby Markus nie miał żony, powiedziałabym mu otwarcie o tym, że go podziwiam. Tymczasem jednak tracimy siebie z oczu. Jeszcze długo po zjeździe klasy opowiadam z zachwytem swoim przyjaciółkom o tym spotkaniu.

Napirai wspaniale zaaklimatyzowała się w przedszkolu i w rodzinie opiekunów. Jest żywą, samodzielną dziewczynką, lecz mimo to straszna z niej przylepa. Często przytula się mocno cienkimi, długimi nogami i rękoma, gdy wieczorem zabieram ją do domu. Jest dla mnie słoneczkiem i całą treścią życia.

Powoli praca zaczyna sprawiać mi trudności. Nic nie funkcjonuje jak powinno. Często zmieniają się pracownicy. Wielu jest zwalnianych, a inni odchodzą sami, gdyż panująca atmosfera doprowadza ich do załamania nerwowego. Zastanawiam się, jak to dalej będzie. Od trzech lat jestem w tej firmie i stworzyłam dobrą sieć nabywców. Z taką wypłatą, jaką mam, mogę sobie pozwolić na coroczny urlop z córką i w sumie żyję całkiem nieźle.

Po Bożym Narodzeniu ruszam do pracy niechętnie i z niemiłym uczuciem. Jak zwykle po Nowym Roku najpierw jadę do siedziby firmy, aby złożyć wszystkim życzenia noworoczne i omówić najbliższe plany. Już kiedy wchodzę do budynku, czuję, że coś nie gra. Szef zwołuje zebranie wszystkich akwizytorów i informuje, że z firmą źle się dzieje, że będą redukcje etatów i że dotknie to również całą akwizycję. Siedzę tam i jakby mi ktoś dał w twarz. Nie ma jeszcze roku, jak zajmuję to stanowisko, a już firma jest zrujnowana i możemy pożegnać się z naszymi miejscami pracy? Pytam go, jak sobie wyobraża zdobywanie nowych zamówień bez akwizytorów. Na to on odpowiada bezczelnie, że większymi odbiorcami będzie się odtąd sam zajmował. Mali odbiorcy muszą się dopasować i sami przyjeżdżać do firmy. Ładnie to sobie wszystko wykombinował! Jestem zszokowana.

Na szczęście potrafię jeszcze na tyle przytomnie myśleć, żeby w miarę spokojnie porozmawiać o swoim wypowiedzeniu. Proponuję, że pojadę na umówione spotkania, choć nie będę zaczynała żadnych nowych interesów. Firma natomiast będzie mi wypłacała przez trzy miesiące wypowiedzenia uposażenie podstawowe. Przekonuję szefa, że nie ma nic gorszego jak przymus sprzedawania bez przekonania. Na koniec oboje jesteśmy szczęśliwi, że rozstajemy się w zgodzie.

W drodze do domu czuję się, jakbym dostała obuchem w głowę. Nie mogę uwierzyć, że tak szybko wszystko się w firmie zmieniło. Nie wiem, czy będę miała wystarczająco dużo sił i ochoty, aby po raz czwarty zacząć wszystko od początku. Mam wielką potrzebę porozmawiania z kimś zaufanym o całej tej sytuacji i zajeżdżam po drodze do mojej przyjaciółki Annelise. To właśnie ona wbija do komputera strony mojego manuskryptu i zawsze niecierpliwie czeka na następne. Ale nawet po tych odwiedzinach czuję się zmęczona i zdezorientowana. Jadę więc do matki, która wysłuchuje opowieści o moim kłopocie. Robi zatroskaną minę i jednocześnie pociesza: „Jak dotąd miałaś przecież zawsze mnóstwo szczęścia. Na pewno znowu ci się uda i znajdziesz jakąś inną pracę! Nie zniechęcaj się!". Po raz pierwszy nie jestem już tego taka pewna. Zaczynam myśleć rozżalona, że za każdym razem ktoś okrada mnie z moich pomysłów.

Teraz podchodzę do tego, co robię, bardziej na luzie i jestem szczęśliwa z każdej odfajkowanej wizyty. Niektórych klientów odwiedzam osobiście, aby się z nimi pożegnać. Wielu z nich jest zawiedzionych i zapowiada, że jeśli mnie nie będzie, przestaną zamawiać towar. W tym czasie szukam już nowej pracy i studiuję oferty w gazetach. Nie znajduję jednak nic, co by choć trochę przypominało poprzednią. Ostatnie dni przelatują jak z bicza trzasł i oto nagle zostaję bezrobotna. Nigdy nie uwierzyłabym, że coś takiego może mi się w Szwajcarii przydarzyć. Po sześciu latach, kiedy zawsze miałam pełny etat, po raz pierwszy nie pozostaje mi nic innego, jak zarejestrować się jako bezrobotna. Zgłoszenie się do siedziby gminy przychodzi mi z trudem. Jednak wbrew wszelkim moim obawom zostaję potraktowana grzecznie i przyjaźnie. Dowiaduję się, że muszę jeszcze odczekać jakiś czas i że pod koniec miesiąca dostanę 80 procent swoich średnich zarobków. Dodatek, jaki dostawałam na auto, nie będzie wliczany, tak więc umowa leasingowa obciąża mnie dodatkowo. Ale jakoś to będzie, mogę przecież ograniczyć swoje potrzeby. Nadal jeszcze jestem przekonana, że szybko znajdę zatrudnienie, chociaż nie mam pojęcia jakie. A tu jakby ktoś rzucił czary! Wygląda na to, że chwilowo na rynku pracy panuje zupełna posucha. Dwa ogłoszenia nie dają rezultatu, kosztują mnie za to sporo pieniędzy.

Gdy przeżyłam już pierwszy szok i odrzuciłam w kąt poczucie winy, że nic nie robię, rozkoszuję się w pełni wolnym czasem, który mogę teraz spędzać z Napirai. Z wielką przyjemnością gotuję dla nas obiady i wreszcie dowiaduję się z pierwszej ręki o wydarzeniach i historiach z przedszkola. Przedtem te wszystkie wielkie i małe sprawy docierały do mnie, jeśli w ogóle, to tylko przez opiekunkę. Oczywiście nie tracę z nią kontaktu. Jeśli mam rozmowy w sprawie pracy, Napirai, jak wcześniej, spędza czas u niej. Wciąż liczę, że szybko znajdę zatrudnienie. Jednak po dwumiesięcznym okresie bezrobocia nadzieje moje rozwiewają się i jestem coraz bardziej zniechęcona.

W tym czasie jedna z przyjaciółek daje mi adres pewnej wróżki, która stawia karty. Mimo że wcale nie jestem do tego przekonana i właściwie nie mogę sobie pozwolić na dodatkowe wydatki, idę do niej w nadziei, że dostanę jakąś wskazówkę dotyczącą mojej zawodowej przyszłości. Ma mniej więcej siedemdziesiąt lat i mieszka w małym, starym domu. W całym ogrodzie i na parapetach okien stoją krasnale. Widząc to, uśmiecham się pod nosem i wchodzę zgarbiona do niskiego pokoju, w którym pełno jest zdjęć, sztucznych kwiatów i innego kiczu. Siadam przy stole, naprzeciwko starej kobiety, zaciekawiona, co będzie się teraz działo. Wprawdzie podchodzę do tego wszystkiego mocno sceptycznie, jednak nie chcę zwyczajnie negować, dopóki nie wypróbuję. Kiedy wyciągam kartę, wskakuje mi na kolana rudy kot i mam wrażenie, że siedzę w chatce czarownicy. Ciągnę kartę jedną za drugą, a staruszka zaczyna objaśniać. Ani słowa nie mówię jej o sobie, a ona od razu wie, że sama wychowuję dziecko i że to potrwa jeszcze dłuższy czas. No tak, nie przyszłam tu przecież z powodu miłości. Chcę wiedzieć, jak będzie dalej z moją pracą i w jakim kierunku się to rozwinie. Rzuca wzrokiem kilka razy na karty i rzeczowo, lecz ze zdziwieniem odpowiada, że muszę mieć za sobą jakieś zwariowane zdarzenia związane z zagranicą, i one do dziś niezwykle mnie zajmują. Patrzy na mnie i pyta, czy pisuję dużo listów albo w jakiś inny sposób nie potrafię odciąć się od przeszłości. Krótko odpowiadam, że właśnie zabrałam się do opisywania życia, jakie prowadziłam z ojcem mojej córki w Afryce. „Chce pani napisać książkę?". „Tak, ale jeszcze nie wiem, czy chcę ją opublikować" – odpowiadam szczerze. Słucha mnie, jak mi się zdaje, bez większego zainteresowania, ponownie tasując karty i każąc mi znów kilka wyciągnąć. Nagle się ożywia: „Mogę tylko powiedzieć, że musi pani to koniecznie dalej robić! To będzie wielki sukces, tak, widzę nawet, że daleko poza naszymi szwajcarskimi granicami!". Ze śmiechem zauważam: „Pewnie, pewnie, może i tak będzie, ale do tego jeszcze daleka droga. A jakie mam perspektywy w najbliższej przyszłości?". „Wszystko będzie dobrze – odpowiada. – Tylko spokojnie, musi pani uzbroić się trochę w cierpliwość".

Wracając do domu, mam wrażenie, że jestem tak samo mądra jak przedtem. To z książką może być i prawdą, byłoby pięknie, ale najpierw muszę ją napisać do końca. Każdego wieczoru, gdy Napirai już śpi i nikt mi nie przeszkadza, zanurzam się w swoje wspomnienia i próbuję je zanotować. Ten rytuał staje się prawie przymusem wewnętrznym. W domu dzwonię od razu do Hanni, która z wielkim zainteresowaniem śledzi moje pisanie. Dzielę się z nią nowinkami od wróżki. Niezwykle ją to cieszy i śmiejąc się mówi: „Zobaczysz, jeszcze zrobią z tego film!". Zaczynamy się obie śmiać. Hanni poza tym brakuje moich zawodowych i prywatnych wizyt, a ja nigdzie nie wychodzę, bo muszę bardzo liczyć się z każdym frankiem, żeby nie popaść w długi.

Po trzymiesięcznym okresie bezrobocia podejmuję nową pracę, chociaż nie jestem do niej przekonana. Bądź co bądź jednak jest to lepsze od stania przed gminą w ogonku w każdy piątek z papierami bezrobotnej w ręce. Tym razem chodzi o rozprowadzanie ozdób do włosów po drogeriach i domach towarowych. Szybko się okazuje, że liczba klientów, jakich muszę odwiedzić, jest tak duża, że aby w pełni wywiązać się ze wszystkich obowiązków, muszę być poza domem aż do siódmej. Widuję swoją córkę najwyżej godzinę dziennie. Rzadko mam teraz czas, aby w ogóle zjeść porządny obiad, i wkrótce wyglądam znowu na chorą, jak to z troską zauważa moja matka. Jeszcze podczas okresu próbnego rezygnuję z tej pracy. Brakuje mi sił.

Poza tym wieczorne pisanie coraz bardziej daje mi się we znaki, gdyż boleśnie przeżywam wiele dawnych sytuacji. Zdarza się, że po opisaniu jakiejś swojej choroby czuję się kiepsko i jestem naprawdę chora. Innym znów razem muszę przerywać pisanie, bo oczy mam pełne łez. Od czasu do czasu robię przerwę na kilka wieczorów, aby zebrać siły. Po mniej więcej ośmiu miesiącach powoli zbliżam się do końca. Nie mam jednak jeszcze dokładnego wyobrażenia, na czym skończę.

W najnowszym liście James dziękuje za zdjęcia Napirai. Mama i Lketinga byli bardzo smutni, gdy je oglądali. Stale za nami tęsknią. W liście znajduje się fotografia żony Lketingi. Od razu ją rozpoznaję – jako dziewczynka często kupowała u nas w sklepie cukier albo mąkę kukurydzianą. Była bardzo spokojna i raczej nie rzucała się w oczy. Cieszę się, przede wszystkim dlatego, że – jak pisze James – Lketinga rzeczywiście nie bierze teraz do ust żadnego alkoholu. Obiecują, że mi prześlą zdjęcie dziecka Lketingi. Jest to dziewczynka i liczy sobie już dziesięć miesięcy. Z długiego listu dowiaduję się również o mniej przyjemnych sprawach. Żona starszego brata Lketingi, mama Saguna, przebywa już od trzech miesięcy w szpitalu i ma duże problemy ze zdrowiem. Nie wypuszczą jej do domu, dopóki nie zostanie zapłacony rachunek za pobyt. W dodatku mają dług u Somalijczyków za transport chorej z Barsaloi do Wamby. Wyobrażam sobie, że z pewnością była to sprawa życia lub śmierci, gdyż zanim tam ktoś skorzysta ze szpitala, pacjent jest bardziej martwy niż żywy. Najpierw próbuje się wszelkich możliwych metod medycyny ludowej, czego sama doświadczyłam.

Moja teściowa przebywa teraz w chacie brata Jamesa z pięciorgiem dzieci i noworodkiem i brakuje im jedzenia. James prosi mnie ponownie o pomoc finansową, co bardzo mnie martwi. Po raz pierwszy nie mogę im pomóc, gdyż przez brak pracy sama nie mam pieniędzy. Na szczęście nie muszę dwa razy prosić Hanspetera i mego starszego brata o pomoc.

Ponowne bezrobocie nie obciąża mnie tym razem tak drastycznie. W trakcie ostatniej mojej pracy dotarło do mnie, że miałabym ochotę zajmować się sprzedażą czegoś zupełnie nowego, bardziej znaczącego. Mając 36 lat, mogłabym również zdobyć jakieś dodatkowe wykształcenie. Codziennie przeglądam gazety.

Jednocześnie jestem zajęta przygotowaniem Napirai do jej pierwszego dnia w szkole. Jakżeż szybko mija czas! Moja córka idzie już do szkoły i zaczyna się dla niej poważne życie. W plemieniu swego ojca szłaby zapewne teraz drogą pod piekącym słońcem ze stadem kóz. Jej piękne włosy zostałyby zgolone brzytwą i miałaby na sobie tylko *kangę*, a na szyi pierwsze ozdoby. O nie, jestem naprawdę szczęśliwa, że stało się inaczej.

Pierwszego dnia matka i ja prowadzimy dumnie Napirai do szkoły. Wygląda przepięknie z tą swoją brązową skórą, w ślicznej letniej sukieneczce i z długimi do ramion kręconymi włosami. Podniecona, wyciąga swoje rzeczy z kolorowego tornistra, kładzie wielobarwne etui na pulpicie i przysłuchuje się z zaciekawieniem młodej, sympatycznej nauczycielce, która w dodatku ma długie blond włosy, co Napirai nadal fascynuje. Szybko ja i matka przestajemy być dla niej ważne i po dobrej godzinie wycofujemy się ukradkiem.

W ostatnim czasie piszę jak opętana o swojej przeszłości i wypełniam zdaniami stronę po stronie. Pewnego wieczoru opisuję wreszcie, jak pięć i pół roku temu siedziałam z Napirai w autobusie z Mombasy do Nairobi i błagałam Lketingę, aby w końcu podpisał przygotowany przeze mnie świstek papieru, z oświadczeniem, że zgadza się na nasz trzytygodniowy wyjazd. Nagle czuję, że zaczynam się cała trząść, i mam wrażenie, jakby w piersiach coś mnie straszliwie uciskało. Wyraźnie słyszę, jak kierowca autobusu daje sygnał klaksonem, i wydaje mi się, że dobiega mnie głos Lketingi, który ze smutkiem i niepewnością mówi: *I don't know, if I see you and Napirai again.* Nie wie, czy jeszcze kiedyś zobaczy mnie i Napirai. Następnie dwoma susami wyskakuje z autobusu. Ruszamy w drogę i dopiero gdy trzymam w rękach podpisany papier i niemo żegnam się wzrokiem z wszystkim, co przesuwa się za oknem, ciekną mi po twarzy łzy.

Po tych ostatnich zdaniach rzucam ołówek i blok daleko w kąt i zanoszę się płaczem. Drżę na całym ciele. W tym momencie już wiem: nie dam rady napisać ani jednej linijki więcej! Obejmuję się ramionami, jakbym szukała oparcia, i mam wrażenie, że spadam do głębokiej dziury. Płaczę za ukochaną Kenią, płaczę z powodu zniszczonych marzeń o wielkiej miłości, wszystkiego pięknego i straszliwego, co dane mi było przeżyć w tym niemalże nierzeczywistym świecie.

Nagle staje przede mną zaspana i przestraszona mała Napirai i pyta ze łzami w oczach: „Mamo, dlaczego tak płaczesz? Czy zrobiłaś sobie krzywdę? Przecież ty nigdy nie płaczesz!". Przyciągam ją do siebie, sadzam na kolanach i mocno przyciskam, próbując jednocześnie mówić, co nie bardzo mi się udaje, gdyż ciągle zachłystuję się powietrzem. „Nie zrobiłam sobie krzywdy, mój skarbie. Pewnie płaczę dlatego, że nie udało mi się być szczęśliwą z twoim tatą". „Ale masz przecież mnie!" – odpowiada, łkając, moje dziecko. Próbuję ją pocieszać i długo głaszczę po plecach, aż w końcu się uspokaja. Potem kładę ją do naszego łóżka i obiecuję, że więcej nie będę płakała. Wróciwszy do pokoju, spoglądam na zegarek i z przerażeniem stwierdzam, że jest już po drugiej w nocy. Musiałam prawie przez trzy godziny być pogrążona w rozpaczy. W życiu bym nie pomyślała, że moja afrykańska historia tak mnie kiedykolwiek ponownie poruszy. Byłam pewna, że ten fragment życia mam już za sobą. Wygląda jednak na to, że wszystko tylko stłumiłam w sobie.

Od lat tak nie płakałam i teraz powoli zaczyna ogarniać mnie głęboki spokój; czuję się zupełnie wycieńczona i jak odurzona.

Postanawiam jak najprędzej oddać ten ostatni blok Annelise do przepisania na komputerze, abym mogła wreszcie zakończyć całą sprawę. Ponieważ pisałam, siedząc na podłodze, wszystko mnie teraz boli. Ale skończyłam! Nasza historia jest zapisana na papierze. Z tą uspokajającą myślą wreszcie zasypiam. Rano, gdy przygotowuję dla Napirai śniadanie, ledwo widzę przez zapuchnięte oczy. Przyrzekam jej, że dzisiaj ugotuję dla nas coś bardzo smacznego i że do obiadu znowu będę wyglądała radośnie.

Kilka dni później Annelise przynosi mi dziesięć ręcznie zapisanych bloków, a także wydruk komputerowy. Teraz te cztery lata, jakie spędziłam w kenijskim buszu, leżą przede mną w segregatorze. Nie posiadam się ze szczęścia. Stukamy się kieliszkami za powodzenie ewentualnej książki i przyrzekam Annelise, że jeśli się w ogóle ukaże, dostanie ode mnie w nagrodę wspaniały urlop. Informuję rodzinę o moim „dziele" i Eric proponuje, że powieli wszystko kilka razy, abym mogła powysyłać do różnych wydawnictw.

NAUCZYĆ MOŻNA SIĘ WSZYSTKIEGO

Jak zwykle przeglądam gazetę z ogłoszeniami o pracy i nagle mój wzrok przykuwa anons. Poszukiwana jest kobieta między 24. a 30. rokiem życia, mająca wiedzę z zakresu stomatologii, do rozprowadzania wysokowartościowych produktów wśród dentystów. Mile widziane, lecz niekonieczne, jest doświadczenie w akwizycji. Zapewnione są oczywiście dobre zarobki i samochód służbowy. Przy powtórnym czytaniu myślę sobie: To jest dokładnie taka praca, jakiej chciałam. Nauczyć można się wszystkiego, a doświadczenie, jakie zdobyłam podczas pracy w akwizycji, jest atutem, który mogę rzucić na szale. Poza tym, jaki dentysta kupi coś od dwudziestoczteroletniej kobiety? Z takim nastawieniem melduję się w biurze pośrednictwa. Po tygodniu mam wyznaczony termin rozmowy wstępnej. Z odpowiedzialnym za pertraktacje mężczyzną przeglądamy mój życiorys i wygląda na to, że szczególne wrażenie robi na nim mój pobyt w Kenii. Następnie mam godzinę na wypełnienie komputerowego testu. Żegnając się, mężczyzna informuje mnie, że muszę poczekać na wiadomość, czy przejdę do następnej rundy. Bądź co bądź zgłosiło się ponad osiemdziesiąt osób. Gdy słyszę tę liczbę, przestaję sobie robić wielkie nadzieje.

Przez kolejne dni zachodzę do pewnej księgarni, aby zasięgnąć języka o wydawnictwach, do których mogłabym ewentualnie wysłać swój manuskrypt. Sensowne wydaje mi się tylko jakieś duże, gdyż nie mam najmniejszej ochoty rozpowszechniać historii swego życia dla nędznych kilkuset egzemplarzy. Jeśli już, to niech książka ukaże się na niemieckim rynku, a wtedy Szwajcaria będzie automatycznie załatwiona. Z kartką pełną adresów natychmiast przystępuję do nawiązywania kontaktów z różnymi wydawnictwami. Rozczarowanie przychodzi dość szybko. Po krótkim ustnym opisie swojej historii otrzymuję, już przez telefon, szereg odpowiedzi odmownych. Znajduję jednak kilka wydawnictw, które wyrażają zgodę, abym przesłała maszynopis, między innymi Lübbe, Scherz, Knaur i Heyne. Kopiuję kilka swoich fotografii z Afryki, które wywierają najmocniejsze wrażenie, i piszę dodatkowo list, w którym powołuję się na rozmowę telefoniczną. Na koniec do listu dołączonego do przesyłki podczepiam swoje najnowsze zdjęcie, pakuję wszystko razem i wysyłam pełna oczekiwań. Na odpowiedź przyjdzie mi czekać od jednego do trzech miesięcy.

Otrzymuję zaproszenie na kolejną rozmowę w biurze pośrednictwa pracy. Budzi się we mnie ponownie nadzieja. Jeśli udało mi się zrobić ten krok do przodu, to widać moje szanse nie wyglądają wcale tak źle. Rozmawiam po raz kolejny ze znanym sobie już panem. Komentuje wyniki testu, które, jak widać, zrobiły na nim wrażenie. Pyta, czy byłoby możliwe, abym od czasu do czasu wyjechała na jakieś dziesięć dni za granicę na dodatkowe szkolenie. Naturalnie przytakuję. Na zakończenie rozmowy pyta nieco zakłopotany, czy przyszłoby mi z trudem przefarbować swoje rude włosy na jakiś bardziej neutralny kolor, gdyż dentyści są po części mocno konserwatywni, tak samo jak szef, który chciałby poznać mnie jak najszybciej. Reaguję śmiechem i mówię: „Widzi pan, dotychczas z takim kolorem włosów byłam wszędzie dobrze przyjmowana i skutecznie sprzedawałam. Rude włosy są moim znakiem firmowym, należą do mojej osobowości. Nie sądzę, aby trochę farby wniesionej w utarte schematy mogło komuś zaszkodzić". „W porządku, zrozumiałem, zobaczymy, jak to będzie – odpowiada. – Wyznaczę pani termin spotkania, ale mamy jeszcze ośmiu innych kandydatów". Dziękuję i opuszczam budynek. Ponieważ bardzo chcę dostać tę pracę, zatrzymuję się przy kościele, zapalam świeczkę i klękam do modlitwy.

Po kilku dniach znajduję w skrzynce pocztowej zaproszenie na wizytę w firmie dentystycznej. Jest to nowoczesny zakład farmaceutyczny z dużymi pomieszczeniami. Już kiedy wchodzę do budynku, zauważam, że czuję się tu dobrze, a początkowe lekkie zdenerwowanie zupełnie znika, zanim docieram do szefa. Jest kilka lat starszy ode mnie i robi sympatyczne wrażenie. Spokojny, prawie nieśmiały. W niebieskim klasycznym kostiumie, ze wzrostem metr osiemdziesiąt i rudymi włosami działam na niego, jak się zdaje, nieco przytłaczająco. Podczas rozmowy rozluźnia się jednak dość szybko i zaczyna się uśmiechać pod nosem, słuchając mego opowiadania. Mam wrażenie, że się rozumiemy. Po godzinie wydaje wyrok. Pełna energii i z nietuzinkowym życiorysem, jestem dla niego odpowiednią osobą. Potrzebna jest jednak jeszcze decyzja „Big Bossa", który mocno zainteresowany jest dwiema innymi kandydatkami, ponieważ wywodzą się z branży dentystycznej. Ewentualnie będę musiała jeszcze z nim porozmawiać. Ta rozmowa odbywa się dwa dni później. „Big Boss" jest niskim, szczupłym mężczyzną, co z pewnością nie polepsza mojej sytuacji. Ledwo siadamy, już torpeduje mnie pytaniami w stylu: „Dlaczego uważa pani, że właśnie pani nadaje się do tej roboty? Gdzie widzi pani siebie za dziesięć lat? Jak to jest z pani wytrzymałością i odpornością; mam na myśli pracę, dziecko, wykształcenie i tak dalej?". Po dwóch godzinach krzyżowych pytań kończy przesłuchanie, mówiąc, że za jakiś tydzień otrzymam wiadomość. Muszę być też gotowa na ewentualną dodatkową rozmowę. Podnoszę się z miejsca, spoglądam na obu mężczyzn i mówię z pełnym przekonaniem: „Bardzo bym się cieszyła, gdybym mogła pracować u państwa, myślę jednak, że właściwie wszystko zostało już omówione, a widzieć to mnie pan już widział. Z tego, co wiem, jestem ostatnią z trzech kandydatek, którą chciał pan sprawdzić. Oczekuję od pana odpowiedzi do poniedziałku, gdyż mam jeszcze inne propozycje. Liczę na zrozumienie i życzę panom udanego weekendu". Następnie ściskam każdemu dłoń i wychodzę. Nie jestem pewna, czy moje wystąpienie było mądre, ale trzeba nieraz umieć postawić wszystko na jedną kartę!

Jest krótko przed południem, jadę więc do pracy do Hanni, aby spędzić z nią przerwę obiadową. Ponieważ jest piątek, postanawiamy, że wieczorem pójdziemy znowu gdzieś na tańce. Kiedy jadę do domu, dzwoni komórka i zgłasza się mój przyszły szef: „Gratuluję, pani Hofmann, udało się pani przekonać naszego «Big Bossa»! Teraz musi pani pokazać, co potrafi! Pierwszego listopada zaczyna pani u nas". Kompletnie zaskoczona, odpowiadam ze śmiechem: „O, a to świetnie! Naprawdę bardzo się cieszę i dam z siebie wszystko". „Wiem" – odpowiada, również się śmieje i obiecuje, że w najbliższych dniach prześle mi umowę. I znowu mi się udało! Z osiemdziesięciu kandydatów wybrano właśnie mnie. Nie posiadam się ze szczęścia. Nie dość, iż skończyło się moje bezrobocie, to jeszcze znalazłam dobrze płatną i interesującą pracę.

Cała w skowronkach wracam do domu. W skrzynce pocztowej znajduję pierwszy odesłany maszynopis i dołączone do niego krótkie pismo: „Z podziękowaniem zwracamy. Nie widzimy żadnej możliwości wydania w naszym wydawnictwie".

Przeglądam maszynopis i mam wrażenie, że nikt nawet nie zadał sobie trudu, aby zajrzeć do środka. Wszystkie kartki wyglądają tak, jakby wyszły właśnie spod drukarki, jakby ich wcale nie czytano. Nawet mój list leży nadal na wierzchu! Nie przejmuję się tym. Właśnie dostałam świetną pracę i na pewno nie zmienię jej w następnych latach. Wolno mi wyszukać sobie służbowe auto, dostanę hojne rozliczenie kosztów, dobrą wypłatę i udział w obrocie. Z czegoś takiego to ja tak szybko nie zrezygnuję, myślę sobie i wynoszę odesłany maszynopis do piwnicy.

Zanim pierwszego listopada zaczynam swoją nową pracę, jeden po drugim wracają wysłane pakiety, wszystkie z podobnym uzasadnieniem. Jedno z wydawnictw pisze nawet: „brakuje napięcia"! To sformułowanie wprawia mnie w osłupienie. To ja przeżyłam

z wszystkimi wzlotami i upadkami nieziemską miłość w najgłębszym buszu, wydałam w zwariowanych warunkach córkę na świat,
opisuję niebezpieczne sceny w buszu z bawołami i słoniami i awa-
riami samochodu, które niemalże kosztowały mnie życie, nie
wspominając już o kobiecie, która w moim aucie na moich oczach
wyciągała sobie z wnętrzności martwe dziecko, tak że o mało nie
oszalałam. Tak, ileż to jeszcze panowie redaktorzy chcą mieć tego
napięcia! – pytam siebie samą, chowając wszystkie maszynopisy.
    Właściwie jestem całkiem szczęśliwa, że tak się stało. Kto wie,
czym taka publikacja mogłaby się skończyć. Wiedzie mi się tak dobrze, jak dawno mi się nie wiodło. Mam inteligentną, ładną córkę
i interesującą pracę. Po tym jak przelałam na papier swoją afrykańską historię, czuję, że powoli się zmieniam i zaczynam mieć do życia inny stosunek. To była dla mnie pewna forma terapii. Tylko bóle pleców przypominają mi prawie codziennie o maszynopisach, le-
żących dwa piętra niżej.

    Zaczyna mi być za ciasno w naszym małym mieszkaniu. Myślę,
że siedmioletnia Napirai potrzebowałaby własnego pokoju. Przy
okazji będę musiała zatroszczyć się o większe mieszkanie, zwłaszcza że mogę sobie teraz na to pozwolić. Nie mam również prawie
w ogóle czasu dla grupy matek samotnie wychowujących dzieci
i pewnego dnia dowiaduję się, że została rozwiązana. Nadal jednak
utrzymuję intensywny kontakt z dwiema kobietami z grupy.
    Powoli wdrażam się do pracy, ponieważ potrzebny mi jest czas na
poznanie wszystkich produktów i ich zastosowania. Dwaj pozostali akwizytorzy są wykształconymi technikami dentystycznymi
i pracują od ponad dziesięciu lat w tej firmie. Nawet wieczorami
studiuję książki i prospekty, i niekiedy mam wrażenie, że nigdy nie
nauczę się tych wszystkich skomplikowanych nazw i przykładów.

    Ponieważ plecy nie przestają mnie boleć, wykorzystuję pewnego
wolnego dnia talon na masaż, jaki przed trzema miesiącami dostałam
na urodziny od swojej niemieckiej przyjaciółki Andrei. Kiedy leżę
na łóżku, masażystka pyta mnie, czy jestem tą kobietą z Afryki, która napisała książkę. Wygląda na to, że Andrea wiele o mnie opowia-
dała. Masażystka chciałaby wiedzieć, kiedy książka się ukaże. „Naj-

prawdopodobniej nigdy, gdyż jak dotąd nie zainteresowało się nią żadne wydawnictwo" – udzielam odpowiedzi. „Ale to musi zostać opublikowane" – mówi energicznie i pyta, czy ma się dowiedzieć u zaprzyjaźnionego księgarza o adresy wydawnictw, które by się do tego nadawały. Przytakuję z odrobiną wątpliwości. Kilka dni potem rzeczywiście otrzymuję kartkę z czterema adresami różnych małych wydawnictw. Nie jestem zdecydowana, czy mam się tam zgłosić. Pod naciskiem kilku przyjaciółek dzwonię wreszcie do pierwszego wydawnictwa. Wyjaśniają mi, że publikują wyłącznie książki autorów zagranicznych. Gdyby więc mój mąż napisał tę książkę, mogliby teoretycznie być zainteresowani. Następnie dzwonię do wydawnictwa A1 Verlag w Monachium. – Śmieszna nazwa – myślę, kiedy słyszę męski głos. Mężczyzna wysłuchuje cierpliwie mojej historii, a następnie chce wiedzieć, jak to się stało, że dzwonię właśnie do nich. Na koniec długiej rozmowy prosi mnie, abym przesłała mu maszynopis do recenzji. Gdy zanoszę paczkę na pocztę, postanawiam, że po raz ostatni wydaję tyle pieniędzy na znaczki. Minie jeszcze prawie pół roku, zanim wreszcie dostanę odpowiedź.

Pierwsze dni w akwizycji są bardzo przyjemne, ponieważ podróżuję z jednym z dwóch kolegów. Przysłuchuję się mu z zainteresowaniem i obawą, że z pewnością potrwa to całe lata, zanim będę umiała tak samo dobrze i wyczerpująco wszystko objaśnić. W styczniu 1997 roku zostaję wysłana na tygodniowe przeszkolenie do Niemiec. Chodzi o poznanie i zastosowanie dziesięciu produktów z naszego asortymentu, obejmującego łącznie jakieś sto artykułów. Szkolenie jest wyczerpujące, ale pouczające. Podczas gdy uczą mnie, co jest zbędne albo czego nie można zrobić, by zastąpić uszkodzone zęby, uzupełnić je albo nawet wyprostować całe uzębienie, chce mi się w duchu śmiać na myśl o mojej afrykańskiej rodzinie. Szeroko rozstawione lub wystające zęby, które u nas, Europejczyków, uważa się za oszpecenie i, jeśli tylko możliwe, prostuje się za masę pieniędzy, w ich plemieniu uważane są za ideał piękna. Wszystkim Masajom brakuje także dwóch środkowych dolnych siekaczy. Te usuwają sobie dzieci w wieku siedmiu- dziesięciu lat, najczęściej same. Używają do tego ostrza noża albo gwoździa, które wsuwają pod dziąsło, a następnie tak długo uderzają w nie kamieniem, póki zakrwawiony ząb nie wypadnie. Potem są bardzo dumne z dokonanego czynu, a dorośli nie szczędzą im pochwał. Dlaczego każdy z członków plemienia poddawał się temu rytuałowi, nie jest dla mnie całkiem jasne. To musi być związane ze strachem przed uduszeniem, który towarzyszy niektórym chorobom. Co kraj to różne podejście do zębów.

Po powrocie do Szwajcarii muszę ruszać samodzielnie w trasę. Kiedy próbuję umówić się telefonicznie na wizyty, nic z tego nie wychodzi. Prawie wszędzie słyszę to samo: „Mamy już swoje produkty, ale może nam pani przesłać prospekty, szef i tak nie ma czasu". Albo: „Niepotrzebni nam nowi akwizytorzy, od lat pracujemy z tymi, których już dobrze znamy". Jeśli tak, to muszę wybrać się tam osobiście. Jednak przy tym rodzaju klientów nie jest łatwo dotrzeć do odpowiedniej osoby. W gabinetach dentystycznych najczęściej słyszę pytanie: „Jest pani umówiona na wizytę?". Niekiedy odnoszę wrażenie, że te damy stoją jak mur za kontuarem, jakby musiały chronić przede mną swego szefa. Od czasu do czasu zdarzają mi się również miłe sytuacje, kiedy to na przykład jestem pytana, czy miałabym ochotę na kawę, bo szef dopiero za dziesięć minut znajdzie dla mnie chwilkę. Wtedy jestem radosna i jednocześnie pełna nadziei, że będę umiała odpowiedzieć na pytania, jakie padną. W żadnej dziedzinie nie czułam się tak niepewnie jak w tej. Z każdym nawet najmniejszym zamówieniem rośnie jednak we mnie pewność siebie.

Gdy pewnego późnego popołudnia wracam do domu, w mojej skrzynce leży kolejny list od Jamesa. Zawsze cieszę się, gdy po kopercie poznaję, że list jest z Kenii. Ten napisany został 5 stycznia 1997 roku.

Witam, Corinne i Napirai!

Pozdrawiam Was, Bóg niech będzie z Wami. Modlę się, abyście przeżyły ten nowy rok 1997 i cieszyły się nim. Tutaj, w Kenii, nie mamy już pokoju. Każdego dnia ludzie walczą. Wielu Turkana i Samburu ma broń. Czegoś takiego jeszcze nigdy nie przeżyliśmy. Między 24 grudnia a 3 stycznia odbyła się wielka bitwa między plemionami. Dotknięte nią zostały *Baragoi, Marti, Barsaloi, Opiroi i wiele innych miejsc. Zabito wielu ludzi, jedenastu w Barsaloi, z mojej rodziny dwóch, jedną dziewczynkę i jednego starszego mężczyznę, nikogo jednak z naszego* kraalu. *Ukradziono nam wszystkie zwierzęta: kozy, krowy, wielbłądy, nic nie zostało. Wszyscy ludzie uciekli i żyją obecnie w Maralalu. W wioskach Barsaloi, Baragoi i Opiroi już nikt nie mieszka. Ludzie żyją jak uciekinierzy, nie mają nic do jedzenia. Nie mamy również wystarczająco dużo miejsca w Maralalu. Za mało jest domów, w których można by zamieszkać. Myślę, że wielu ludzi umrze z biedy. Zajęcia szkolne się nie odbywają, gdyż ludzie pouciekali. Także szkoła w Maralalu stoi teraz pusta. Być może słyszałaś w radiu albo czytałaś w gazecie, że przybyli helikopterami bandyci i zabili szefa dystryktu i dwóch policjantów. Czas między Bożym Narodzeniem a Nowym Rokiem był dla nas bardzo trudny. Dlatego nie wyprawialiśmy świąt. Nasza rodzina żyje teraz niedaleko Maralalu w pobliżu szkoły. Mam nadzieję, że jeszcze pamiętasz, gdzie to jest. Nikt z nas nie ma domu czy zwierząt i żywimy się tym, co dostajemy od innych ludzi.*

Corinne i Napirai, mam nadzieję, że wiedzie Wam się dobrze. Pomóżcie, proszę, nam przez moje konto, abyśmy mogli kupić sobie coś do jedzenia. Jeśli będę miał możliwość pojechać do Barsaloi, prześlę Ci zdjęcia z pewnej ceremonii, która odbyła się w zeszłym miesiącu. Ludzie jednak nadal tam walczą i nie ma pokoju w dystrykcie Samburu. Wszyscy ludzie uciekają.

Życzę Tobie i Napirai, i Twoim wszystkim przyjaciołom szczęśliwego Nowego Roku. Niech Bóg da wam pokój i dobre życie.

Twój James

> *Wszyscy z rodziny pozdrawiają Ciebie i Napirai*

Kiedy pomyślę, jak źle wiedzie się teraz tym ludziom, przebiega mnie dreszcz. Kochana mama musiała uciekać do Maralalu, ona, która w całym swoim życiu tylko raz była w tym małym miasteczku. Nigdy nie chciała, abym zabrała ją tam autem, gdyż miejskie życie napełniało ją przerażeniem. Kochała to swoje Barsaloi i poza momentami, kiedy jakaś ceremonia wymagała przenosin w inne miejsce, żyła zadowolona wyłącznie wokół swojej *manyatty*. A teraz coś takiego! Z pewnością musieli uciekać przez niebezpieczną dżunglę Lorroki, i to z mnóstwem małych dzieci. Kiedy wyobrażam sobie losy mojej rodziny Samburu, staje się dla mnie w jednej chwili jasne, że gdyby mój związek z Lketingą był udany, dzieliłabym tam z nimi ten ciężki los. Pewnie opadłabym całkowicie z sił. Myśląc o tym, odczuwam wielką ulgę, że mieszkam w bezpiecznej Szwajcarii. Równocześnie jednak czuję się silnie związana z tamtymi ludźmi. Że też coś takiego musi zawsze spotkać tych, którzy i tak skromnie żyją! Od razu jadę do banku, aby przelać im większą sumę pieniędzy na zakup żywności i kóz, i modlę się za nich. Jednocześnie wrzucam na poczcie list, w którym dodaję im otuchy.

Na początku marca jadę ponownie na szkolenie, tym razem do Holandii. Nowa paleta produktów imponuje mi i od samego początku czuję, że będę ją potrafiła sprzedać. Podekscytowana wracam z Holandii i pragnę szybko wykorzystać swoją wiedzę w praktyce. Ponieważ jednak do tego potrzebne jest, aby dentyści poświęcili mi kilka minut uwagi, zmieniam swoją taktykę. Nie mam zamiaru, aby odsyłano mnie z kwitkiem już przy rejestracji. Odwiedzam więc w jakimś dowolnym mieście wszystkich dentystów i próbuję na najbliższe dni ustalić terminy wizyt. Ponieważ mamy atrakcyjne ceny promocyjne, udaje się to w prawie połowie gabinetów, jakie odwiedzam. Mój terminarz zapełnia się i po pół roku przychodzi z wolna sukces.

Pewna sąsiadka opowiada mi o mieszkaniu w nowym budynku w naszej wsi, które jest jeszcze wolne i można je obejrzeć. Pomimo że czynsz wydaje mi się zbyt wysoki, oglądam je. I naturalnie staje się to, co stać się musiało! Mieszkanie jest najpiękniejsze z wszystkich, jakie w ostatnim czasie widziałam. Ma duże okna, jest rozkładowe i bardzo obszerne. Jestem zachwycona, mimo że wszystko oglądam przy świetle latarki, gdyż prąd nie został jeszcze podłączony. Wysokość czynszu staje się nagle nieważna i w jednej chwili podejmuję decyzję. Na szczęście dostaję zapewnienie, że otrzymam to wymarzone mieszkanie. Wprowadzamy się już pierwszego kwietnia. Pożegnanie z dawnym otoczeniem przychodzi nam jednak z wielkim trudem. Dziewczynki z sąsiedztwa stworzyły zgraną paczkę, a i ja czułam się dobrze w towarzystwie swoich sąsiadów.

Zaaklimatyzowanie się w nowym miejscu nie przychodzi nam wcale tak łatwo. Napirai spała dotychczas przy mnie, a teraz po raz pierwszy w życiu ma własny pokój. Zamiast spać wieczorem, woła co pięć minut: „Mamo, jesteś tam jeszcze? Nie słyszę cię i nie widzę! Mamo, wolałabym wrócić do naszego starego mieszkania!". Ale i te problemy rozwiążą się po kilku tygodniach i rozkoszuję się naszym domostwem jak drogocennym klejnotem. Siedząc wieczorami przed kominkiem, oddaję się marzeniom i wiele myślę o Afryce. Widok ognia nadal budzi we mnie obrazy z przeszłości. Widzę, jak kucam na ziemi przy ognisku i przyrządzam prosty posiłek albo jak gotuję herbatę dla Lketingi i jego przyjaciół, wojowników. Ciągle jeszcze doznaję tego przyjemnego uczucia z naszej *manyatty*, która pomimo całej swej prostoty dawała mi schronienie przed gorącem, zimnem, deszczem i dzikimi zwierzętami. Staje się dla mnie jasne, że w żadnym z moich szwajcarskich mieszkań, jakkolwiek piękne by one były, nie miałam podobnego uczucia pewności i bezpieczeństwa. Ale muszę też przyznać, że znowu chętnie korzystam z luksusu. A przecież miałam zamiar po powrocie mieć w życiu tylko to, co niezbędne. Dzisiaj kupiłam nowoczesne wyposażenie do domu. Rzadko teraz odwiedzam sklepy z używaną odzieżą, a poza tym gromadzę przedmioty, które zupełnie nie są mi potrzebne. Udało mi się osiągnąć poziom życia, jaki miałam przed wyjazdem do Afryki, i mimo pewnych wątpliwości jestem z tego bardzo dumna.

Napirai szybko nawiązuje kontakty z dziewczynkami mieszkającymi w naszej nowej okolicy, i pomału rozwiązują się stare związki. U opiekunów wciąż czuje się jak w domu, a jej babcia mieszka tuż przy drodze, którą chodzi do szkoły.

W pracy spełniam się całkowicie. Ponownie odwiedzam różne gabinety dentystyczne. Tym razem przyjmują mnie bardziej przyjaźnie. Podczas częstych szkoleń i kursów bierzemy także, jako widzowie, udział w operacjach szczęki. Nie każdy z nas łatwo znosi widok krwi czy wiercenie w szczęce. Mnie na dobre wychodzi teraz to, że widziałam u Samburu, jak mężczyźni po zarżnięciu jakiegoś zwierzęcia pili krew na wzmocnienie. Po takiej twardej szkole widok krwi nie jest już niczym szczególnym.

Pewnego wieczoru, kiedy właśnie sporządzam raport dzienny dla firmy, dzwoni telefon. Słyszę znany mi już głos wydawcy z Monachium. Ojej, kompletnie zapomniałam o maszynopisie! Tak wiele się zmieniło w ostatnim półroczu przez nową pracę i przeprowadzkę. Moje zapisane przeżycia poszły daleko w kąt. A teraz słyszę, jak wydawca mówi: „Wygląda całkiem nieźle z tą zajmującą relacją z pani życia. Zanim jednak podejmiemy ostateczną decyzję, chcielibyśmy poznać panią osobiście".

Czuję się trochę tak, jakby ktoś zrobił mnie w konia. Przed dziewięcioma miesiącami przypuszczalnie podskakiwałabym z radości, a teraz nie wiem, czy na to wszystko znajdzie się miejsce w moim nowym życiu. Mimo to przyjmuję propozycję poznania się. Jeśli wydawnictwo nie będzie mi odpowiadało, zawsze mogę wycofać maszynopis. Kilka tygodni później wybieram się pociągiem do Monachium i nie jestem pewna, czy naprawdę dobrze robię. Wydawca odbiera mnie osobiście z dworca i od pierwszej chwili czuję do niego sympatię. W wydawnictwie czeka na mnie jeszcze kilka osób, między innymi pewna żwawa i kompetentna kobieta odpowiedzialna za kontakty z prasą, z którą też od razu dobrze się rozumiem.

Gdy po tym bardzo ciekawym spotkaniu ponownie siedzę w pociągu, odczuwam wreszcie drobny przedsmak radości, że coś z tego wszystkiego może się jeszcze rozwinąć. Kilka dni później otrzymuję ostateczną odpowiedź z zapowiedzią umowy. Teraz nic już nie jest w stanie mnie powstrzymać; dzwonię do wszystkich, którzy mnie wspierali podczas pisania, aby podzielić się z nimi nowiną. Wszyscy się cieszą, ale jak to dalej się potoczy, żadne z nas naprawdę nie potrafi sobie wyobrazić.

Znowu zbliża się czas świąt i tym razem po raz pierwszy mogę zaprosić całą rodzinę do naszego wielkiego mieszkania. Wyprawiamy wesołe, pełne harmonii przyjęcie i spędzamy w zadumie kilka dni. Tylko kolejny list z Kenii mąci mój spokój.

Z powodu trwających walk rodzina nadal nie może powrócić do swojej wioski. Dzięki naszej pomocy mogli jednak kupić sobie żywność i kozy, które James sprawiedliwie podzielił między wszystkich krewnych. Do listu załączone są wreszcie zdjęcia przyrodniej siostry Napirai. To również ładna dziewczynka, ale z ogoloną głową nie bardzo podobna do Napirai. Obie mają za to takie same oczy. Na zdjęciach przedstawiających Jamesa podczas ceremonii, która daje mu prawo do ożenku, widzę go po raz pierwszy umalowanego w tradycyjne barwy i ubranego jedynie w *kangę*. Wydaje mi się obcy, ponieważ dotąd widziałam go tylko w mundurku szkolnym albo w „normalnym" ubraniu. Za każdym razem te parę zdjęć sprawia, że mój wewnętrzny kontakt z Kenią nie zostaje zerwany.

SENSACYJNY SUKCES KSIĄŻKI

Pierwszego lutego 1998 roku podpisuję umowę na książkę *Biała Masajka*, nie zdając sobie wówczas sprawy z tego, że za pół roku krok ten odmieni całkowicie moje życie i że wydarzenia potoczą się jak lawina.

Wiosna, a także lato przebiegają spokojnie i przyjemnie. W pracy mocno trzymam się w siodle i sprzedaję całkiem dobrze, gdyż systematycznie rośnie krąg moich stałych klientów. Kocham swój zawód, zarabiam w łatwy i przyjemny sposób niezłe pieniądze i jestem bardzo zadowolona z mojej obecnej sytuacji. Wciąż myślę o tym, jak trudne i pełne wyrzeczeń byłoby nasze życie, gdybyśmy zostały w Kenii.

W połowie sierpnia otrzymuję paczkę z wydawnictwa. Gdy ją otwieram, zaczynają drżeć mi ręce; wiem, że w środku znajdować się może tylko moja gotowa książka. I rzeczywiście, oto leży przede mną, a ja nie mogę wydobyć z siebie słowa. Książka jest tak przyjemna w dotyku, że wcale nie mam zamiaru wypuścić jej z rąk. Jestem przejęta i mocno wzruszona. Mam trochę takie wrażenie, jakbym urodziła drugie dziecko. Jest to porywające. Podniecona, dzwonię do swojego szefa, którego dopiero przed paroma tygodniami przygotowałam na to wydarzenie, i pieję pochwalne peany na cześć wydawnictwa. Także swoje przyjaciółki zarażam euforią i wieczorem urządzamy spontanicznie niewielkie party u mnie w domu. Przychodzą wszyscy, podziwiają „moje dzieło" i każdy jest pewien, że odniosę sukces. Gdy o północy ostatni goście już sobie idą, siedzę i długo jeszcze przyglądam się pełna respektu *Białej Masajce*. Tej samej nocy piszę długi list do Jamesa i donoszę mu o książce, która opowiada o życiu w jego plemieniu, o wielkiej miłości, jak również o tragicznych sytuacjach, jakie przeżyłam w Kenii. Jest dla mnie oczywiste, że nie będzie dla niego łatwe wytłumaczenie tego rodzinie i ludziom z wioski.

Pod koniec sierpnia ukazuje się w pewnym magazynie dla kobiet pierwszy artykuł o książce i mojej historii. Reportaż powstał bez mojego udziału, użyto do niego po prostu zdjęcia z książki. Jeszcze tego samego dnia, gdy właśnie mam za sobą ostatnią wizytę w gabinecie dentystycznym w Utzwil, zauważam w samochodzie, że ktoś na komórkę nagrał wiadomość. Kiedy ją odsłuchuję, słyszę niewyraźnie coś o redakcji „Bulevard Bio", wielkiej miłości i występie w telewizji. Na końcu podano numer telefonu. Dzwonię i rzeczywiście uzyskuję połączenie z redakcją telewizyjnego talk-show Alfreda Biolka.

Pani przy telefonie tłumaczy mi, że właśnie przez rzeczniczkę prasową wydawnictwa dostała moją książkę i dosłownie ją połknęła. W przyszły poniedziałek, pierwszego września, tematem talk-show jest „Wielka miłość". Ponieważ jeden z gości nie może przybyć, chciałaby mnie zapytać, czy miałabym ochotę wskoczyć na jego miejsce i opowiedzieć u pana Biolka o swoich przeżyciach. Nic lepszego nie mogło mi się przydarzyć! Naturalnie, zgadzam się. Redaktorka zapowiada, że za dwa dni, w niedzielę, zjawi się w Zurychu, aby sprawdzić, jak ewentualnie wypadnę w telewizji. Pozostałe sprawy załatwi z biurem prasowym. Odkładam słuchawkę i wydaję z siebie głośny okrzyk, aby dać upust radości, jaka mnie ogarnęła. Drżącymi palcami wybieram numer wydawnictwa, żeby podzielić się nowiną. Przy okazji pytam wydawcę, czy podobnie jak ja uważa, że pierwszy nakład w wysokości dziesięciu tysięcy egzemplarzy nie jest czasami za niski. Ze śmiechem odpowiada: „Najpierw musimy to wszystko sprzedać. W końcu jest pani nieznaną autorką, a my małym wydawnictwem". No dobrze, zobaczymy, co przyniesie niedziela. W sobotę ćwiczę z Andreą górnoniemiecki, aby nadawać się do telewizji również pod względem językowym. Jednocześnie, jako wyuczona fryzjerka, doprowadzam swoje włosy do porządku. Niedzielna próba przebiega dla mnie pomyślnie i zostaję zaproszona do talk-show.

Z lotniska w Kolonii odbiera mnie limuzyna i zawozi do eleganckiego hotelu. Dwie godziny później siedzę w charakteryzatorni, gdzie mnie czeszą i robią makijaż. Naturalnie, jestem podniecona, jednak ciągle sobie powtarzam: „Corinne, po prostu wyobraź sobie pana Biolka jako dentystę. Zamiast o plombach i materiałach do odcisków zębów pogadasz z nim o swoim życiu w Kenii".

Siedzę w pierwszym rzędzie, obok aktora Helmuta Bergera, i czekam na swój występ, próbując jednocześnie przysłuchiwać się rozmowie prowadzącego z parą małżeńską – Sonją Ziemann i Charles'em Regnierem. Nie udaje mi się jednak skoncentrować na tym, co dzieje się na scenie, bo bez przerwy zastanawiam się, o co zostanę zapytana i jakich krótkich i trafnych odpowiedzi udzielę. Wydaje mi się, że ci oboje mówią przez całą wieczność. Potem nareszcie rozlegają się końcowe brawa i słyszę swoje nazwisko. Gdy idę na wyznaczone miejsce, nogi mam ciężkie jak z ołowiu, a serce bije mi jak oszalałe. Powzięłam mocne postanowienie, że, zanim udzielę jakiejś odpowiedzi, najpierw dobrze posłucham pytania, co w moim przypadku nie zawsze jest takie oczywiste. Pan Biolek i ja gawędzimy sobie i niekiedy dobiega mnie śmiech publiczności i oklaski. Po kilku minutach opada ze mnie całe napięcie i kiedy zaczynam wreszcie naprawdę dobrze się czuć, dobiega końca czas przeznaczony na rozmowę ze mną. Widzowie biją brawo, a pan Berger, zmierzając w kierunku pana Biolka, klaszcze w ręce i mówi: „Fascynujące, ukradła mi pani cały show, naprawdę wspaniale!". W tej sekundzie wiem, że podczas swojego pierwszego występu telewizyjnego dobrze dałam sobie radę, i oddycham z ulgą. Później w trakcie posiłku wszyscy chcą się dowiedzieć czegoś ode mnie więcej. Padają pierwsze pytania o to, czy książka ukaże się również po włosku. A skądże ja to mogę już teraz wiedzieć?

Po powrocie dzwonią do mnie przyjaciółki i gratulują udanego występu. Szef mówi ze śmiechem, że jest bardzo ciekaw, jak długo jeszcze popracuję w firmie. Co do tego nie mam żadnych wątpliwości i dalej odwiedzam swoich dentystów.

Tydzień po występie pierwsze wydanie jest kompletnie wyprzedane. Nie ma więcej książek, za to jest całe mnóstwo pytań o możliwość przeprowadzenia wywiadu. Wszyscy chcą mieć najnowsze fotografie moje i córki. Początkowo Napirai nie jest tym specjalnie zachwycona, zwłaszcza że nie potrafi udzielić informacji o Kenii i o swoim ojcu. Była zbyt mała, aby cokolwiek pamiętać. W następnych dniach wrze u nas jak w ulu. Rano składam wizyty w gabinetach dentystycznych, a po południu biegnę do fryzjera, żeby przygotować się na zdjęcia, gdyż fotografowie mają przyjść około czwartej. Późnym wieczorem pucuję mieszkanie, aby było czyste na następne wizyty filmowców i fotografów. Wszystko, co teraz przeżywam, wydaje mi się tak nierealne jak jakiś sen. W wielu gazetach w Niemczech widzę swoje zdjęcie, czasem na stronach tytułowych albo obok fotografii znanych osobistości, jak Bill Clinton czy Pierre Brice. Wieloletnia praca w akwizycji wychodzi mi teraz na dobre, gdyż nie obawiam się kontaktów z ludźmi i nie zapominam języka w gębie. Udzielam różnych wywiadów radiowych i wkrótce po raz drugi występuję w telewizji. W końcu odkrywają mnie również szwajcarskie media i w masie wielonakładowych pism i gazet ukazują się reportaże o mnie. Prawie przez trzy tygodnie nie można w żadnej księgarni kupić *Białej Masajki* i wielu nieznanych mi zupełnie ludzi dzwoni do mnie do domu pytając, gdzie można dostać książkę. Kiedy wychodzi drugie wydanie, nakład jest dwukrotnie większy od pierwszego, w tym czasie trzecie jest już drukowane.

Na 16 września zaplanowano oficjalną promocję książki w przepięknym zakładzie hodowli kwiatów w Winterthur. Mówię księgarzowi, aby zatroszczył się o to, żeby było wystarczająco dużo miejsc, gdyż myślę, że przyjdzie dużo ludzi. Śmieje się. „Niech pani posłucha, to nie jest moja pierwsza promocja książki, i wie pani co, byłoby to niezwykłe, gdyby w przypadku nieznanej autorki i stosunkowo nieznanego wydawnictwa udało się zapełnić sto miejsc". Na przekór jego przewidywaniom trzeba jednak przytaszczyć mnóstwo dodatkowych krzeseł, a pomieszczenie niemalże pęka w szwach. Pośród słuchaczy odkrywam nawet swojego wychowawcę ze szkoły.

Wieczór autorski przebiega wspaniale. Już po pierwszych trzech, czterech minutach jestem w swoim żywiole i nie zauważam nawet swojej rodziny, która siedzi w pierwszym rzędzie. Mogę prowadzić spotkanie według własnego scenariusza, więc czytam wybrane fragmenty i uzupełniam je opowieściami. Jest to dla mnie cudowne przeżycie we wspaniałej atmosferze, która zawładnęła ludźmi i która także na mnie podziałała zaraźliwie. Potem odpowiadam na pytania słuchaczy. Wielu chce wiedzieć, jak mi teraz się wiedzie i Napirai, co robi Lketinga. Czy nadal żyje w swoim plemieniu? Czy jest mi żal, że zdecydowałam się na podobny krok? Pytanie za pytaniem, a po kolejnej godzinie podpisuję książki. Ponieważ mój wydawca z powodu tego wydarzenia specjalnie przyjechał z Monachium, niektórzy z przybyłych na spotkanie kupują szczęśliwi świeżo wydrukowane egzemplarze książki. Ciągle jestem pytana o to, kiedy i gdzie odbędzie się mój następny wieczór autorski. Wielu z obecnych ma przyjaciół i znajomych, którzy również chcieliby przyjść na spotkanie ze mną. Wygląda na to, że sukces przerósł wszelkie oczekiwania.

Następne dni mijają w przyspieszonym tempie. Mimo że nieustannie albo pracuję, albo coś organizuję, prawie nigdy nie czuję się zmęczona, gdyż wszystko jest takie nowe i interesujące. Szybko proszą mnie o wieczór autorski w gminie, w której mieszkam. Odbywa się w bocznej sali pewnej restauracji. Gdy przybywam pod lokal, nie wierzę własnym oczom, widząc tyle zaparkowanych samochodów. Przy wejściu tłoczą się ludzie w długiej, ciągnącej się aż na ulicę kolejce. Nie do wiary, wszyscy są zainteresowani moją historią! Gdy w pomieszczeniu znajduje się już jakieś sto pięćdziesiąt osób, drzwi zostają zamknięte, co irytuje tych, którzy nie weszli. Wychodzę na dwór i przyrzekam czekającym, że za jakieś dwa tygodnie odbędzie się w tym samym miejscu kolejne spotkanie. Niestety, nic więcej nie mogę dla nich zrobić. Dzisiaj jestem bardziej zdenerwowana niż na promocji książki, ponieważ gram, że tak powiem, na własnym boisku. Szybko jednak staje się dla mnie jasne, że większość słuchaczy musiała przyjechać z daleka, gdyż nie widzę na widowni zbyt wielu znajomych twarzy.

Wieczór przebiega podobnie jak w Winterthur. Po czytaniu fragmentów książki odpowiadam na pytania. Nagle pewien starszy mężczyzna w ciemnozielonym swetrze i szelkach pyta mnie, a jak to było u nas pod względem seksualnym. Mówi dwuznacznym tonem, pomimo że siedzi obok niego żona, więc muszę najpierw krótko zastanowić się, po czym mu odpowiadam: „Widzi pan, nie chcę tutaj objaśniać, jak przebiegał dokładnie akt miłosny, ale może sobie pan poczytać o tym w książce". Na to ten zuchwały człowiek odpiera: „Jestem tutaj na wieczorze autorskim, a nie na imprezie promocyjnej jakiegoś towaru, nieprawdaż?". Publiczność zaczyna się burzyć. Pewna uderzająco miła blondynka podrywa się z miejsca i besztá mężczyznę: „A pan z tą swoją napaloną pyszałkowatością nie ma co szukać na tej imprezie!". Dostaje brawa, a ja uśmiecham się do tej energicznej kobiety.

Później przychodzi atak z innej strony. Ktoś pyta: „Czy nie będzie się pani wstydzić przed córką, przecież w książce opowiada pani tak otwarcie o wszystkim, podając prawdziwe nazwisko?". Zanim odpowiem, słyszę, jak energiczna blondyna mówi: „Ta kobieta z całą pewnością nie musi się wstydzić swojej książki, a jej córka będzie pewnego dnia dumna ze swojej matki. Przeczytałam tę książkę już trzy razy i każdemu mogłabym polecić, aby zrobił to samo!". Wzrusza mnie, w jaki sposób ta nieznajoma słuchaczka występuje w mojej obronie. Gdy krótko potem podpisuję książki, staje naprzeciwko mnie i podaje mi przepiękną wiązankę kwiatów. Zaskakuje mnie to niebywale, dziękuję i pytam, czy nie miałaby czasu na drinka u mnie w domu, gdzie przygotowane jest coś dla mniejszego grona. Ucieszona, przyjmuje zaproszenie.

Gdy sala się opróżnia, idziemy z kilkom przyjaciółkami do mnie. Andrea przygotowała ze swoją matką apetyczne kanapki i zaczyna się skromny wieczorek towarzyski, podczas którego nieco bardziej szczegółowo rozmawiam z Irene, kobietą z publiczności. Po północy wychodzą ostatni goście i mogę wreszcie zmęczona, ale bardzo zadowolona, udać się do łóżka. Następnego dnia mam w programie kolejne wizyty u dentystów. Teraz w gabinetach dentystycznych jestem często rozpoznawana. Zawsze któraś z asystentek widziała moje wystąpienie w telewizji albo przeczytała artykuł w jakimś czasopiśmie. Szybko spostrzegam, że nie działa to wcale na moją niekorzyść.

Wreszcie dostaję pocztę z Afryki. Jestem ciekawa, co też powiedzą o mojej książce. Sam James cieszy się bardzo, że napisałam książkę o historii z Lketingą i o Samburu, ale ludziom, którzy nie uczęszczali do żadnej szkoły, trudno jest to zrozumieć, ponieważ większość z nich nie trzymała nigdy w życiu książki w ręce. Gdyby wiedział, że piszę książkę, mógłby mi podać jeszcze więcej informacji o kulturze Samburu. Liczy na to, że kiedyś będzie mógł przeczytać tę książkę po angielsku. Donosi, jak ciężko jest każdemu z nich przeżyć, i dziękuje za przelane pieniądze. Nadal nie może jeszcze uczyć w szkole i zastanawia się, czy nie byłoby lepiej, gdyby otworzył sklep z paroma artykułami, które mógłby sprzedawać. Brakuje mu jednak pieniędzy na start. Chętnie przyjechałby choć raz do

Szwajcarii. Napirai i mnie życzy przyjemnego życia. Zawsze będzie mnie wspierał, przecież jesteśmy spokrewnieni, jak brat z siostrą. Na koniec następują życzenia z okazji zbliżających się świąt Bożego Narodzenia.

Ogólnie rzecz biorąc, jest to przyjemny list, nawet jeśli prośba o kolejny przelew jest aż nazbyt widoczna. Od swojego powrotu regularnie przekazuję pieniądze i na pewno będę robiła to również w przyszłości. Muszę tylko uważać, aby to w wiosce nie powodowało zazdrości i wzburzenia wśród ludzi.

Pod koniec listopada książka zajmuje pierwsze miejsca na wszystkich listach bestsellerów w Szwajcarii, a ja zostaję zaproszona do kolejnego talk-show. Prowadzący budzi wśród telewidzów wiele sprzeczności; jedni go bardzo lubią, inni kompletnie odrzucają. Decyduję się. To dla mnie małe wyzwanie. Rozmowa przebiega bardzo interesująco i dowcipnie. Pod koniec programu dzwonią widzowie. Odzywają się głównie kobiety – gratulują mi ciekawej książki. Potem zgłasza się pewien mężczyzna, którego nazwiska nie dosłyszałam, za to od razu poznaję go po głosie. To Markus, mój dawny kolega ze szkoły, o którym tak długo myślałam po zjeździe klasy. On również gratuluje mi dzieła, potem jednak pyta z wyraźnym wyrzutem, co sądzę o tym, że mój mąż najprawdopodobniej długo nie będzie mógł oglądać swego dziecka. Jest to ciężki cios dla każdego ojca i on uważa, że podchodzę do tej sprawy na zbyt wielkim luzie. Zabawne, że to właśnie Markus dzwoni, i w dodatku jest w taki sposób napastliwy. Nie zachowałam go w pamięci jako tak zasadniczego człowieka. Spokojnie przedstawiam mu swój punkt widzenia i krótko potem kończy się czas audycji.

Tymczasem powodzenie książki rośnie, że aż dech zapiera. Coraz częściej się zdarza, że kiedy jadę samochodem, aby złożyć kolejną wizytę swoim klientom, nagle słyszę w radiu wywiad, jaki został ze mną przeprowadzony. Albo też łowię uchem swoje nazwisko, kiedy w kalendarzu imprez podają: „Dziś wieczorem o godzinie dwudziestej Corinne Hofmann czyta fragmenty swojego bestsellera w Rüti, Bernie, Bazylei...". Ciągle jeszcze nie mogę w to wszystko uwierzyć i wydaje mi się, jakbym poruszała się w dwóch całkiem różnych światach. Nadchodzą pierwsze listy od czytelników. Najczęściej wyrażany jest w nich podziw i zawierają wiele pytań. Zdarzają się też listy od mężczyzn fanów, którzy dowiedzieli się z wywiadów, że nie jestem z nikim w związku. Przesyłają mi swoje zdjęcia, na których niekiedy pokazują swój dom i eleganckie auto. Dziwnym zbiegiem okoliczności wszyscy ci samotni mężczyźni, od rzemieślnika po dyrektora, widzą nagle we mnie swoją przyszłą żonę. Z kolei ja nie mam najmniejszej ochoty na jakikolwiek związek, gdyż w obecnej sytuacji nie mam na to zupełnie czasu. W grudniu u fryzjera przypadkiem wpada mi w ręce opublikowany w pewnym szwajcarskim czasopiśmie artykuł „Nasze kobiety 1998". Chodzi w nim o znane kobiety, które w dobiegającym końca roku wzruszyły czytelników, zachwyciły albo nimi wstrząsnęły. Ku memu zdziwieniu pośród zdjęć Cher, księżniczki Stephanie i Hillary Clinton odkrywam również swoją fotografię. W dziwny sposób porusza mnie to i mam uczucie, że to wszystko właściwie wcale mnie nie dotyczy i że nie pasuję do tego towarzystwa. Wieczorem włączam telewizor i widzę, jak księgarze zachwycają się sprzedażą *Białej Masajki*. Niewiarygodne. To wszystko wydaje mi się kompletnie nierzeczywiste i czuję się tak, jakby wszyscy mówili o jakiejś innej osobie.

W grudniu mam małe spotkanie autorskie w Monachium na Tollwood-Festival, olbrzymim targu odbywającym się przed Bożym Narodzeniem. Gdy wstępuję do namiotu, gdzie odbywa się spotkanie, zbliża się do mnie z otwartymi ramionami jakaś zakutana w grubą zimową kurtkę kobieta w kowbojskim kapeluszu i butach z cholewami. Ten szeroki uśmiech i te długie włosy blond wystające spod kapelusza wydają mi się jakby znajome. Gdy wreszcie kobieta staje tuż przede mną, mam wrażenie, że śnię. To przecież Rambo-Jutta! Kobieta, z którą przejechałam pół Kenii w poszukiwaniu Lketingi. Padamy sobie w ramiona i nie mogę uwierzyć, że oto widzę przed sobą Juttę we własnej osobie. Przez przypadek usłyszała o moim wieczorze autorskim i specjalnie przyjechała. „A ty nie mieszkasz już w Kenii?" – pytam ją. Opowiada mi, że umarła jej matka i dlatego musiała przyjechać na kilka dni do Niemiec, aby załatwić wszystkie formalności. „Wiesz, nie mogłabym już tutaj żyć. Niebawem lecę z powrotem do Kenii. Zajmuję się teraz nowym projektem w pewnym szpitalu i nie chcę zostawiać na zbyt długo tego wszystkiego bez opieki". Wymieniamy się adresami i przyrzekam, że przejrzę dokumenty dotyczące tego projektu, aby ewentualnie wesprzeć ją finansowo. Jutta zostaje do końca spotkania i jest zachwycona książką. „Że też jeszcze to wszystko tak dokładnie pamiętałaś, to niewiarygodne, ale właśnie tak to wszystko było" – brzmi jej końcowy komentarz. Przy pożegnaniu przyrzekamy sobie, że pozostaniemy w kontakcie. W tym momencie jeszcze nie wiem, że już wkrótce Jutta okaże dużą pomoc mojemu wydawcy i mnie.

Na naszej tegorocznej rodzinnej uroczystości bożonarodzeniowej głównym tematem jest naturalnie moja książka. Wszyscy jesteśmy ciekawi, dokąd zawiedzie mnie ta przygoda. W wydawnictwie prowadzone są już pierwsze rokowania w sprawie tłumaczenia na francuski i włoski. Przez te kilka dni świąt Bożego Narodzenia swój czas poświęcam jednak wyłącznie córce.

Początek 1999 roku jest jeszcze bardziej niesamowity. Książka również w Niemczech znajduje się na szczycie listy bestsellerów i w wydawnictwie urywają się telefony. Ponieważ wiele księgarń chciałoby urządzić spotkanie autorskie ze mną, pracownicy wydawnictwa proponują mi serię odczytów w Niemczech. Stoję teraz przed trudną decyzją. Z jednej strony moja praca bardzo mi się podoba i daje mi bezpieczną egzystencję, z drugiej jednak widzę w tej propozycji niebywałą szansę, aby rozprowadzać własny produkt. Któż bowiem ma tyle szczęścia, że może podróżować samodzielnie i we własnej sprawie, a w dodatku przyjmowany jest przez słuchaczy i słuchaczki z otwartymi ramionami? Muszę się po prostu na to odważyć! Długo się nie zastanawiam, rozmawiam z szefem i proszę, aby pozwolił mi odejść. W tych warunkach nie mogę, niestety, dotrzymać trzymiesięcznego okresu wypowiedzenia. Proponuję jednak, że zorganizuję dla „moich" dentystów wieczór autorski z afrykańskim jedzeniem i afrykańską muzyką. Bardzo mi zależy, abym przez taki jedyny w swoim rodzaju wieczór mogła podziękować życzliwym mi gabinetom dentystycznym za wierną współpracę. Po cudownej imprezie wycofanie się z zawodu mimo wszystko przychodzi mi z pewnym trudem. Na początku lutego rozwiążę umowę o pracę i od tej chwili jestem już tylko wolną autorką.

Nasze życie stało się dość niespokojne i wszystko musi być dobrze zorganizowane. Dzięki Bogu Napirai może nawet przez kilka dni z rzędu nocować u mojej matki albo u opiekunów, na szczęście przynajmniej przez pierwsze kilka miesięcy, nawet ją to cieszy. Jeżdżę po Niemczech na spotkania autorskie. Za każdym razem jestem tam tydzień, codziennie gdzie indziej. Główny odcinek drogi przebywam samolotem, następnie biorę taksówkę do zarezerwowanego hotelu i zaraz po przybyciu odbywam pierwsze spotkania z miejscową prasą. Spotkania rozpoczynają się wieczorem między siódmą a ósmą. Przedtem zjadam zazwyczaj tylko jakąś drobną przekąskę, gdyż inaczej czułabym się podczas spotkania niedobrze albo byłabym znużona. Potem idę albo jadę na miejsce imprezy, gdzie najczęściej czeka już mnóstwo ludzi, aby wysłuchać mojej historii. Po dwu-, trzygodzinnych imprezach jestem zbyt podekscytowana, aby iść spać. Toteż ruszam na poszukiwanie odpowiedniej restauracji, gdzie coś jem i powoli opadają ze mnie emocje wieczoru. Przy takich okazjach znajduję od czasu do czasu wolną chwilę, aby zastanowić się nad dziwnymi zrządzeniami losu. Gdyby ktoś wtedy w Kenii mi przepowiedział, że swoimi opowieściami o tym, co tam przeżyłam, będę kiedyś wieczór w wieczór robiła piorunujące wrażenie na setkach ludzi w Europie, popatrzyłabym na niego ze zdumieniem i wyśmiała jako wariata. W takich momentach, kiedy to późnym wieczorem w jakimś obcym mi mieście w jakiejś prawie pustej restauracji oddaję się swoim myślom, odczuwam często głęboką wdzięczność dla Lketingi, jego rodziny i dla wszystkich Samburu.

Na moje wieczory autorskie przychodzą przeważnie kobiety w różnym wieku i pary. Zauważam, że publiczność bardzo się różni w zależności od regionu. Od samego początku albo panuje napięcie pełne oczekiwania, albo słuchacze muszą stopniowo odtajać. Jeśli jest dość niespokojnie, to wiem, że na sali siedzą ludzie, którzy później, podczas dyskusji, będą mnie atakowali. Oczywiście, zdaję sobie sprawę z tego, że książka nie każdemu musi się podobać, a także, iż nie napisałam pracy doktorskiej z germanistyki. Zapisywałam swoje przeżycia pomiędzy pracą na cały etat a wychowaniem córki, nocami, z potrzeby serca, i teraz cieszę się, że tak wielu ludzi może wydobyć z tego coś pozytywnego dla siebie. Gdy podpisuję książki, podchodzą do mojego stolika kobiety, patrzą na mnie promiennymi oczami, ściskają dłoń i mówią: „Pani Hofmann, bardzo dziękuję za ten cudowny wieczór! Był to dla mnie najbardziej wzruszający moment w życiu". Kiedy słyszę podobne wypowiedzi, odbiera mi mowę – wydaje mi się, że na taki komplement nie zasłużyłam. Poza tym zastanawiam się ze smutkiem, jak taki właśnie moment może być najpiękniejszy w czyimś prawie sześćdziesięcioletnim życiu. Takie i podobne wypowiedzi usłyszę jeszcze wiele razy.

Pewnego razu siedzę i podpisuję książki w jednym z domów towarowych, gdy podchodzi do mnie radośnie pewna pani w średnim wieku i prosi, abym się jej dobrze przyjrzała, po czym zaczyna przechadzać się tam i z powrotem przed moim stolikiem. Dziwię się i, doprawdy, nie wiem, co tu właściwie jest grane. A ona stale powtarza: „Widzi pani, pani Hofmann, widzi pani, to zawdzięczam właśnie pani!". Nie rozumiem, co ma na myśli, i po trosze zaczynam mieć wątpliwości co do stanu jej umysłu. Następnie ponownie podchodzi do mnie, chwyta mnie mocno za rękę, patrzy na mnie i mówi: „Jeszcze niedawno siedziałam w wózku i właściwie nie mogłam już chodzić. Wtedy przeczytałam pani książkę. Pani silna wola zrobiła na mnie wielkie wrażenie i powiedziałam sobie, że jeśli ta kobieta niemal umarła na malarię i potrafiła się mimo to pozbierać, żeby znowu zacząć chodzić, to ja to również potrafię! I widzi pani, po tylu latach znowu biegam!". Mówiąc to, ponownie przechadza się tam i z powrotem. W tym momencie wzruszam się tak mocno, że z oczu tryskają mi łzy i ledwo mogę wydobyć z siebie: „Choćby tylko ze względu na panią opłaciło się napisanie tej książki!". Kładzie mi przepiękny bukiet kwiatów na stolik i, popatrzywszy na mnie długo, żegna się. Po tym zdarzeniu jestem całkowicie rozbita i z trudem przychodzi mi koncentrowanie się na pozostałych ludziach. Po raz pierwszy jestem szczęśliwa, że spotkanie dobiegło końca. To przeżycie zawsze sobie przypominam, kiedy muszę cierpliwie znosić złośliwą krytykę.

Kiedy w piątki wracam do domu, cieszę się jak szalona na spotkanie z córką.

Napirai ma już dziesięć lat. Po długiej rozłące rzuca mi się zawsze w ramiona i cieszy, że znowu może spać ze mną w łóżku. W weekendy czytam listy od czytelniczek i czytelników i próbuję na nie odpowiadać. Z tygodnia na tydzień dostaję ich coraz więcej. Zaskakuje mnie, z ilu spraw zwierzają mi się ludzie i co w nich wyzwoliłam. Wielu dziękuje mi i chwali, że opis lat spędzonych z Lketingą odebrali jako bardzo szczery i poruszający. Niektórzy donoszą o własnych doświadczeniach, zarówno dobrych, jak i złych. Kilka kobiet, a także mężczyzn, którzy pozostają w związku uczuciowym z partnerem albo partnerką z innego obszaru kulturowego, proszą mnie o radę, jak mają się zachować. Mogę im tylko odpowiedzieć: „Jeśli Pani (Pan) nie jest głęboko przekonany (przekonana) i potrzebuje rady, to już coś jest nie tak. Mnie w takiej sytuacji nawet najbardziej życzliwa porada nie powstrzymałaby od tego, aby pójść za głosem serca".

Naturalnie otrzymuję również krytyczne, a nawet nieprzyjazne listy. Najczęściej jednak zdania, które czytam, brzmią mniej więcej tak: „Przeczytałam (przeczytałem) Pani książkę, ba, dosłownie ją połknęłam (połknąłem)! Porwała mnie zupełnie, jestem zafascynowana (zafascynowany) i podziwiam Pani siłę". Wielu przedstawia, jak to, co przeczytali, dosłownie sami przeżyli. I prawie wszyscy pytają, jak dzisiaj wiedzie się Lketindze, Napirai i mnie, i co wydarzyło się potem w naszym życiu.

Ponieważ sama jeszcze nigdy nie wpadłam na pomysł, aby napisać do jakiegoś autora albo autorki, jestem bardziej niż zdziwiona tą lawiną listów. Jest to niesamowite. Przede wszystkim jednak bardzo wzruszające.

W nadchodzącym tygodniu mam w Szwajcarii spotkanie autorskie i wyjątkowo będę podpisywała książki w pewnym biurze podróży, które chce rozdać sześćdziesiąt egzemplarzy. Gdy się pojawiam, kolejka ciągnie się już aż na chodnik. Zaczynam od razu podpisywać i rozmawiam przy tym z klientami. Po dobrej półgodzinie przychodzi kierownik biura i pyta, czy znam tych ludzi, którzy stoją przed biurem i, demonstrując przeciwko mnie, trzymają wysoko nad głowami transparent. Nie rozumiem, o czym mówi, gdyż przez tłum czekających nie mogę zobaczyć, co dzieje się na ulicy. Kiedy już wszystkie książki znalazły nowych właścicieli, wychodzę na zewnątrz, aby przyjrzeć się demonstrantom.

Jestem bardziej niż zaskoczona, gdy dostrzegam cztery czarne kobiety i dwóch białych mężczyzn. Mężczyźni trzymają w górze
transparent, na którym widnieje, że obrażam afrykańską kulturę.
Ponieważ nie pojmuję tego wszystkiego, próbuję nawiązać z protestującymi rozmowę. Wyciągam rękę, aby przywitać się z nimi,
ale to im się wcale nie podoba. Krzyczą, a raczej skrzeczą coś do
mnie po angielsku.

Znów próbuję spokojnie dowiedzieć się, o co im właściwie chodzi. „Nie umiesz czytać czy co?" – słyszę odpowiedź. W swojej
książce jakoby nie napisałam prawdy. Znów pytam, o co im chodzi,
i zwracam się do jednego z mężczyzn. Ten jednak chyba jest tylko
od noszenia transparentu i ruchem głowy daje mi znak, że na to pytanie odpowiedzieć mi mogą tylko głośne i bębniące na swych piersiach Afrykanki. Potem jedna z nich krzyczy, że obrażam jej naród.
Piszę, że Samburu są głupi i niecywilizowani i że nie znam różnicy
między Masajami a Samburu. To wszystko wydaje mi się bardzo
podejrzane, gdyż z miejsca rozpoznałam, że te kobiety nie należą
ani do Masajów, ani do spokrewnionych z nimi Samburu. Gdy pytam o ich przynależność plemienną, odpowiadają agresywnie, że są
Kenijkami i że to, co w mojej książce jest napisane, nie odpowiada
prawdzie. O co im jednak konkretnie chodzi, nie mówi żadna. Dziwię się, dlaczego ci ludzie doszli do takiego przekonania. W Kenii
żyłam dokładnie tak, jak to opisałam, a pisząc książkę, nigdy nie
miałam wrażenia, że obrażam naród mojego męża. Dochodzę do
wniosku, że nic tu nie wskóram i że najprawdopodobniej te kobiety chcą tylko zwrócić na siebie uwagę. Przerywam więc tę próbę
prowadzenia rozsądnej rozmowy. Nie przestaję jednak myśleć
o tym zdarzeniu jeszcze przez kilka dni. Wciąż nie mogę dociec,
czego ci ludzie właściwie ode mnie chcieli. Także mój wydawca jest
dość bezradny.

Przypomina mi się kobieta wróżąca z kart, której już od dawna
chciałam zanieść książkę. Bądź co bądź miała rację, kiedy przepowiedziała mi sukces. Dzwonię do niej. Ponieważ w następnych
dniach mam drugi wieczór autorski w Bernie, a później znowu
wyjeżdżam do Niemiec, godzi się, abym odwiedziła ją jeszcze
dziś. Zanim wyjadę, muszę koniecznie się dowiedzieć, co może
mi powiedzieć o zajściu z Afrykankami. Wchodzę do maleńkiego

domku z mnóstwem krasnali i znów od razu siada mi na kolanach kot. Wróżka nie może mnie sobie przypomnieć. Dopiero kiedy wręczam jej książkę, mówi: „Ach, to pani! Czytałam o pani historii, nie wiedziałam jednak, że była już pani kiedyś u mnie". Następnie tasuje karty, a ja wyciągam kilka, tak jak za pierwszym razem. Ponownie opowiada o sukcesie książki, który ma być jeszcze większy. Po chwili jednak zauważa, że pojawią się również pewne kłopoty. Opowiadam jej o Kenijkach. Ponownie kładzie karty i wyjaśnia: „Musi pani bardzo na siebie uważać, to są zazdrośni ludzie, którzy chcą wyciągnąć pieniądze i nie zrezygnują z tego tak szybko. Niech pani będzie czujna, choćby ze względu na córkę". Na myśl, że Napirai mogłaby zostać wciągnięta w to wszystko, czuję się kiepsko. „To nie jest jeszcze stan krytyczny, ale trzeba uważać. Wokół jest wielu zazdrośników, a jeszcze ich przybędzie".

Potem przepowiada mi, że niedługo poznam wspaniałego mężczyznę. Wcale mnie to nie uspokaja. Nie mam ochoty na żadnego mężczyznę i komentuję nieco szorstko: „Ach, niech pani da spokój! Nie mam czasu na związki. Zwłaszcza teraz, gdy stale jestem w drodze. Opowiadam z przejęciem o swojej «starej» miłości. Jakaś nowa miłość nie bardzo by do tego pasowała. A poza tym kiedy wracam do domu, czeka na mnie córka. Nie, nie, pani musi się mylić!". Na to ona energicznie twierdzi: „Karty nigdy nie kłamią! A w ogóle tego mężczyznę zna pani już długo. On stoi, że tak powiem, tuż przed pani drzwiami!". Wybucham śmiechem i mówię: „Ach, co też pani mówi! Ja nie znam żadnego mężczyzny, w którym nagle mogłabym się zakochać". Ta przepowiednia przestaje mnie interesować, za to chciałabym dowiedzieć się czegoś więcej o tych demonstrantach. Wróżka jednak macha ręką i mówi: „Po prostu trzeba uważać, a wszystko będzie dobrze. Wszystko zrobi pani jak należy". Czas wizyty się kończy. Po powrocie do domu omawiam całą sprawę z matką, prosząc ją również, aby zwróciła baczniejszą uwagę na Napirai.

Dwa dni później jadę na drugi już wieczór autorski do Berna. Również tym razem księgarnia jest wypełniona po brzegi, a przed wejściem protestują te same osoby co w okolicach Zurychu. Ale tym razem nie wdaję się w bezsensowną dyskusję z nimi, potrzebu-

ję sił dla wielu ludzi, którym chcę podarować trochę radości. Mimo
tego wydarzenia wieczór jest długi i piękny. Słuchacze zadają wiele
pytań, zastanawiają się ze mną także nad tym, co właściwie mają na
myśli demonstranci. Późnym wieczorem udaję się do hotelu. Cieszę
się, że jutro wracam do domu.

NOWA MIŁOŚĆ

Następnego dnia Napirai zostaje u babci, gdyż wieczorem jestem
umówiona. Moja koleżanka Hanni przygotowuje tajskie potrawy
i na tę okoliczność zaprosiła kilka osób. Koło południa wracam
z Berna i czekanie na spotkanie aż do wieczora nagle wydaje mi się
katorgą. Dziecka nie ma, w nocy źle spałam, a moje myśli krążą
uparcie wokół afrykańskich kobiet, których pretensje wciąż są dla
mnie niejasne. Około piętnastej nie mogę już wytrzymać w domu
i wsiadam do auta, nie mając przy tym żadnego określonego celu. Po
prostu muszę się trochę poruszać! Nagle staje się dla mnie jasne, że
dziś nie będzie możliwa moja wizyta u Hanni – gdy tylko pomyślę
o tym, że znowu będę siedziała w zamkniętym pomieszczeniu, ogarnia mnie coś w rodzaju klaustrofobii. Dzwonię do niej i na przekór
swoim dotychczasowym zwyczajom mówię, że niestety, ale nie mogę przyjść. Kiedy zawiedziona pyta o powód, nie potrafię udzielić
konkretnych wyjaśnień. Wyłączywszy komórkę, krążę bez celu po
okolicy. Mimo że jest już marzec, z nieba lecą płaty śniegu. Automatycznie jadę w kierunku Raperswillu i nagle przypomina mi się Irene, energiczna blondynka, którą poznałam kiedyś na wieczorze
autorskim. Musi tu gdzieś w okolicy mieszkać ze swoim mężem
i trójką dzieci (przyszła później jeszcze raz na jeden z moich wieczorów i przy tej okazji wymieniłyśmy wizytówki). Przystaję na skraju
drogi i szukam jej numeru. Nie wiem, co mną kieruje, ale dzwonię
do Irene. Bardzo się cieszy i wyjaśnia, jak mam do niej dojechać.
Przybywam pod jej dom podczas silnej zamieci śnieżnej, ale zamiast
kawy proponuję najpierw wspólny spacer. Zdziwiona, zgadza się.
Zauważa, że jestem niespokojna i pyta o powód. Opowiadam jej
o wydarzeniach z demonstrantami. Ona również nie rozumie, co tu
w ogóle jest grane, i oburza się: „Co? Ty i obrażanie Masajów! Oni

nawet nie przeczytali twojej książki, o zrozumieniu już nie wspominając. Ja znam każde zdanie i nie dostrzegam nawet najmniejszego powodu do obrazy. Ty przecież opisujesz tylko swoje życie!". Podczas naszego spaceru Irene co chwila denerwuje się na nowo.

Zrobiło się zimno, śnieg sypie nam w twarz. Biegniemy do domu i pijemy gorącą herbatę. Irene zaprasza mnie na raclett, nie jestem jednak głodna i śmiejąc się odpowiadam, że dzisiejszego wieczoru byłoby to już drugie zaproszenie. „Nie, pójdę jeszcze wypić gdzieś kieliszek wina, a potem wracam do domu. Po prostu nie jestem dzisiaj w sosie". Irene jest tak miła, że chce się do mnie przyłączyć, a ponieważ nie orientuję się w okolicy, proszę ją o jakąś propozycję. Wyruszamy w dwa auta. Chociaż jest dopiero siódma, na dworze jest zupełnie ciemno. Z powodu śnieżycy ledwo widać drogę. Irene jedzie przez pełen zakrętów kawałek lasu, a ja zaczynam powątpiewać, czy w tym ustroniu znajdzie się jakieś miejsce, gdzie można się będzie rozerwać, gdy nagle parkujemy przed jakimś starym domem chłopskim z restauracją i barem. Niesamowite, sama tego nigdy w życiu bym nie znalazła! Wchodzimy do baru, gdzie naturalnie o tej godzinie jeszcze nikogo nie ma. Zasiadamy przy okrągłym stoliku i zamawiamy drinka.

Irene zaczyna właśnie opowiadać o swoim życiu, gdy otwierają się drzwi i wchodzi jakiś przystojny mężczyzna. W rozproszonym świetle spoglądam w jego oczy, które zuchwale się we mnie wpatrują. Odwracam się do Irene, aby dalej z nią rozmawiać, gdy nagle ktoś za mną mówi: „A to dopiero! Toż to ta słynna Corinne! A skąd ty się wzięłaś w tej zapadłej dziurze?". Rozpoznaję głos Markusa, mojego byłego kolegi ze szkoły, i odwracam się w jego kierunku. Patrzę mu prosto w oczy i stwierdzam, że pomimo iż włos mu się już nieco przerzedził, nadal nic nie stracił ze swej dobrej aparycji i otaczającej go aury.

Chcę go przedstawić Irene, ale okazuje się, że oboje już nieraz spotkali się w tym barze. Na powitanie całujemy się całkiem naturalnie w policzki. Gratuluje mi sukcesu z książką, a ja pytam zaskoczona, dlaczego o tej godzinie można go spotkać w takim miejscu na końcu świata. Wyjaśnia, że właściwie od trzech dni leżał chory w łóżku, ale ponieważ miał już dość czterech ścian, nagle powziął decyzję, aby wpaść tu na drinka. Usiłuję się od niego dowiedzieć, dlaczego pół roku temu, podczas mojego występu w telewizji zadawał przez telefon takie pełne wyrzutu pytania. Śmieje się i odpowiada: „Zapomnij o tym, to miało związek ze mną. Ale to długa i niezbyt miła historia. Teraz, jak już się spotkaliśmy, szkoda byłoby zmarnować tak piękny wieczór na jej opowiedzenie".

Dowcipkujemy sobie o tym i owym, a lokal z wolna się zapełnia. Narasta gwar, aż w końcu nie możemy rozmawiać, nie nachylając się ku sobie. Słucham tej jego radosnej, spontanicznej gadaniny i czuję dziwne przyciąganie. Niespodziewanie odczuwam radość, że nie poszłam tego wieczoru do Hanni. Pragnę się dowiedzieć, czego właściwie w sobotni wieczór żonaty mężczyzna szuka w barze. Twarz Markusa poważnieje na kilka sekund i nieco zmieszany obraca kieliszek wina w dłoni. „Nie mam już żony. Ech tam, takie jest życie". Po chwili pyta z uśmiechem, czy mamy ochotę jeszcze się czegoś napić, bo on ma. Irene odmawia – chce już wracać do rodziny. Mnie z kolei coraz bardziej podoba się towarzystwo Markusa i jestem daleka od tego, aby zbierać się do domu. Wprost przeciwnie. Zainteresowało mnie, dlaczego ten „wymarzony mężczyzna" nie jest już żonaty. Ponieważ jest zbyt głośno, opuszczamy bar i jedziemy do jakiegoś spokojniejszego miejsca. Gdy znowu parkujemy przed jakimś barem, wybucham śmiechem i krzyczę: „Wygląda na to, że dobrze znasz tu wszystkie lokale!". „Pewnie, tak to już jest w przypadku samotnych facetów! Ale, szczerze mówiąc, do knajp wypuszczam się raczej rzadko".

Siadamy przy bufecie i słowo za słowem opowiadamy sobie o swoim życiu. Przysłuchuję mu się z dużym zainteresowaniem i współczuciem, i wkrótce widzę całkiem innego, wrażliwego i nieśmiałego człowieka, ukrytego pod wiecznie zadowoloną, uśmiechniętą twarzą. Opowiada mi smutną, niemalże nieprawdopodobną historię swego życia. Brzmi jak kompletne przeciwieństwo tego, co słyszałam podczas spotkań kobiet samotnie wychowujących dzieci. Bez żadnych wyrzutów, beznamiętnie opowiada, jak jego kolejne życiowe marzenia powoli, aż w końcu wszystkie naraz, diabli wzięli. Konsekwencją tego był głęboki kryzys psychiczny. Już przed czterema laty, podczas zjazdu klasy, było to widoczne, ale nikt wówczas tego nie zauważył. Wszyscy wtedy byliśmy zajęci podziwianiem go. Teraz wreszcie zrozumiałam jego atak na mnie podczas talk-show. W tym czasie Markus był świeżo po rozwodzie i od kilku miesięcy nie widział swoich dzieci. Po tym, jak teraz z błyszczącymi oczami opowiada o swoich dwóch córkach, wyraźnie można poznać, jak bardzo je kocha. Podczas rozmowy zamawiamy kolejne drinki, a jego ręka od czasu do czasu dotyka mego kolana. Robi to specjalnie, czy może przypadkiem? Tego nie wiem i zachowuję się tak, jakbym niczego nie zauważyła. Niekiedy czuję na sobie ukradkowe spojrzenia ludzi, którzy widocznie musieli mnie rozpoznać. Nagle staje ktoś przede mną i pyta: „Czy to możliwe, że widziałem panią niedawno w telewizji?". Nieco zakłopotana podnoszę wzrok, a Markus jak zwykle nie ma problemu z udzieleniem ciętej odpowiedzi.

Pomimo tych wszystkich naszych smutnych opowieści bawimy się znakomicie i czas szybko mija. Gdy około drugiej bar zaczyna powoli pustoszeć i my również się zbieramy, chociaż żadne z nas nie chce jeszcze wracać do domu. Nadszedł jednak czas pożegnania. Wychodzimy na dwór, w zimną, zaśnieżoną noc. Aby dotrzeć do swoich samochodów, musimy zbiec po niewielkiej, stromej ulicy, co w niesportowych butach jest dla mnie dość karkołomne. Ze śmiechem ześlizguję się na idącego przede mną Markusa i łapię go za barki, szukając oparcia. Odwraca się i chwyta mnie w ramiona. Zamieram i czuję lekki pocałunek na ustach. Patrzymy na siebie odrobinę wystraszeni i zmieszani, po czym wsiadam do samochodu. Oszołomiona, opuszczam szybę, aby się pożegnać. Markus, uśmiechnięty, wychyla się ku mnie, zaglądając do wnętrza samochodu, kładzie rękę na moim ramieniu i mówi: „Jesteś wspaniałą kobietą, uważaj na siebie i dojedź szczęśliwie do domu". Następnie odwraca się i wsiada do swojego wozu. Ruszam i macham do niego na pożegnanie. Podczas drogi do domu jestem kompletnie skołowana. Po pierwsze, mocno wali mi serce, a po drugie, nie wiem, co o tym wszystkim mam myśleć. Wreszcie leżę we własnym łóżku, ale wciąż jestem niespokojna.

Bardzo się cieszę, kiedy rano odbieram Napirai od matki. Jemy razem śniadanie, a ona opowiada mi, cóż to przeżyła z Hanspeterem i babcią. Nagle dzwoni telefon. Jest godzina jedenasta. Podnoszę słuchawkę i słyszę głos Markusa: „Dzień dobry, obudziłaś się już i jesteś na nogach?". Zatyka mnie. Nie spodziewałam się, że jeszcze dzisiaj do mnie zadzwoni i że ten telefon tak bardzo mnie ucieszy. Przychodzi Napirai i pyta: „Mamo, kto to jest? Mamooo, powiedz wreszcie, kto dzwoni? Dlaczego tak dziwnie się śmiejesz?". Daję jej znaki, że później wszystko jej wyjaśnię, Napirai idzie do swojego pokoju, żeby się pobawić, a my rozmawiamy prawie dwie godziny. To niewiarygodne, że na tym świecie istnieje jakiś mężczyzna, z którym można tak długo prowadzić ożywioną rozmowę! Odkładam słuchawkę dopiero wtedy, gdy Napirai staje przede mną pełna słusznych wyrzutów i ponownie pyta: „Mamo, jesteś taka dziwna, powiedz mi wreszcie, kto jest przy telefonie! I skończ zaraz!". Żegnając się, wspominam, że w przyszłym tygodniu znowu będę jeździła z odczytami po Niemczech. Kończymy rozmowę. Biorę Napirai na kolana i opowiadam jej, skąd znam Markusa i jak to wczoraj przypadkiem się spotkaliśmy. „Tak, ale dlaczego on już dzisiaj dzwoni? Czy to jest teraz twój przyjaciel?" – pyta. „Nie, myślę, że nie... Ale prawdę powiedziawszy, jeszcze nie wiem". „Mamo, ale ja nie chcę, żebyś miała przyjaciela!". Uspokajam Napirai: „Ale przecież nie mam jeszcze żadnego przyjaciela".

Po południu zwiedzamy zuryskie zoo i pomimo szczypiącego mrozu rozkoszujemy się przepięknym ogrodem. Przed drogą powrotną kupujemy frytki i gorącą herbatę. W domu robię Napirai rozgrzewającą kąpiel w wannie. Ledwo zasiadam w fotelu, dzwoni telefon. Jestem całkowicie osłupiała, gdy znów słyszę głos Markusa. Opowiadam o naszej wycieczce, a on o swoim samotnym spacerze nad jeziorem. Pyta, czy może chciałybyśmy wybrać się do zoo z nim i jego dziećmi podczas jednego z weekendów, kiedy będą u niego. Dla mnie to żaden problem, jak tylko będę miała więcej czasu, odpowiadam. I znowu mija prawie godzina, zanim się żegnamy. Dawno z nikim tyle się nie śmiałam, jak z tym człowiekiem.

Następnego dnia lecę do Düsseldorfu. Nim opuszczam terminal, mój wzrok pada na dowcipne pocztówki, leżące na stoisku z gazetami. Piszę spontanicznie do Markusa kilka słów i po długim zastanowieniu kończę zdaniem: „I chyba czuję do ciebie miętę – a ty?". Przed wrzuceniem widokówki waham się, czy to wypada, czy czasem nie narażam się na śmieszność. Co tam, teraz albo nigdy, myślę. I już kartka ląduje w skrzynce pocztowej. Od razu robię się spokojniejsza i biorę taksówkę do hotelu. O rany, ten Markus zawróci mi jeszcze całkiem w głowie, myślę i nagle przypomina mi się rozmowa u wróżki. Naturalnie! Powiedziała przecież, że od dawna znam tego mężczyznę. Nigdy nie pomyślałabym, że chodzi tu o Markusa, chociaż już na zjeździe klasy uważałam go za pociągającego. A wtedy miał jeszcze żonę. A ja po tym spotkaniu marzyłam o podobnym do niego partnerze. Kiedy tak rozmyślam, serce mi pika i pytam siebie: „Czy to jest nasze przeznaczenie?".

Wieczór autorski przebiega wspaniale. Jestem uskrzydlona. Gdy później leżę w pokoju hotelowym, mam wielką ochotę zadzwonić do Markusa. Nie chcę jednak postąpić pochopnie, gdyż w gruncie rzeczy nie mam zielonego pojęcia, co on myśli o nas jako parze. Na początku naszych rozmów wywnioskowałam, że właściwie nie chce żadnego nowego związku, gdyż kiedy ma się dzieci, jest to bardzo trudne. Obie strony musiałyby wykazać się dużą wyrozumiałością, a to wydaje mu się prawie niemożliwe, bo jego dzieci zawsze będą stały u niego na pierwszym miejscu. Kiedy to mówił, czułam to samo. Dlaczego jednak rozmawiamy całymi godzinami i dlaczego czujemy wyraźnie, że się wzajemnie przyciągamy? Ciekawa jestem, czy zadzwoni, kiedy wrócę, czy też po mojej odważnej pocztówce zamilknie.

Wreszcie jestem znowu w domu. Na sekretarce telefonicznej znajduję mnóstwo wiadomości, ale żadna nie jest od Markusa. Ech, co tam, może te telefony, kiedy ktoś odłożył słuchawkę bez nagrywania się, były właśnie od niego, pocieszam sama siebie, ale tak naprawdę jestem zawiedziona. W sobotę wieczór nadal nie mam od Markusa żadnych wieści, więc wykręcam jego numer. Odbiera telefon i jest bardzo uradowany. Śmiejąc się, dziękuje za kartkę i wyjaśnia, że najpóźniej jutro sam by do mnie zadzwonił, gdy tylko odwiózłby swoje dzieci do domu. Teraz wszystko jest dla mnie jasne. Córki są u niego z wizytą. Oddycham z ulgą.

W następnym tygodniu zapraszam Markusa na kolację. Ponieważ jestem stale w drodze, sprawia mi wielką przyjemność, że znowu mogę ugotować coś w domu. W dniu naszego spotkania Napirai jest u opiekunów. Wydaje mi się, że jest jeszcze za wcześnie, aby poznała Markusa. Nakrywam pięknie do stołu i jako przystawkę przygotowuję sałatkę z krewetek. Biegam cała podniecona tam i z powrotem po mieszkaniu i chowam różne rzeczy po kątach. Po raz nie wiem już który sprawdzam fryzurę i makijaż. Czy aby jestem dobrze ubrana? Nie za bardzo ekstrawagancko, ale mimo to pięknie? Mój Boże, Corinne, zachowujesz się jak prawdziwa nastolatka! – przelatuje mi przez głowę. Dzwoni telefon i już myślę, że pewnie nie będzie mógł dzisiaj przyjść, ale nie, on tylko nie może znaleźć ulicy. Zdenerwowana tłumaczę mu, jak ma się do mnie dostać, i wkrótce rozlega się dzwonek do drzwi.

Otwieram, a Markus, z rozpromienioną twarzą i różami w ręce, jednym skokiem pokonuje pięć schodów naraz. Padamy sobie w ramiona i do naszego pierwszego prawdziwego pocałunku dochodzi na klatce schodowej. Oboje jesteśmy zmieszani. Proszę, aby wszedł do środka. W pokoju dziennym jego wzrok pada na nakryty stół i po wyrażeniu uznania pyta: „Ale w środku nie ma chyba krewetek?". „Są, a dlaczego?". „To właściwie jedyna potrawa, jakiej nie jadam, przepraszam. Ale nic nie szkodzi, nie jestem wcale głodny, tylko szczęśliwy, że jestem tutaj. Myślę, że dzisiaj tak szybko się mnie nie pozbędziesz". Przy tym zamyka mnie w swoich ramionach.

Gdy rano opuszcza mieszkanie, wiem, że jestem zakochana po uszy. Nigdy bym nie pomyślała, że mogłabym ponownie przeżyć coś takiego, i to z taką siłą. Jestem przekonana, że to los albo sam kochany Pan Bóg nas połączył.

Przy obiedzie opowiadam Napirai szczegółowo o Markusie. Zasypuje mnie pytaniami: „A jak on wygląda? Jest stary czy młody? Czy mnie też lubi? Czy wie, że jestem brązowa? A ma dzieci?". Kiedy odpowiadam twierdząco na to ostatnie pytania, budzi się w niej większe zainteresowanie. „A ile mają lat? Czy przyjdą kiedyś do nas, żeby się ze mną pobawić?". Pytanie za pytaniem. Od tego momentu niemalże codziennie usiłuje się dowiedzieć, kiedy wreszcie będzie mogła poznać Markusa. Postanawiamy, że stanie się to już w najbliższy weekend. Jestem ciekawa, jak moja córka na niego zareaguje. Gdy potem, podczas weekendu, Markus dzwoni do drzwi, wskakuje najpierw do swojego pokoju i spoziera przez wąską szparę w drzwiach. Kiedy już przywitałam się radośnie z Markusem, Napirai przychodzi do nas i najpierw obserwuje go krótką chwilę, a potem pyta, gdzie są jego dzieci. Markus przyjaźnie wyjaśnia, że odwiedzają go tylko w co drugi weekend i dlatego dzisiaj nie mogły z nim przyjść. Za to ma mały upominek dla niej. Napirai bierze prezent z zaciekawieniem i ciągnie mnie za rękę do swojego pokoju, szepcząc jednocześnie: „Mamo, ale on wygląda całkiem młodo". Śmieję się, gdyż Markus ma tyle samo lat co ja i nie umiem ocenić, czy Napirai odbiera mnie jako starszą, czy też może porównuje tylko Markusa z mężczyzną z mojego poprzedniego związku sprzed trzech lat. W każdym razie Markus szybko zyskuje sobie dużo sympatii u mojej zwykle raczej nieśmiałej w stosunku do mężczyzn Napirai. A ponieważ sam ma dwie córki, wie, jak ją sobie owinąć wokół palca. Krótki czas potem w pokoju dziennym pojawia się, niby przypadkiem, chłopak z sąsiedztwa ze znudzoną miną i nasuniętą na czoło czapką baseballową. Jemu również przedstawiam swojego nowego przyjaciela. Ledwo dzieci znikają za rogiem, słyszę jak chłopak mówi do Napirai: „Ten gość jest *cool*!". Śmiejemy się – pierwszy egzamin zdany.

Spędzamy wspólnie piękny wieczór, podczas którego Napirai i Markus powoli zbliżają się do siebie. Gdy Napirai idzie do łóżka, Markus opowiada jej pewną historię, w której występuje jego były pies. Nie posiadam się ze szczęścia i jestem dumna, że Markus, poza wszystkimi swoimi dobrymi cechami, potrafi również okazać takie czułe zainteresowanie dzieciom. To po prostu imponujące.

Dwa dni później odbywa się prezentacja mojej książki w zuryskim Bernhard-Theater. Tuż przed wyjazdem dostaję faks od organizatorki, z którego dowiaduję się, że Kenijki nawołują do wielkiej demonstracji. Powoli zaczyna mnie to wszystko denerwować, gdyż ani moje wydawnictwo, ani też ja nie otrzymaliśmy jak dotąd żadnych konkretnych zarzutów na piśmie i w żaden sposób nie można z protestującymi rozsądnie porozmawiać. W Zurychu towarzyszą mi więc ochroniarze. Przed teatrem stoi na ulicy jakieś piętnaście osób z bębnami i innymi instrumentami i robi dużo hałasu. Ponownie próbuję nawiązać rozmowę, podchodzę do głównej mówczyni i pytam ją, co ta demonstracja ma oznaczać. Znowu otrzymuję odpowiedź, że obrażam honor wielu Kenijek i Kenijczyków i że jeszcze zobaczę, co się wydarzy. Zarabiam dużo pieniędzy i dlatego muszę połowę oddać swojemu kenijskiemu mężowi. Wymieniają sumy, które mnie, pomimo powagi całej sytuacji, doprowadzają do śmiechu. Ponadto twierdzą, że moi krewni w Kenii są na mnie wściekli. Wtedy wyciągam z torebki najnowszy list Jamesa, który specjalnie zabrałam ze sobą, i czytam go na głos. Jest w nim napisane, że dziękują mi za moje wsparcie i pomoc i wszyscy są szczęśliwi, że książka tak dobrze się sprzedaje. Główna mówczyni przeszkadza mi, krzycząc, że to wszystko kłamstwo, że to wcale nie jest list od Jamesa i że mam dowieść, że jest od niego! W tym momencie szkoda mi już czasu na dalszą dyskusję z tak rozhisteryzowanymi osobami i biegnę do strażników z ochrony. Jedna z kobiet podąża za mną i krzyczy: „Dziecko należy do Kenii i my je sprowadzimy z powrotem, a do tego zażądamy połowy pieniędzy!". To doprowadza mnie do wściekłości, a także zasmuca, że zupełnie obcy ludzie wtykają nos w nie swoje sprawy i z chciwości, chęci zemsty albo jakichś innych powodów pragną zniszczyć więzi, jakie łączą mnie z kenijską rodziną. Najgorsza jest jednak myśl, że moje dziecko mogłoby znaleźć się w niebezpieczeństwie!

Także tego wieczoru demonstranci są jednym z tematów rozmowy z czytelnikami. Dociera do mnie, że sprawę należy zacząć traktować poważnie, ponieważ mamy tu do czynienia z fanatykami. Następnego dnia składam skargę na policji, gdyż znane są nazwiska osób uczestniczących w demonstracji, która została oficjalnie zapowiedziana. Organizatorzy liczyli mniej więcej na stu pięćdziesięciu demonstrantów, ale tylko jedna dziesiąta z tego czuła się dostatecznie zmotywowana, aby się zjawić. Policja traktuje sprawę poważnie i przesłuchuje uczestników protestu. Później dowiaduję się z raportu, że mają nieuzasadnione, błahe zarzuty, i że kenijskie kobiety zapewniły policję, że w przyszłości zostawią mnie w spokoju. Słysząc to, wycofuję na razie skargę, aby tym ludziom nie groził proces. Widocznie nie są świadomi, jak brzemienne w skutkach są konsekwencje takich gróźb u nas, w Szwajcarii. Od tego dnia mam spokój.

W związku z tą historią zdarzają się mi również miłe doświadczenia. Otrzymuję telefony i listy od różnych Kenijek, które mnie uspokajają i podkreślają, że nie wszyscy tak myślą. Nie mam się czym martwić, książka nie przedstawia nic fałszywie. Niekiedy otrzymuję nawet od ludzi z Afryki drobne prezenty i ładne widokówki ze słowami przyjaźni. To mi dodaje otuchy, gdyż do dziś nie pojmuję, kogo niby miałam w swojej książce obrazić.

Jednocześnie uświadamiam sobie, że od ponad dwóch miesięcy nie dostałam żadnej wiadomości od Jamesa. Kilka dni później nadchodzi w końcu list. Jak zawsze, zaczyna się przyjaznymi pozdrowieniami i zapewnieniem, że wszystko jest w porządku. Usprawiedliwia się, że tak długo nie pisał, ale musiał jeszcze wyjaśnić kilka spraw. Od Kenijczyków mieszkających w Szwajcarii słyszał, że nie zgadzają się z książką, gdyż nie napisałam z pełnym szacunkiem o nich, Samburu i Masajach, i o ich kulturze. Poza tym zabrano go do biura w Maralalu, aby złożył wyjaśnienia. Nie wolno mi zapominać, że według kenijskiego prawa nadal jestem żoną Lketinga, a Napirai jego córką. Jako że przez te Kenijki dowiedział się, że jemu i jego rodzinie należy się ode mnie jeszcze mnóstwo pieniędzy, prosi o dalsze wsparcie. Chciałby dowiedzieć się, co napisałam w książce. Wtedy mógłby rozstrzygnąć, komu ma wierzyć. Dalej opowiada o bliskim ślubie i załącza dla mnie zdjęcia swojej przyszłej żony. Jest to młoda, mniej więcej piętnastoletnia, uczennica.

List mnie zezłościł. Najwyraźniej te kobiety nie przebierają w środkach. Nawet w Maralalu rozgłaszają złe wiadomości. Jakie to przykre. Latami żyłam u rodziny Lketinga i przypuszczałam, iż znają mnie wystarczająco dobrze. Od swojego powrotu, także przed sukcesem książki, pomagałam całej rodzinie, a mimo to James ma wątpliwości, komu powinien wierzyć! Teraz jestem zdecydowana działać. Nie wiem jednak jak, gdyż sama nie mogę udać się w podróż do Kenii. Omawiam z moim wydawcą całą sytuację, która bardzo mnie niepokoi. Postanawia jak najszybciej pojechać do Maralalu, aby spotkać się z moimi kenijskimi krewnymi. Dobrze by było, aby ktoś przedtem przetłumaczył książkę dla Lketinga i Jamesa. Przychodzi nam na myśl Jutta, która mieszka w Kenii, bardzo dobrze zna okolice, a przede wszystkim mówi w tamtejszym języku. Wydawca nawiązuje z nią kontakt, a ja powiadamiam o wszystkim listownie Jamesa. Spotkanie ma się odbyć za dwa miesiące, w lipcu 1999 roku.

Jestem szczęśliwa w swoim nowym związku. Spotykam się z Markusem tak często, jak to tylko możliwe. Kiedy jestem w domu, właściwie u nas mieszka i stąd dojeżdża do pracy w Zurychu. Jeśli przedtem byłam przekonana, że nie ma czasu i miejsca dla mężczyzny w moim życiu, to teraz nagle ten problem przestał zupełnie istnieć. Napirai stała się wyraźną fanką Markusa, nawet jeśli od czasu do czasu słychać w jej słowach nieco zazdrości, gdy na przykład mówi: „To jest moja mama! Ona należy tylko do mnie!". Poznałyśmy również dzieci Markusa. Po początkowym onieśmieleniu, dzięki nigdy nie wyczerpanej ochocie do zabawy u Napirai kontakty między dziewczynkami szybko stały się swobodne i dzieci bawią się ze sobą, jakby się znały całą wieczność. Moje biuro zostało zamienione w pokój gościnny i zawsze wszyscy bardzo się cieszymy na kolejne odwiedziny dziewczynek. Dużo rzeczy robimy wspólnie. Rozkoszuję się tym swoim niebywałym szczęściem, za które codziennie dziękuję Bogu w cichych modlitwach. Po dwóch miesiącach mam wrażenie, jakbyśmy już od lat byli z Markusem razem. Naturalnie jest to związane z naszym wspólnym czasem spędzonym w szkole, o którym możemy mówić godzinami, co przysparza nam wiele radości. Jeśli mam wieczór autorski w pobliżu Zurychu, spotykamy się później na mieście i przechadzamy jak para zakochanych, wymieniając przy tym czułości niczym nastolatki. Mimo że często jestem rozpoznawana, wszystko mi jedno, co inni sobie o mnie pomyślą. Takich uczuć nie mam zamiaru się wstydzić, szczególnie po tak długim okresie posuchy. Mam trzydzieści dziewięć lat i sama za siebie odpowiadam.

W maju jestem często w trasie albo uczestniczę w konferencjach prasowych. Wszędzie sale są pełne i oddźwięk z powodu „Masajki" jest ogromny. Na samych Dniach Literatury w Weiden spędzam aż sześć dni. Przebywanie wśród renomowanych pisarzy albo też zobaczenie własnego oblicza na plakatach i prospektach obok znanych literatów wzbudza we mnie dość dużo emocji. W przeciwieństwie do innych, którzy pozdrawiają się serdecznie, nie znam tutaj osobiście żadnego autora. Niektórzy z nich opublikowali już kilka książek, ja zaś jestem autorką tylko jednego dzieła. W dniu prezentacji mojej książki jestem trochę zdenerwowana. Wspólnie z czterema innymi autorami i autorkami siedzę na scenie. Każdy czyta niewielki urywek ze swojej książki. Po reakcji publiczności poznaję z ulgą, że mój fragment się podoba.

W domu czeka na mnie ponownie powódź listów. Pozostałe docierają prosto do wydawnictwa. Na pierwsze, mniej więcej pięćset, odpowiadam jeszcze sama, odpisując ręcznie, ale od pewnego momentu nie mam już sił, aby dać sobie radę z coraz to większą i większą liczbą korespondencji, ponieważ prawie każdy list zawiera dodatkowe pytania.

Wiele uczennic i uczniów wybiera moją książkę jako temat swoich pisemnych prac końcowych albo referatów i prosi o pomoc i więcej informacji. Na takie listy albo e-maile staram się zawsze odpowiedzieć, bo kiedy byłam w ich wieku, nigdy nie miałam odwagi, aby napisać do jakiejś publicznej osoby.

Na początku czerwca wyprawiamy z Markusem po raz pierwszy wspólnie urodziny. Ponieważ jego przypadają tylko dwa dni później niż moje, świętujemy pośrodku. Zapraszamy wszystkich naszych przyjaciół. Jest to radosna uroczystość, na której wiele moich przyjaciółek gratuluje mi szczęścia i mówi: „Corinne, takiej jak teraz przez ostatnie dziewięć lat jeszcze nie widziałyśmy!". Ostatni goście opuszczają mieszkanie dopiero nad ranem.

Nadchodzą piękne tygodnie, kiedy mam mnóstwo pracy, która nadal sprawia mi wielką przyjemność. Wprawdzie brak mi wolnego czasu, ale za to przeżywam go bardzo intensywnie.

Dziesiątego lipca 1999 roku mój wydawca leci w towarzystwie swojego przyjaciela do Nairobi. Poza licznymi zdjęciami Napirai i rodziny w jego bagażu znajduje się kaseta magnetofonowa, na której każdy z rodziny, również Napirai, mówi po angielsku parę słów do Jamesa, a przede wszystkim do Lketingi i mamy. W Nairobi odbiera ich Jutta ze swoim towarzyszem. W poprzedzających to spotkanie tygodniach Jutta znakomicie wszystko przygotowała. Już uprzednio odwiedziła moją kenijską rodzinę w Maralalu i zadała sobie trud przetłumaczenia Jamesowi i Lketindze w ciągu wielu dni całej książki na suahili, aby poznali w końcu jej treść i dzięki temu mogli sobie wyrobić własny pogląd.

Cała grupa leci wspólnie samolotem do Maralalu, gdyż jest zbyt mało czasu, aby odbywać uciążliwą dwudniową podróż autobusem. W umówionej noclegowni dla Samburu wydawca i jego towarzysz spotykają się z Jamesem i Lketingą. Podczas gdy James reaguje od razu otwarcie, Lketinga obserwuje najpierw obcych nieco nieufnie i z posępną miną. Dopiero gdy odsłuchuje z kupionego w Nairobi radia z magnetofonem kasetę z pozdrowieniami, ożywia się i staje się bardziej przyjazny. Potem popada w zadumę. Wsłuchując się w głosy, patrzy ze spuszczoną głową na leżące przed nim zdjęcia i książkę. Dla wszystkich obecnych jest to wzruszający moment.

Podziw wzbudzają liczne artykuły w gazetach i najnowsze zdjęcia, które wywołują wiele pytań. Całymi godzinami moi przyjaciele opowiadają, zdają sprawozdania, a James i Lketinga zapewniają, że są dumni z książki i nic nie mogą jej zarzucić.

Następnego dnia James i Lketinga zabierają *mzungu* do mamy, która nadal mieszka w pobliżu Maralalu. Pikap jedzie po bezdrożach w kierunku gór, gdzie obecnie żyją z częścią rodziny. Mama Masulani przyjmuje obcych jej białych z godnością, powściągliwie i z rezerwą na twarzy, podczas gdy syn James rozmieszcza w jej *manyatcie* przywiezione jako prezenty zapasy cukru, mąki kukurydzianej oraz napoje i tytoń. Kiedy zarzuca jej na plecy nowy, kolorowy koc i pokazuje zdjęcia Napirai, mama Masulani uśmiecha się wreszcie przyjaźnie.

Zachodząc do prostych chat, mój wydawca jest bardzo poruszony spartańską skromnością maleńkich domostw bez okien, w których z ogniska unosi się gryzący dym. Widzi również biedę mieszkających tu ludzi, którzy z powodu toczących się walk ciągle jeszcze nie mogą wrócić na swoje rodzinne tereny w Barsaloi i mają tylko trochę bydła. Dlatego też spontanicznie postanawia kupić dla rodziny na rynku kilka kóz. Dla Jamesa i Lketingi zostają założone konta w banku w Maralalu, aby można było na nie przelewać co miesiąc pieniądze.

W dzień pożegnania obaj *mzungu* zapraszają wszystkich obecnych na obiad w Maralalu. Naturalnie, przybywają tylko sami mężczyźni, ale i tak zbiera się przy długim drewnianym stole mniej więcej piętnaście osób. Wydawca, wtedy jeszcze ścisły wegetarianin, dziwi się na widok podanych na stół gór mięsa, z których wkrótce zostają tylko niewielkie pagórki kości. Następnie dwaj biali, otoczeni chmarą żwawych i ciekawskich dzieci, odbywają jeszcze przechadzkę po barwnym rynku i już muszą ruszać w drogę powrotną.

Kiedy później wydawca i jego towarzysz, obaj pod silnym wrażeniem tego, co zobaczyli, opowiadają o podróży, oglądam zrobione przez nich zdjęcia i walczę z napływającymi do oczu łzami. Czuję zapach tych ludzi, tego kraju i widzę przed sobą wszystkie szczegóły, których wcale nie muszą mi opisywać. Naturalnie wszyscy są teraz starsi, tak samo jak i ja. Ale zamieszki, głód, ciężkie życie w ciągłej ucieczce i być może na ostatek także ta cała historia ze mną spowodowały, że szybciej się postarzeli. Lketinga stał się pełnym wdzięku starszym *mzee*, lecz blizny po wypadku samochodowym, a także wcześniejsze nadużywanie alkoholu naznaczyły jego twarz. Patrząc na te zdjęcia, szukam prawie nadaremnie mojego niegdysiejszego „półboga".

W sierpniu wywiązuję się z przyrzeczenia danego swojej przyjaciółce Annelise i lecimy razem z Napirai na wytworny urlop na Jamajkę. Jak to pokazane jest na wielu prospektach reklamowych, rezydujemy nad samym lazurowym morzem z piękną plażą i palmami. Mimo to ten kraj mnie nie zachwyca. Przyczyną jest tęsknota za Markusem, z którym żyję wspólnie dopiero od niecałych czterech miesięcy, a poza tym za każdym razem porównuję miejsce, w którym właśnie jestem na wakacjach, z Kenią i jak dotąd nie znalazłam takiego, które wywarłoby na mnie równie silne wrażenie.

Podróż przynosi mi jednak również coś dobrego. Jeszcze w domu postanowiłam, że przestanę palić, gdyż Markus jest niepalący. Chciałam wykorzystać długi lot samolotem na przeczytanie książki o odzwyczajaniu się od palenia, aby ten czas był bardziej znośny. Już po pierwszych stronach widzę pozytywne działanie i nie odczuwam ochoty na papierosa, podczas gdy Anneliese cierpi. Wiem, jakie to straszne, gdy wszystkie myśli krążą tylko wokół papierosów. Ledwo lądujemy, moja przyjaciółka zapala. Natychmiast stoi przy nas uzbrojony policjant i fuka na nią: *No smoking at the airport!* Po ponad dwudziestu godzinach, podczas których nie mogła palić, zirytowana gasi niedopałek. Dziwne, ale ja nie odczuwam głodu nikotynowego. Nie bardzo wiem, co poprzestawiało mi się w głowie, ale książka z pewnością dużo w tym pomogła. Podczas urlopu próbuję jeszcze raz czy dwa zapalić, zanim definitywnie, po wielu latach intensywnego palenia, z tym kończę. Jest to spokojny urlop, podczas którego dobrze wypoczywam, chociaż chętnie wracam do domu.

Tymczasem ukazuje się coraz więcej tłumaczeń mojej książki. W następnych dwóch latach pojawiają się przekłady we Francji, Włoszech, Holandii, we wszystkich krajach skandynawskich, w Izraelu, a nawet w Japonii. Do dziś zebrało się piętnaście tłumaczeń, a mają być jeszcze następne. Któż by pomyślał! Mimo że nie cieszy mnie cudze nieszczęście, niekiedy miałabym ochotę zobaczyć twarze redaktorów, którzy zbyli mnie kiedyś banalnymi odmowami. W prawie wszystkich krajach książka dostaje się na listy bestsellerów, a ja otrzymuję teraz korespondencję z połowy świata. Niekiedy latam za granicę na promocje, aby przedstawić książkę osobiście, udzielam wywiadów różnym gazetom i czasopismom albo występuję w telewizji.

Kiedy w listopadzie ponownie wracam z trasy do domu, Napirai rzuca mi się w ramiona i skarży: „Mamo, dlaczego musisz ciągle wyjeżdżać? Przecież teraz wszyscy już wiedzą o książce. Zrobiłyśmy już przecież tyle zdjęć. Nie chcę, żebyś z powodu tej głupiej książki stale wyjeżdżała!". Mówi to z takim smutkiem i skargą w głosie, że nie muszę długo się zastanawiać i informuję wydawnictwo, że pomimo dużego zainteresowania moimi wieczorami autorskimi w przyszłym roku nie będą się mogły odbyć. Pragnę wreszcie znowu spędzić przyjemnie Boże Narodzenie z Napirai i Markusem. Jemu także dają się we znaki moje wyjazdy i z tego powodu pojawiły się już pierwsze nieporozumienia. Naprawdę nie zawsze ma ze mną łatwo. Zdarzają się takie dni, że dzwonią do mnie do późna w nocy całkowicie mi obcy wielbiciele i dopiero gdy robię się nieprzyjemna, zostawiają mnie w spokoju. Albo na przykład siedzimy sobie w restauracji, a tu co pół godziny ktoś podchodzi do naszego stolika i mówi o książce, nie zważając wcale na to, że może akurat przypadkiem przerywa nam prywatną rozmowę albo może mamy właśnie zamiar podnieść pełną łyżkę do ust. Na pewno nie jest to wszystko łatwe dla Markusa. Nie, w żadnym wypadku nie chcę ryzykować i wystawiać na próbę ani troskliwości i dobrych stosunków z Napirai, ani mego przywiązania i miłości do Markusa.

Ale to jest mój „zawód" i siłą rzeczy powinnam dbać o sukces książki. Naturalnie, wiem, że większość czytelników i czytelniczek nie ma nic złego na myśli, kiedy zwraca na mnie uwagę. Pomimo to w momencie, kiedy książka cieszy się szczytowym powodzeniem, postanawiam się wycofać. Potrzebuję trochę czasu na zajęcie się sobą i zastanowienie, co będzie dalej. Jest dla mnie jasne, że nie będę wiecznie autorką. Napisanie dalszego ciągu, czego wielu czytelników sobie życzy, nie wchodzi w rachubę, gdyż pragnę trochę więcej spokoju w życiu. Potem jednak, na początku marca 2000 roku, ukazuje się wydanie kieszonkowe i całe zamieszanie zaczyna się od początku. Również i tym razem książka szybko wchodzi na listy bestsellerów. Dlatego biorę jeszcze udział w wybranych imprezach i występuję w telewizji.

Najwięcej jednak czasu spędzam teraz w domu i gotuję dla mojej małej rodziny. Poza tym zaczynam na nowo rozkoszować się naturą i wyruszam na długie wędrówki. Nie przeszkadza mi, że jestem sama w drodze. Za jedynego towarzysza mam niewielki aparat fotograficzny i z przyjemnością robię zdjęcia krajobrazów, pięknie ukształtowanych kamieni i różnorodnych gatunków roślin. Ponieważ nagle ogarnia mnie ochota na jeżdżenie motorem, kupuję sobie mocny skuter i zdaję egzamin z jazdy. Udaje mi się również zachęcić do tego Markusa i niebawem, jeśli czas na to pozwala, pędzimy po szwajcarskich przełęczach. Niekiedy przyłącza się do nas Napirai, jest jednak teraz w takim wieku, że chętniej przebywa z koleżankami. Tak, czuję, jak powoli następuje we mnie przemiana, nie wiem jeszcze jednak, dokąd mnie to wszystko zaprowadzi.

Regularnie otrzymuję listy z Kenii i często przesyłamy sobie najnowsze zdjęcia. Tymczasem James się ożenił. Pomimo że dziewczyna, podobnie jak on, chodziła do szkoły, została przed ślubem obrzezana. Gdy o tym czytam, ponownie uświadamiam sobie, że tradycje Samburu są silniejsze od jakiegokolwiek wykształcenia. W październiku, jak dowiaduję się z innego listu, żona Jamesa urodziła zdrową dziewczynkę. Z kolei żona Lketinga miała już drugie poronienie i z powodu komplikacji musi niebawem udać się do szpitala. Lketinga jest smutny, że ciągle tracą dzieci. Jak dotychczas, przeżyła tylko pierworodna córka.

Któregoś razu James pisze długi list, w którym moja teściowa dyktuje mu następujące słowa skierowane do mnie:

Gogo Napirai jest teraz bardzo stara, ale przyrzeka, że do końca życia będzie modliła się za Ciebie i Napirai. Nie zapomnę, co Ty, Corinne, dla mnie zrobiłaś. Zawsze troszczyłaś się o mnie, nosiłaś dla mnie drewno na opał, czerpałaś dla mnie wodę, gotowałaś dla mnie jedzenie, prałaś moje ubranie i robiłaś dla mnie wiele, wiele innych rzeczy. Na zawsze pozostaniesz głęboko w moim sercu.

Dziesięć lat po tym, jak widziałam ją po raz ostatni, nadal głęboko wzruszają mnie te słowa i czuję, że wciąż jesteśmy ze sobą związane. Wspominam nasze pierwsze spotkanie w Barsaloi i widzę, jak mama wczołguje się do *manyatty* i mierzy mnie i Lketingę wzrokiem, surowo i posępnie. Dopiero po długich minutach wyciąga w moim kierunku ciemną dłoń i mówi z uśmiechem zbawcze dla mnie słowa: *Jambo*, witaj! Jeśli nawet nic więcej nie zrozumiałam z dalszego potoku słów, to miałam wrażenie, że udziela nam swego przyzwolenia, i natychmiast poczułam do niej głęboką sympatię.

Tak, a dzisiaj miliony ludzi czyta naszą historię, a ja jestem szczęśliwa i dumna, że w ten sposób mogę im dać radość i natchnąć otuchą.

W maju 2001 roku spędzam kilka dni w Monachium, aby omówić scenariusz, który ma być podstawą do filmu fabularnego o moim życiu w Kenii. Rokowania i rozmowy dotyczące tego filmu ciągną się już dość długo. Z jednej strony od pewnego czasu całej branży filmowej nie wiedzie się najlepiej, z drugiej – wciąż pojawiają się trudności z reżyserem i przede wszystkim z obsadą głównych ról, Lketingi i mojej. Nie jest mi łatwo, niemalże przeżywam szok, kiedy czytam w scenariuszu sceny, które nie znajdują odpowiednika w mojej książce i nie mają nic wspólnego z moimi własnymi przeżyciami. Widocznie dramaturgia filmu kieruje się zupełnie innymi prawami niż dramaturgia książki. W przyszłości czeka nas jeszcze wiele pracy i rozmów, aby wszystkich biorących udział w przedsięwzięciu w jakiś sposób zadowolić. Mam tylko nadzieję, że gdy pewnego dnia część mojego życia pojawi się na ekranach kin, będziemy mogły z Napirai być z tego dumne. W końcu i ona, i ja będziemy

musiały z tym dalej żyć. Mimo tych wątpliwości jestem w pełni
przekonana, że uda się nakręcić piękny, autentyczny film. Z nie-
cierpliwością czekamy na ten moment.

PLANY NA PRZYSZŁOŚĆ

Nasza mała rodzina coraz bardziej się zżywa. Byliśmy już wspólnie
ze wszystkimi dziećmi na urlopie na Bali, o czym dziewczynki do
dziś mówią z zachwytem. Niekiedy spędzamy z nimi weekend na
niedużym placu kempingowym. Są to dla nas wszystkich dni prawdziwego odpoczynku i zawsze cieszymy się, gdy możemy gościć
córki Markusa u nas podczas weekendu.

Liczba sprzedanych egzemplarzy książki na niemieckim obsza-
rze językowym zbliża się do miliona, a ja coraz częściej zastanawiam się, jak będzie wyglądała moja zawodowa przyszłość. W tym
czasie nawiązałam ponownie kontakt z Anną z grupy matek samotnie wychowujących dzieci i odwiedzam ją często w jej chłopskiej
zagrodzie. Jej sposób życia robi na mnie wrażenie. Ponieważ czuję
się u niej zawsze bardzo dobrze, a także sprawia mi przyjemność
zajmowanie się zwierzętami, całkiem dobrze potrafię sobie wyobrazić, że również mogłabym wieść takie odosobnione życie gdzieś na
wsi. Jednakże Napirai i Markus nie są wcale zachwyceni tym pomy-
słem. Rozmyślam więc dalej i z wolna dojrzewa we mnie myśl, że
mogłabym prowadzić hotel albo restaurację. Aby wszystkie możliwości stały przede mną otworem, uczę się na różnych kursach
i szkoleniach, jak obchodzić się z komputerem i prowadzić buchal-
terię, jak produkować sery i jak prowadzić hotel czy restaurację. Ale
wciąż nie wiem co, kiedy i przede wszystkim gdzie mogłabym zacząć robić coś nowego. Najbardziej nęci mnie pomysł kupna niewielkiego hotelu, ewentualnie na spółkę z kimś jeszcze. Wymyśli-
łam już nawet nazwę: „Pod białą Masajką", a urządzony byłby
w stylu afrykańskim. W poszukiwaniu odpowiedniego obiektu
przejeżdżam całą Szwajcarię, aż do kantonu Tessin, gdzie od razu
czuję, że tu czułabym się dobrze.

Krótko potem przypadkiem widzę ogłoszenie prasowe: „Cztero-
tygodniowy intensywny kurs języka włoskiego w Tessinie, początek

za tydzień". Ponieważ Napirai w tym właśnie czasie ma ferie szkolne, bez zastanowienia zgłaszam nasz udział. Teraz trzeba tylko wynająć odpowiednie mieszkanie, co w lutym nie stanowi żadnego problemu. Jest dla mnie całkiem normalne, że matka i córka zasiądą razem w jednej ławce szkolnej. No tak, ale dla Napirai wcale nie będzie to, jak się później okaże, aż takie wspaniałe. Popołudniami wyprawiamy się na wycieczki i zwiedzamy okolicę. Jak na tę porę roku klimat w Tessinie jest zadziwiająco łagodny, prawie wiosenny. Po tygodniu jestem już tak zachwycona małym miasteczkiem Lugano, jeziorem, bliskimi górami, w ogóle całą panoramą, która przypomina nieco Rio de Janeiro, że nie opuszcza mnie myśl, iż tu chciałabym spędzić najbliższą przyszłość.

Również Napirai podoba się tutaj, mimo że ciężko przyszłoby jej rozstać się z koleżankami z klasy. Z kolei ją również pociągałoby życie w małym mieście, które dojrzewającej dziewczynie ma więcej do zaproponowania niż wioska, gdzie obecnie żyjemy. Rozmawiamy o wszystkich argumentach za i przeciw i jestem przekonana, że trzynastoletnia Napirai potrafi dać sobie radę ze zmianą otoczenia. Jest dziewczyną o raczej spokojnym, niekiedy prawie cichym usposobieniu, a mimo to zadziwiająco szybko znajduje towarzystwo dla siebie, co mogłam wiele razy zaobserwować podczas naszych urlopów. Nawet bariery językowe potrafi pokonać, na migi. Przy tym jest bardzo wrażliwa. Na smutne wydarzenia reaguje ekstremalnie. Gdy przechadzamy się ulicami, zatrzymuje się przy każdym żebraku czy muzyku i kładzie mu monetę do czapki. Jeśli nie dostanie pieniędzy ode mnie, to daje ze swojego kieszonkowego. Pragnie nawet wspomagać właścicieli restauracji, w których nikt nie siedzi, i mówi wtedy do mnie: „Mamo, popatrz, w środku nie ma nikogo, nie masz ochoty napić się kawy? Mnie chce się bardzo pić". Już jako mała dziewczynka pomagała młodszym od siebie dzieciom, gdy się przewróciły, wszystko jedno, czy je znała, czy też nie. Najgorzej jest, kiedy widzi, jak cierpią zwierzęta. O takich zdarzeniach pamięta nieraz przez całe lata.

Mając metr siedemdziesiąt dziewięć wzrostu, sprawia wrażenie starszej, niż jest w rzeczywistości, i dlatego niekiedy wymaga się od niej za wiele. Mam nadzieję, że zmiana miejsca zamieszkania nie będzie ponad jej siły, i mocno wierzę w to, że szybko nawiąże nowe znajomości. Pomimo że Napirai potrafi dobrze zająć się sama sobą, jest bardzo komunikatywna i potrzebuje wokół siebie ludzi, których lubi. Jest kreatywna, maluje, pisze listy i słucha przy tym godzinami muzyki. Ma bardzo dobry słuch i cudowny głos. Z kolei sport nie jest jej mocną stroną. Jedyną formą poruszania się, jaką kocha, jest taniec, na niego ma zawsze mnóstwo energii. Tak, jestem dumna z mojej lubiącej się przytulać, subtelnej i otwartej córki.

Damy sobie radę z wszystkimi zmianami i na pewno będziemy szczęśliwi. Głęboko w sercu czuję, że nasz czas w obecnym miejscu zamieszkania dobiegł końca. Największą przeszkodą będzie dla nas, a przede wszystkim dla Napirai w szkole, język włoski. Ale przecież inne rodziny z trójką albo czwórką dzieci jakoś dają sobie radę z przeprowadzką za granicę. Dlaczego nie mielibyśmy się na to odważyć? Zwłaszcza że Napirai ma wybitną pamięć i jest bardzo uzdolniona językowo. Opanuje jeszcze jeden język i będzie z tego zadowolona.

Początkowo Markus nie jest wcale zachwycony moimi planami, gdyż obawia się, że w Tessinie nie znajdzie pracy, i dlatego jest przeciwny wyjazdowi. Po dwóch tygodniach kursu języka włoskiego odwożę Napirai do domu, jadę z powrotem do Tessiny i kończę naukę. Pierwsze zdania po włosku pozostają mi mocno w pamięci i niespodziewanie pożegnanie z tą krainą przychodzi mi z niezwykłym trudem. W domu nie mogę sobie znaleźć miejsca i postanawiam definitywnie: muszę się przeprowadzić, gdyż tam, w południowej Szwajcarii, czeka na mnie jakieś zadanie.

Markus jest niesamowity. W tym czasie ubiegał się o pewną posadę w Tessinie i ją dostał. Jeszcze przed nami przeprowadził się do wynajętego tymczasowo mieszkania, aby zacząć nową pracę. Prawie do letnich wakacji Napirai uczęszcza jeszcze do swojej starej szkoły, zanim po długich poszukiwaniach przeprowadzamy się wreszcie do naszego nowego pięknego mieszkania. Jego znalezienie było ponownie związane z dużym szczęściem. Wcześniej studiowałam dokładnie wszystkie gazety z kantonu Tessin, jak również codziennie zaglądałam do Internetu i dwa razy w tygodniu jeździłam sześć godzin tam i z powrotem tylko po to, aby przekonać się, że mieszkania są za małe albo że leżą nie tam, gdzie bym sobie tego życzyła. Ale nasze wymarzone mieszkanie znalazłam, zajrzawszy przypadkowo do jednej z zuryskich gazet. Przez wiele tygodni nie wpadło mi do głowy, aby szukać w tej gazecie. Kiedy jednak Markus mieszkał już od dwóch miesięcy w Tessinie i kiedy ponownie otrzymaliśmy odpowiedź odmowną, ponieważ wynajmujący dał pierwszeństwo pewnej miejscowej rodzinie, zajrzałam, nie robiąc sobie przy tym wielkich nadziei, do tej gazety i odkryłam pod rubryką Tessin jeden jedyny i, jak się później okazało, tylko raz zamieszczony anons o naszym obecnym mieszkaniu: do wynajęcia od zaraz.

Jako że już znamy swój nowy adres, jeszcze przed letnimi wakacjami chcę zapisać Napirai do szkoły. Wprawdzie słabo mówię po włosku, umawiam się jednak telefonicznie na wizytę, podczas której będziemy mogły zwiedzić szkołę i poznać wychowawcę klasy. Uważam, że to ważne, aby Napirai jeszcze przed wakacjami rzuciła okiem na swoich przyszłych kolegów i koleżanki, a także na miejscowość. Na dwa dni przed zamknięciem szkoły jedziemy do Tessiny, i mamy lekką tremę. Nauczyciele okazują się jednak tak przyjaźni i mili, że większość obaw, jakie miała Napirai, błyskawicznie znika. Teraz może z zaciekawieniem, a także z radością oczekiwać nowego roku szkolnego.

Wróciwszy do niemieckiej Szwajcarii, zaczynam od razu organizować przeprowadzkę. Markus nie może mi przy tym zbyt wiele pomóc, bo przecież pracuje już w Tessinie. Kiedy staje się dla mnie jasne, jak wysokie byłyby koszty przeprowadzki, gdybym zdecydowała się na profesjonalną firmę, postanawiam wziąć sprawę we własne ręce. W wypożyczalni aut oglądam największą ciężarówkę, którą wolno prowadzić z prawem jazdy na samochody osobowe, i dochodzę do wniosku, że musi ona wystarczyć. Wszystko, na co nie ma miejsca, zostaje w następnych dniach sprzedane albo rozdane. Pakujemy tylko najważniejsze rzeczy, a jest tego nadal więcej niż dużo. Nie na wszystko znajdujemy odbiorców. Zostaje kompletny pokój dziewczęcy Napirai, który ma dopiero pięć lat, i kilka innych rzeczy. Powiadamiamy położony w pobliżu Brockenhaus, organizację, której można przekazać nieodpłatnie zbędne komuś meble. W wielkich pomieszczeniach magazynowych są one później sprzedawane po przystępnych cenach, a zysk przeznaczany jest na cele charytatywne. Pracownicy Brockenhausu zgłaszają gotowość odebrania w umówiony dzień reszty rzeczy.

Wielki dzień się zbliża, lecz ani Markus, ani ja nie wiemy jeszcze, kto pomoże nam to wszystko załadować na ciężarówkę. Nie odpowiada to mojej naturze, żeby kwękać przed przyjaciółmi o kłopotach. Prawdziwi przyjaciele, myślę sobie, na pewno jakoś się odezwą. I rzeczywiście, cztery dni przed przeprowadzką Annelise zapowiada, że zabierze się energicznie do dzieła. Także Anna w dzień przeprowadzki pojawia się ze swym silnym synem i jedną z dorosłych córek. Przychodzi mój ojciec, z którym od rozwodu rodziców przez długi czas prawie nie miałam kontaktu, aby pomóc nam przy załadunku. Jestem naprawdę wzruszona. Pomagają również dwie przyjaciółki Napirai. I tak oto wieczorem przed długą drogą na południe cały nasz majątek jest dobrze zapakowany. Wszystko, na co nie było miejsca albo co nie znalazło odbiorcy, ma być jutro odebrane przez Brockenhaus, kiedy nas już tu nie będzie. Ostatnią noc spędzamy w pustym mieszkaniu, śpiąc na materacach. Wczesnym rankiem Markus w towarzystwie mojego ojca wyrusza ciężarówką. Jadę za nim naszym wypełnionym po brzegi samochodem. Napirai spędza swój ostatni dzień szkoły w Bäretswil.

W Tessinie wnosimy przy tropikalnej temperaturze, sięgającej trzydziestu pięciu stopni, wszystko na górę do naszego nowego mieszkania. Podczas tego morderczego wysiłku dzwoni nagle komórka. Jakiś pracownik Brockenhausu mówi mi, że nie są jednak zainteresowani pozostawionymi rzeczami. Kiedy poirytowana pytam go o powód, udziela suchej odpowiedzi, że dość trudno będzie sprzedać pokój dziecięcy bez materaca. Ponadto tylna ściana szafy na ubrania jest ze sklejki, a nie z litego drewna. A czegoś takiego właśnie nie chcą ich wymagający klienci! Ach tak, jeszcze są te dwie nalepki na biblioteczce. Kręci również nosem przy innych przedmiotach, nadają się jako tako, jakby z założenia meble te miały być nieużywane! Gdy nieco szorstko odpieram, że to chyba musi być jakiś żart, w końcu nie żyłam przecież na śmietniku, ten zuchwały pracownik wyjaśnia mi, że, owszem, mogliby zabrać te wszystkie rzeczy, jeśli im za to zapłacę. Ogarnia mnie prawdziwa wściekłość i mówię, żeby zostawili wszystko, tak jak jest, i opuścili mieszkanie. Od tego dnia przestaję rozumieć sens istnienia tej organizacji.

Wielce oburzeni jedziemy tego samego dnia z powrotem, aby oddać wypożyczony samochód ciężarowy. Przedtem musimy jeszcze załadować wszystkie pozostałe meble i rozebrać na części komplet mebli dziecięcych. Napirai jest zawiedziona, że jej piękny pokój nie spodobał się nawet ludziom z Brockenhausu. Ładujemy całą resztę na ciężarówkę i wieziemy do pewnego kolegi w Wetzikon, który okazuje zrozumienie dla naszej ciężkiej sytuacji i proponuje nam, że w poniedziałek przetransportuje wszystkie rzeczy do punktu spalania śmieci. Gdy kończymy wyładunek i wszystkie rzeczy leżą pod wiatą, jest już po dwudziestej drugiej. Zanim wsiadamy do samochodu, dostrzegam w położonym naprzeciwko ogrodzie grupę Afrykańczyków, którzy obserwują nas z zainteresowaniem, podczas gdy ich impreza w ogrodzie, jak widać, zbliża się do końca. Przychodzi mi do głowy pewien pomysł i mówię do Markusa: „Idź tam szybko i powiedz tym ludziom, że wszystko, co tutaj leży, mogą zabrać za darmo". Obdarzają go przyjaznym skinięciem głową. Absolutnie wyczerpani, ale dumni, że podołaliśmy wszystkiemu, odstawiamy w końcu ciężarówkę na miejsce. Pół godziny później zajeżdżamy naszym samochodem ponownie pod wiatę i ku swej ogromnej radości stwierdzamy, że wszystkie rzeczy znalazły nowego szczęśliwego posiadacza. Następnego dnia opowiadam Napirai, że teraz jakieś afrykańskie dziecko będzie spało gdzieś w jej dawnym łóżku i miało dużo radości z dziecięcych mebli. Jej oczy promienieją radością.

Trzy miesiące po pierwszym kursie języka włoskiego już wszyscy mieszkamy w Lugano. Napirai aklimatyzuje się coraz lepiej, pomimo że, naturalnie, jest nadal bardzo związana z byłymi przyjaciółkami. Ale trzygodzinna jazda pociągiem nie jest przecież przeszkodą nie do pokonania. Żyjemy w Szwajcarii, a nie w Afryce, i jak dotychczas nikt z nas nie żałuje, że spontanicznie zmieniliśmy miejsce zamieszkania. Nasze mieszkanie mieści się w starej willi, a właścicielka jest dla nas prawdziwym promykiem jako przyjaciółka, a zarazem babcia.

Od czasu kiedy jestem tutaj, w Tessinie, odczuwam coraz częściej potrzebę, aby spełnić życzenie wielu czytelniczek i czytelników i napisać ciąg dalszy swojego pierwszego dzieła. Wcześniej nawet nie wpadłabym na podobny pomysł! Ale tutaj, przy tych niekiedy wręcz tropikalnych temperaturach i cudownym widoku na jezioro, a także wielu interesujących znajomościach, przyjdzie mi to na pewno łatwiej. W ten sposób będę mogła wreszcie odpowiedzieć na te wszystkie pytania, które nawet dziś jeszcze codziennie do mnie docierają. Cieszę się na tę pracę i czuję się szczęśliwa. Plany związane z hotelem odkładam na później.

I znowu nie mogę się nadziwić, że jedna określona sekunda może rozstrzygnąć o całym życiu, i nagle wszystko zaczyna zmierzać w zupełnie inną stronę. Trzeba tylko mieć odwagę, żeby do tego dopuścić!

WYPRAWA NA KILIMANDŻARO

Podczas pisania, w ciągu następnych sześciu miesięcy, odczuwam stale tęsknotę za Afryką i mam ochotę się dowiedzieć, co bym czuła, gdybym teraz dotknęła stopą afrykańskiej ziemi. Niedawno dostarczono nam do domu katalog trekkingu. Od dawna pragnę udać się na taką wycieczkę. Przy przewracaniu kartek wzrok mój pada na Kilimandżaro. Dostrzegam też informację, że obecnie można z Europy polecieć wprost na Kilimandżaro, nie dotykając nogami kenijskiej ziemi. Odczuwam nagle ochotę, aby w taki właśnie sposób powrócić do Afryki. Na dach Afryki!

Z zainteresowaniem studiuję różne trasy wspinaczki. Aby zaspokoić swoją ciekawość, zasiadam przed komputerem i pod hasłem „Kilimandżaro" wyszukuję w Internecie wszystko, co tylko wydaje mi się interesujące. Całymi godzinami czytam doniesienia z podróży i różne inne informacje. Wieczorami nie mogę zasnąć. Ciągle się zastanawiam, czy na taką wspinaczkę jestem wystarczająco sprawna fizycznie. Nie mogę, niestety, omówić tego od razu z Markusem, gdyż właśnie pojechał służbowo na dziesięć dni do Maroka, a nie chcę rozmawiać z nim o tak zwariowanym pomyśle przez telefon. Leżę w półśnie w łóżku i kiedy wreszcie nastaje ranek, czuję się tak, jakbym przez całą noc maszerowała. Twardo postanawiam: odważę się na to! Chcę w końcu dotknąć stopami afrykańskiej ziemi i jeśli nie mogę udać się w podróż do samej Kenii, to przynajmniej w jej pobliże, by popatrzeć sobie na nią z samej góry.

Napirai nie jest zachwycona moimi planami i tylko pyta: „Mamo, a czy to aby nie jest czasami niebezpieczne? Czy wspinają się tam też inne kobiety w twoim wieku?". No tak, a co to ma znowu znaczyć?! W końcu nie mogę już się doczekać, aż Markus wróci do domu – całymi dniami i nocami myślę tylko o jednym, i podczas następnej rozmowy telefonicznej opowiadam mu o swoich zamiarach. Ku mojemu wielkiemu zdziwieniu uważa, że pomysł jest bardzo dobry, i popiera mnie już teraz, przez telefon. Nie posiadam się ze szczęścia.

Następnego dnia zaczynam poważnie trenować. Od dziś nie wędruję już tylko dwa razy w tygodniu na jakąś górę, o nie! Jestem niemalże codziennie od trzech do siedmiu godzin w drodze. Dodatkowo chodzę raz w tygodniu na pływalnię i na *aquafit*, a następnie do sauny. Także w grudniu pogoda w Tessinie jest wystarczająco łagodna, aby do tysiąca siedmiuset metrów można było wędrować po trasach niepokrytych śniegiem. Jest wystarczająco dużo stromych gór, na których leży mało śniegu albo nie ma go w ogóle.

Gdy Markus wraca wreszcie do domu, zadziwia go widok zgromadzonych książek o Kilimandżaro, a także to, że mam już umówioną wizytę u lekarza chorób tropikalnych i że codziennie wędruję, dźwigając przy tym w plecaku jego hantle, jako dodatkowe obciążenie. Szybko staje się dla niego jasne, że całą sprawę traktuję rzeczywiście poważnie.

Podczas pewnej popołudniowej wędrówki, krótko przed Bożym Narodzeniem, docieram do niewielkiego schroniska górskiego, położonego na wysokości mniej więcej tysiąca pięciuset metrów. Jako że znajduje się ono na poziomie przełęczy, widać z niego przepiękną panoramę, sięgającą aż po Alpy Pennińskie. O tej godzinie jestem jedynym gościem, rozmawiam więc krótko z gospodarzem schroniska. Dowiaduję się, że dopiero od tego lata prowadzi schronisko. Wspomina, że ma w ofercie imprezę sylwestrową z pięciodaniowym posiłkiem, włącznie z noclegiem i śniadaniem. Liczba miejsc jest ograniczona do dwudziestu. Taki początek roku bardzo by mi się podobał i jestem przekonana, że również mojej rodziny nie będę musiała do tego zbyt długo przekonywać. Kiedy schodzę w dół, położone wokół łańcuchy gór zlane są delikatną zorzą wieczorną. Wygląda to porywająco, jak alpejska baśń, i złoszczę się na siebie, że tym razem nie zabrałam aparatu fotograficznego.

I rzeczywiście, dwa tygodnie później bawimy się na sylwestra z paroma najbliższymi przyjaciółmi, w tym z Madeleine i jej partnerem, w ciepłym schronisku górskim. Brodząc w śniegu, przy słonecznej pogodzie i trzaskającym mrozie, wspięliśmy się na górę. Napirai wolała spędzić sylwestra u przyjaciółek w starych rodzinnych stronach. W chacie jesteśmy niemal wyłącznie wśród swoich i gospodarz wyczarowuje na stół jedno wyśmienite danie po drugim. O północy stukamy się kieliszkami z winem musującym, a następnie wychodzimy na dwór, aby popatrzeć na dolinę i gwiazdy. Jest to wzruszająca chwila. Po krótkiej nocy budzimy się, pogoda w górach jest dobra i niektórzy z nas postanawiają wyruszyć na wielogodzinną wędrówkę do następnej chaty. Dopiero pod wieczór pierwszego dnia nowego roku 2003 wracamy zmęczeni i zadowoleni do naszego otoczonego palmami domu. Po tak pięknym sylwestrze rozpoczynający się nowy rok pod każdym względem może być tylko pełen sukcesów!

Na początku roku znajduję odpowiedniego organizatora podróży i ustalam, jaką trasą będę wspinała się na Kilimandżaro. Nie pragnę iść najprostszą, tylko najpiękniejszą, i dlatego decyduję się na szlak Machame; w tym przypadku przewidziane są dwa dni na aklimatyzację, co wydaje mi się bardzo ważne. Oferta obejmuje również dwudniowe safari.

Z dnia na dzień jestem coraz bardziej ciekawa, jak przeżyję tę nową przygodę. Czas upływa szybko, gdyż prawie codziennie wędruję. Jest wspaniale, ale powoli zaczynam się niecierpliwić i nie mogę się doczekać, kiedy wreszcie wyruszę. Na tydzień przed podróżą mam już zgromadzony cały ekwipunek. Ponieważ będziemy wędrowali przez wszystkie strefy klimatyczne, od sawanny po warunki panujące na lodowcach, wszystko zostało dokładnie przemyślane. Wielu znajomych podziwia moją odwagę, co jest nieco krępujące, przecież nie wiem, jak zakończy się to całe przedsięwzięcie.

Cztery dni przed odlotem otrzymuję w końcu ostatnie dokumenty i listę uczestników wyprawy. Jesteśmy małą grupą, składającą się z sześciu osób, co uważam za plus. Czytając nazwiska, próbuję sobie mniej więcej wyobrazić wszystkie te osoby i dochodzę do wniosku, że trzy spośród nich z pewnością muszą być starszymi, doświadczonymi alpinistami. Poza tym przeczuwam, że będzie jeszcze jakaś młoda para. Cieszę się, że spotkam tam przynajmniej jedną kobietę, gdyż inaczej bym się obawiała, że mężczyźni będą zbytnio pędzili do przodu.

Dzień przed wyjazdem pakuję się. Zadziwiające, ale nadal nie odczuwam podniecenia przed podróżą. Pożegnanie z Markusem i Napirai, pomimo że jest w dobrych rękach, przychodzi mi naprawdę ciężko. W końcu siedzę w pociągu do Zurychu, gdzie trzy godziny później odbiera mnie z dworca Madeleine. Ponieważ mam lot o siódmej rano, muszę przenocować u niej.

Właściwie dopiero gdy samolot wzbija się w niebo i leci w kierunku Amsterdamu, z wolna dociera do mnie, że oto wszystko naprawdę się zaczyna. W Amsterdamie przypuszczalnie poznam pozostałych towarzyszy wyprawy. Półtorej godziny później stoję przed wejściem, gdzie niebawem zacznie się odprawa pasażerów i bagaży na dalszy lot do Kilimandżaro Airport. Zadziwiająco dużo ludzi pragnie dostać się do tego samolotu. Większość jednak wybiera się na safari. Rozglądam się za ewentualnymi towarzyszami podróży. Po jakiejś półgodzinie jestem niemal pewna, że rozpoznałam wszystkich. Ponieważ nie okazują mi większego zainteresowania, nie zagaduję nikogo. Obraz, jaki wyobraziłam sobie, czytając nazwiska, potwierdza się całkowicie dziewięć godzin później, po wylądowaniu. Nasza grupa składa się z pewnego rencisty (natychmiast opowiada, że był już dwa razy na szczycie, na który będziemy się wspinać), z drugiego rencisty (nazwę go Franz), i jego trzydziestoczteroletniego syna Hansa oraz z młodej pary w wieku około dwudziestu pięciu lat. Dzięki nabytej w akwizycji wiedzy o ludziach szybko wyczuwam, jak wszyscy bardzo różnimy się od siebie. Co tam, góra i wspólny cel na pewno jakoś nas zjednoczą.

Pomimo że już dziewiąta wieczór, na lotnisku Kilimandżaro panuje prawie trzydziestostopniowy upał. Jest wspaniale, lecz nie mam takiego uczucia, jak przed trzynastu laty, iż „wróciłam do domu". Jedziemy do położonego w pobliżu pięknego hotelu, gdzie spędzamy pierwszą noc. Budzę się o piątej i mam biegunkę, którą od razu radykalnie zwalczam, biorąc imodium. Później spotykamy się wszyscy przy śniadaniu, podczas którego ostrożnie przełamujemy pierwsze lody. Najpierw panowie opowiadają o najwyższych zdobytych przez siebie szczytach, jak Breithorn, Grossglockner, Mont Blanc, czy jak one się tam wszystkie nazywają. Mój Boże, sama zawędrowałam ledwo na wysokość niespełna trzech tysięcy metrów i byłam wprawdzie kolejką na szczycie Jungfrau; więcej nie mogę rzucić na szalę. Gdy jeszcze słyszę, że jeden ze starszych panów niedawno wrócił z dwutygodniowej wyprawy narciarskiej po lodowcach, którą potraktował jako przygotowanie do obecnej wspinaczki, ogarniają mnie pierwsze wątpliwości. Ale najpierw czeka nas jeszcze safari!

Zanim dotrzemy, jedziemy prawie pięć godzin do Parku Narodowego Tarangire. Po drodze widzę wiele stad krów, którymi zajmują się Masaje albo ich dzieci. Interesujące, co pomyślałaby i co by czuła Napirai, gdyby to zobaczyła. Zadziwiona przyglądam się wojownikom, którzy w swoich tradycyjnych strojach, przybrani ozdobami, pomalowani i uzbrojeni w dzidy, jadą na rowerach. Wydaje mi się to bardzo dziwne. Tak w ogóle przeżywam wszystko całkiem inaczej niż kiedyś, w pewien sposób jako obca osoba. Próbuję wsłuchiwać się w siebie, aby wydobyć na wierzch to, co dawno zapomniane, lecz nic z tego. Nie wychodzi mi. Tęsknię tylko za swoją córką i za Markusem.

W parku narodowym najpierw zawożą nas do namiotowego hotelu, abyśmy mogli zjeść obiad. Podczas jedzenia obserwujemy stado słoni, które zatrzymało się przy położonej w dole rzece. Od czasu do czasu rozlega się trąbienie. Po południu idziemy przez gorącą sawannę na bezkrwawe polowanie. Mamy szczęście – napotykamy żyrafy, gazele, małpy, zebry i bawoły. Widok tych licznych zwierząt porusza jednak we mnie coś, co przypomina mi moją wcześniejszą fascynację Afryką. Brakuje nam tylko lwów, których nie spotykamy do wieczora, ale mamy przecież jeszcze jutrzejszy dzień. Każdy udaje się do swojego namiotu i odświeża się przed kolacją. Bufet jest wyśmienity i zjadam porządny posiłek, gdyż nie wiem, co też dostaniemy później na górze do jedzenia.

Około dziesiątej opuszczam towarzystwo, ponieważ rozmowa jakoś się nie klei. Jak dotąd nie wytworzył się odpowiedni nastrój. Droga do namiotów jest raczej skąpo oświetlona, za to przed każdym wisi lampa naftowa. Gdy staję przed wejściem do swojego namiotu, zauważam przynajmniej pięćdziesiąt różnych chrząszczy i szarańczy różnej wielkości, przyklejonych do rozjaśnionego płótna. Nie wygląda to specjalnie zachęcająco. Zastanawiam się, jak wejść, żeby te zwierzątka zostały na zewnątrz. Najpierw gaszę lampę i potrząsam płótnem namiotu tak długo, aż wszystkie spadają. Błyskam latarką kieszonkową, wsuwam się możliwie szybko do namiotu i błyskawicznie kładę się do łóżka, żeby nic nie widzieć. Tymczasem młoda para również dotarła do swego namiotu. Obserwuję ich przez okienko i jestem ciekawa, jak zareagują na widok licznych owadów. Przynajmniej pięć minut stoją oboje jak wryci przed wejściem i pewnie się zastanawiają, co mają teraz zrobić. Z trudem powstrzymuję się od śmiechu. Potem w końcu mężczyzna cofa się dwa kroki, a dzielna kobieta decyduje się na potraktowanie ściany namiotu kopniakami, żeby robactwo pospadało. Wreszcie wchodzą do środka i przy pełnym świetle dokonują przeglądu namiotu. Krótko potem rozlegają się dwa stłumione krzyki. Nie mogę dłużej się powstrzymać i wybucham śmiechem, pytając jednocześnie, czy wszystko w porządku. Jak się zdaje, dla nich to nie jest wcale takie śmieszne. Wsłuchuję się w cykające świerszcze i szybko zasypiam.

Następnego dnia budzę się bardzo wcześnie – coś wciąż skacze wokół namiotu. W porannym brzasku wymykam się ostrożnie na zewnątrz i widzę cztery *tic tic*, niewielkie antylopy, które podskakują między namiotami. Są tak szybkie i eleganckie, że obserwowanie ich sprawia prawdziwą przyjemność. Jednocześnie dobiega mnie trąbienie zbliżających się słoni. Powoli budzą się zwierzęta i ludzie. Niebawem znajdujemy się ponownie na łowach. Napotykamy mnóstwo różnej wielkości słoni, a także stada małp i kilka dzikich świń wędrujących do wodopoju. Każdy ich ruch jest fotografowany. Po obiedzie wyruszamy w drogę powrotną do pierwszego hotelu. Kierowca pyta, czy chcielibyśmy jeszcze odwiedzić masajską wioskę. Jestem zachwycona. Z wielką przyjemnością wczołgałabym się znów do *manyatty*. Zastanawiam się, jaką to by u mnie wywołało reakcję. Jednakże moi towarzysze podróży nie okazują żadnego zainteresowania i jednogłośnie odpowiadają, że są tutaj z powodu zwierząt, a nie, żeby oglądać ludzi. Ponieważ nie chcę się wyłamywać, rezygnuję z tego przeżycia.

W hotelu przygotowujemy się do jutrzejszej wspinaczki i sortujemy bagaże. Co nie będzie nam potrzebne na górze, składamy tutaj. Dziwi mnie, że niektórzy panowie piją piwo. Sama już od Bożego Narodzenia wystrzegam się alkoholu. Rozmawiamy o tym, że im bliżej szczytu, każdy się będzie troszczyć wyłącznie o siebie; ten, kto jeszcze ma siły, idzie dalej, nawet jeśli ktoś inny osłabnie. Dotyczy to naturalnie tylko tych, którzy podróżują w dwie osoby, czyli młodej pary i ojca z synem. Oponuję i mówię, że nie zostawiłabym swojego partnera w trudnej sytuacji, przez co od razu ściągam na siebie rozbawione spojrzenia i słyszę: „Widać, że nie znasz praw gór!". Każdy myśli z euforią o szczycie i ocenia, jaką kondycję mogą mieć pozostali. Nikt nie zachowuje się inaczej.

Następnego ranka wyruszamy o ósmej. Najpierw autobus jedzie całkiem dobrą asfaltową drogą w kierunku Moshi, a potem skręca nagle w lewo przy drogowskazie z napisem „Machame". Droga staje się bardziej wyboista i po kilku minutach jej stan przypomina mi o warunkach komunikacyjnych panujących w Kenii. Po prawej i lewej stronie widzimy wielkie plantacje bananów, ogrody i krzewy kawowe. Wszystko tutaj jest niezwykle zielone i soczyste. Niekiedy mijamy proste chaty, a od czasu do czasu widzimy położone z dala od drogi przepiękne domy. Tutejszym ludziom wiedzie się całkiem dobrze. Można to poznać między innymi po tym, że przed wieloma sklepami oferowane jest na sprzedaż świeże mięso, wiszące na hakach, naturalnie otoczone muchami. Jak się więc zdaje, są pieniądze na mięso. Gdy zwracam uwagę swoich towarzyszy podróży na te „masarnie", niektórym robi się niedobrze na ich widok.

Wczesnym przedpołudniem przybywamy do Machame Gate na wysokości tysiąca ośmiuset czterdziestu metrów. Nie jesteśmy jedyną grupą, która ma zamiar wyruszyć w drogę. Panuje kompletny chaos. Wszystkie grupy muszą zostać zameldowane, trzeba dla nich zorganizować tragarzy i rozdać prowiant. Cieszę się, że wreszcie rozpocznie się wędrówka. Ponieważ w domu prawie codziennie przez wiele godzin trenowałam, a teraz od trzech dni w zasadzie niewiele robię, brakuje mi ruchu. Wreszcie zostaje zaprowadzony porządek. Do naszej sześcioosobowej grupy przydzielonych jest dwudziestu czterech tragarzy, jeden miejscowy przewodnik i trzej przewodnicy pomocniczy. Niesamowite, jaki orszak przeciąga przed nami, przy czym każdy tragarz niesie na głowie od dwudziestu do dwudziestu pięciu kilogramów bagażu.

Powoli zaczynamy maszerować. Jest gorąco, ale zadziwiająco sucho w tej przepięknej dżungli. Pod nogami mamy wysuszoną czerwoną glinę, korzenie i kamienie. Przy dużej wilgotności powietrza poruszanie się po takim podłożu musi być z pewnością uciążliwe. Jestem zachwycona roślinnością i zaczynam szybko fotografować. Od czasu do czasu proszę któregoś z moich towarzyszy podróży, aby zrobił mi zdjęcie. Wkrótce rezygnuję. Mam wrażenie, że naprzykrzam się grupie. Spokojnie podążam za przewodnikiem i próbuję dostosować się do wyjątkowo wolnego tempa, normalnie w szwajcarskich Alpach chodzę znacznie szybciej. Mój niedawno zakupiony worek na wodę z wmontowaną rurką do picia bardzo mi służy. Dzięki niemu mogę podczas marszu gasić pragnienie i mieć kontrolę, nad tym, że piję odpowiednio dużo płynów.

Wspinamy się coraz wyżej i wyżej, mijając drzewa z lianami, olbrzymie paprocie i porośnięte mchem pnie. Pachnie ziemią i wilgocią. Nie widać żadnych zwierząt. Wcale nie mam uczucia, że powoli zbliżam się do granicy trzech tysięcy metrów, ponieważ w Szwajcarii na tej wysokości nie ma ani zarośli, ani krzaków. Po kilku godzinach dżungla przerzedza się i pomału jej miejsce zajmują krzewy, a kiedy po pięciu godzinach marszu, po pokonaniu tysiąca stu sześćdziesięciu metrów wysokości, docieramy do obozu, zaczyna się strefa wrzosów.

Jestem zaskoczona, że oto nagle stoję przed naszym obozowiskiem. Większość tych, co wędrowali ze mną, widzi to zupełnie inaczej. Są wyczerpani i klną, że przewodnik szedł o wiele za szybko. Ponieważ mamy jeszcze trzech dodatkowych przewodników pomocniczych, nie rozumiem, dlaczego nie wyjaśniono tego wcześniej. Hans podziela mój pogląd. Wszyscy chowają się do namiotów, rozbitych pod resztkami rosnących tu krzaków, i urządzają się wygodnie. Jestem szczęśliwa, że mam dwuosobowy namiot tylko dla siebie, gdyż sam bagaż zajmuje jedną trzecią jego powierzchni. Po jakimś czasie każdemu z nas stawiają przed namiotem niewielką pomarańczową miskę z mniej więcej litrem ciepłej wody do mycia. Ponieważ nie widać nikogo z naszej grupy, nawiązuję kontakt z pewną Amerykanką. Jej grupa to ona sama, trzech tragarzy i jeden przewodnik. Takiej możliwości wchodzenia na Kilimandżaro nigdy nie brałam pod uwagę. Z zainteresowaniem obserwuję mrówczą krzątaninę w obozie. W kilku namiotach gotowany jest posiłek. Wiele osób siedzi na ziemi, pije herbatę i coś tam zajada. Wkrótce wołają nas i wchodzimy do namiotu-jadalni. To, że tutaj, na górze, mamy zająć miejsce na składanych krzesłach przy nakrytym stole obrusem w niebieskie i czerwone paski, wydaje mi się więcej niż osobliwe. Jako aperitif otrzymujemy gorącą herbatę albo kawę, a do tego półmisek solonej prażonej kukurydzy. Czekamy jeszcze godzinę, zanim podadzą nam prawdziwą kolację.

Ponownie obserwuję krzątaninę w obozie, gdy około wpół do siódmej nagle podnosi się na krótko mgła znad Kilimandżaro i po raz pierwszy mogę zobaczyć górę. Wydaje się całkiem blisko! Śnieg na szczycie wygląda tak, jakby ktoś wylał na górę kubeł białej farby, która tu i ówdzie spływa teraz po zboczach. Trwa to bardzo krótko, jak jakaś zjawa, potem góra znika na powrót we mgle i nadciągających ciemnościach. Jedzenie podawane jest na półmiskach i talerzach z prawdziwej porcelany. Na pierwsze danie dostajemy wyborną zupę, potem jest drugie danie, a na deser owoce. Czuję się jak w czasach kolonialnych. Cała ta sytuacja wydaje mi się nieco absurdalna. W końcu żyłam i pracowałam kiedyś wśród Afrykańczyków, a teraz oni dźwigają dla mnie, białej, która płaci, stoły i krzesła po okolicy i obsługują mnie. Zdaję sobie sprawę, że dzięki temu wielu z nich ma w ogóle na krótko jakąś pracę, ale mimo to muszę się początkowo do tego przyzwyczajać. O ósmej wszyscy jesteśmy już w swoich namiotach, nie mogę jednak zasnąć, w każdym z namiotów toczą się rozmowy albo słychać chrapanie. Rozmyślam o naszej grupie i mam nadzieję, że może jutro będzie bardziej zgrana i z większym poczuciem humoru. Do tej pory z własnej inicjatywy nikt nie odwiedził swojego towarzysza wędrówki.

O północy nadal jeszcze nie śpię, za to Franz lub Hans cudownie chrapie. Wypełzam z ciepłego śpiwora, aby opróżnić pęcherz. Noc jest zimna i gwiazdy są na wyciągnięcie ręki, można ponownie rozpoznać białą koronę Kilimandżaro. W tym momencie spostrzegam, że tę górę rzeczywiście otacza jakiś czar. Szybko jednak wślizguję się z powrotem do namiotu, bo inaczej zmarznę na kość. Lekka tabletka nasenna pomaga mi w końcu zapaść w zasłużony sen.

Około szóstej budzi mnie głośna dyskusja między ojcem i synem. Wygląda na to, że mają mokre śpiwory, gdyż zamknęli w namiocie wszystkie wywietrzniki. Poza tym, jak słyszę, straszliwie zmarzli i zesztywniali z powodu zimna i spania na twardej ziemi. Sama nie mogę narzekać, nie mam takich kłopotów. Po pierwsze, jestem przyzwyczajona do spania na gołej ziemi, a po drugie, mój kupiony specjalnie na tę wyprawę śpiwór, który trzyma ciepło nawet przy ekstremalnym mrozie, i nowa karimata znakomicie się sprawdziły. Pozdrawiam obydwu panów i pytam, jak też wyglądają te ich śpiwory. O regulowanej temperaturze nigdy nie słyszeli. Ich śpiwory są z aldika i były bardzo tanie, jak twierdzi Franz, fan sklepu Aldi. Patrzy teraz na etykietę i czyta po raz pierwszy: „Zakres temperatury: komfortowy +5°, ekstremalny −10°". Zastanawiam się, w czym ci dwaj będą spali na wysokości czterech tysięcy sześćiuset metrów.

W drodze do toalety czuję, że nogi ciążą mi, jakby były z ołowiu, i nie znajduję na to żadnego wyjaśnienia. Ku swojemu przerażeniu stwierdzam, że pomimo przedsięwzięcia odpowiednich środków zaczął mi się okres. Tego tutaj, na górze, najmniej bym potrzebowała! W mgnieniu oka odbija się to na moim samopoczuciu. Ponownie łykam tabletki, żeby rozmiar katastrofy nie przekroczył pewnych granic. W moim namiocie czeka na mnie już *good morning tea*, herbatka na dzień dobry. Normalnie jesteśmy budzeni przez trzy osoby, które przed zamkniętym namiotem wołają: *Teatime, coffeetime!* Wtedy człowiek otwiera namiot i może poprosić o nalanie herbaty albo kawy w proszku. Niesamowicie wytworne! Krótko potem pojawia się miska z podgrzaną wodą do porannej toalety. O wpół do ósmej jemy *full breakfast*, prawdziwe śniadanie. Dostajemy między innymi jajecznicę, kiełbaski, grzanki z chleba, masło, marmoladę i świeże owoce, od minibanana po ananasa. Myślę, że nikt z nas nigdy nie jada w domu tak dobrego i obfitego śniadania.

Około dziewiątej wyruszamy w drogę na Sziха, płaskowyż, który leży na wysokości 3850 metrów na ogromnym wysokogórskim stepie. Na początku jest całkiem przyjemnie. Z czasem jest coraz mniej drzew i krzaków. Z ostatnich drzew zwisają niczym pajęczyny strzępy mchów i nadają całości delikatny poblask fantastycznego świata *à la* park jurajski. Przesuwające się tumany mgły podkreślają to wrażenie. Niekiedy pojawiają się fiołkowe osty i krzaki okryte różowo-białymi kwiatami. Niestety, droga staje się coraz bardziej stroma i wspinaczka na tych moich nogach jak z ołowiu kosztuje mnie dzisiaj niezwykle dużo wysiłku. Za to pozostali są w pełni sił. Teren jest miejscami tak stromy, że nie mogę używać swoich kijków teleskopowych. Bardziej przeszkadzają, niż pomagają. Cały wysiłek wynagradza mi wspaniały widok z Meru. Kiedy patrzę za siebie, obejmuję wzrokiem dżunglę, przez którą wczoraj przeszliśmy. Muszę się dosłownie przedzierać, żeby iść do przodu, i jestem szczęśliwa, gdy w końcu, krótko po dwunastej, ogłaszają przerwę obiadową. Pod osłoną skały zasiadamy na krzesłach przy nakrytym obrusem stole. Jest mgliście i chłodno. Wkładam dodatkowo ubranie przeciwdeszczowe, aby lepiej chronić się przed wiatrem. Czeka na nas gorąca herbata, chleb i ser, a także ciepłe naleśniki. Te ostatnie dodają mi nieco sił. Mimo to uważam, że zakrawa na groteskę, aby tutaj, na górze, robić w taki sposób przerwę. W każdym razie nigdy nie zapomnę tego widoku!

Potem wędrujemy dalej, a ja czuję się trochę lepiej. Wczesnym popołudniem docieramy do Szira, gdzie znajduje się olbrzymi obóz. Po rozrzuconych dość daleko od siebie toaletach można rozpoznać, że panuje tutaj duży ruch. Z czasem nadchodzą inne grupy, między którymi znajduje się również podróżująca samotnie Amerykanka. Pomimo że znajdujemy się już na wysokości 3850 metrów, rosną tu jeszcze pojedyncze krzaki, nadal więc w zasadzie nie czuję, że jesteśmy aż tak wysoko. Dzisiaj jestem szczęśliwa, że wreszcie mogę wypocząć, i czekam niecierpliwie na swój litr wody do mycia. Nogi nadal mi ciążą, zaczął mnie także boleć brzuch.

Przez komórkę próbuję uzyskać połączenie z domem. Tęsknię za moją małą rodziną i nagle widzę siebie jako wielką egoistkę. Wdrapuję się na tę górę, dlaczego – sama chyba już nie wiem, a Markus, nie dość, że ma ciężką pracę, musi jeszcze dodatkowo troszczyć się teraz o Napirai. Mam wyrzuty sumienia. W naszej grupie każdy znowu jest zajęty samym sobą. Kontakty są więc raczej skromne i ograniczają się do czasu, który spędzamy wspólnie w namiocie-jadalni. Wyobrażałam sobie, że będzie weselej i bardziej rozrywkowo.

W innych grupach stosunki są znacznie swobodniejsze, jak obserwuję z namiotu. Ponieważ nie jestem w najlepszym nastroju, nie potrafię się pozbierać i nawiązać znajomości. Jutro i tak drogi większości grup się rozejdą. Niekiedy ukazują się przekornie pola lodowe Kilimandżaro. Czy kiedykolwiek będę stała na samej górze? W tym momencie nie za bardzo w to wierzę. Wreszcie nadchodzi pora kolacji. Znowu dostajemy wspaniałe jedzenie, lecz poza zupą nie mogę nic więcej przełknąć. Przewodnik nie jest tym zachwycony i zachęca mnie, abym więcej jadła. Jutro z pewnością pójdzie mi lepiej, próbuję go uspokoić.

Dzisiaj jest trzeci dzień wspinaczki. Kiedy się budzę, nawet mi trochę chłodno w śpiworze. A jak dopiero muszą się czuć ojciec i syn! Wypełzam z namiotu i widzę, że zarówno ziemia, jak i namiot są oszronione. Następnie powtarza się codzienny rytuał: poranna herbatka, woda do mycia i *full breakfast*. Niestety, znowu nie mogę zbyt dużo zjeść. Franz i Hans zmarzli straszliwie, pomimo że schowali się do śpiworów we wszystkich rzeczach, jakie mają. To wszystko może się źle dla nich skończyć!

Wkrótce wymarsz. Franz, ojciec, nie czuje się najlepiej, gdyż na dodatek dostał biegunki. Dzisiaj w programie mamy South Circuit. Ta okrężna droga służy do aklimatyzacji na wysokości. Będziemy wspinać się siedemset pięćdziesiąt metrów do Lava Tower, położonej na wysokości 4500 metrów, a następnie zejdziemy ponownie na wysokość 3950 metrów. Na początku droga pnie się łagodnie. Przy takim słabym wzniesieniu trudno sobie w ogóle wyobrazić, że idziemy pod górę. Kilimandżaro pozostaje w zasięgu wzroku. Nagle jednak dogania nas od tyłu mgła i robi się zadziwiająco chłodno. Dopiero wyruszaliśmy w samych podkoszulkach, a teraz szybko nakładamy kurtki. Powoli znikają ostatnie krzewy wrzosów i można już tylko zobaczyć rzadkie porosty na zazwyczaj ciemnych kamieniach. Tuż przed trzynastą zatrzymujemy się na lunch. Cieszę się, że mogę zrobić przerwę, gdyż teraz już wyraźnie czuję, że dotarliśmy na wysokość 4500 metrów. Wieje zimny wiatr. Znowu siedzimy przy znanym nam już stole pod wielką skałą, która osłania nas od wiatru, gdy nagle spada deszcz z gradem. Przewodnicy poganiają nas, gdyż pogoda bardzo szybko może się zepsuć i we mgle nie będziemy nic widzieli. Czuję się nieco wyczerpana, ale jak na taką wysokość jeszcze całkiem nieźle. Z Franzem jest coraz gorzej. Zarówno on, jak i jego syn mają mocne bóle głowy. Przewodnik pyta, czy chcemy jeszcze wspinać się na Lava Tower, czy może wolimy pójść krótszą drogą do następnego obozu. Franz decyduje się na łatwiejszą trasę. Przez moment zastanawiam się, czy mam z nim pójść. Kiedy jednak młoda para ochoczo decyduje się na podejście pod górę, przyłączam się do pozostałych.

Rzeczywiście, pogoda polepsza się i po krótkiej wędrówce wynurzają się przed nami wielkie, osobliwe skały Lava Tower. Przewodnik gratuluje każdemu dotarcia na granicę 4600 metrów. Wreszcie idzie mi lepiej i odczuwam coś w rodzaju euforii połączonej z przeświadczeniem, że ta przygoda zaprowadzi mnie jednak na szczyt. Po krótkiej przerwie na zdjęcia przystępujemy do schodzenia. W dół idzie się naturalnie na tych wysokościach trzy razy szybciej niż w górę. Już wkrótce nasza droga wiedzie między przepięknymi lobeliami i starcami, *Senecia kilimanjari*. Rośliny te rosną wśród ciemnych kamieni, osiągając wysokość wielu metrów, i jakoś nie pasują do tutejszego otoczenia. Z daleka wyglądają prawie jak ogród palmowy. Im niżej schodzimy, tym bardziej srebrnobiałe cętki wrzosów ożywiają ciemne kamieniste podłoże.

Krótko przed szesnastą spoglądamy z góry na nasz obóz. Po różnych kolorach namiotów można poznać ich przynależność do danych grup. Oprócz naszej jeszcze dwie inne wyprawy dotarły na wysokość 3950 metrów pod południowy lodowiec Kilimandżaro. Jest bardzo zimno. W kuchennym namiocie ruch jak w mrowisku. Zawsze gdy przybywamy do obozu, wszystko jest już przygotowane. Każdy ma swój namiot, a w środku znajduje się odpowiednia torba podróżna. Spotykamy ponownie Franza, który nadal nie czuje się najlepiej. Ma gorączkę i zastanawia się, czy przypadkiem na safari nie nabawił się malarii, gdyż nie wziął żadnych środków profilaktycznych. Objawy jego choroby nie pokrywają się jednak z moimi wcześniejszymi doświadczeniami z malarią, co poniekąd jest uspokajające. Wskutek szybkiego schodzenia Hans ma jeszcze mocniejsze bóle głowy, nie chce jednak wziąć tabletki.

Po raz kolejny włączam komórkę i z zadowoleniem stwierdzam, że mam tutaj zasięg. Dzwonię do moich ukochanych do domu. Wreszcie słyszę głos Markusa. Gdy zatroskany pyta, jak też przez ten czas mi się wiodło, z oczu tryskają mi łzy. Przestraszona własną reakcją, odpowiadam, że fizycznie czuję się całkiem dobrze, ale wydaje mi się, jakbym była na niewłaściwym miejscu. Nie znam się na podróżowaniu w grupie i całkiem inaczej sobie to wszystko wyobrażałam. Poza tym wątpię, czy wytrzymam to wszystko kondycyjnie. Markus próbuje mnie pocieszać, a gdy słyszę, że z Napirai wszystko jest w porządku, wreszcie się uspokajam. Po chwili już z nią rozmawiam. Mówi ze swadą: „Mamo, nie przejmuj się, na pewno ci się uda, a tutaj jest wszystko w porządku!". Robi mi się lżej na sercu i jednocześnie czuję, że te dwie osoby są najważniejsze w moim życiu.

Rozmowa telefoniczna dodała mi sił. Znowu mogę się śmiać. Nawet przewodnik zauważa, że poprawiło mi się samopoczucie. Pesymizm i stany depresyjne są mi właściwie obce. Nie jest dla mnie całkiem jasne, jaka była ich przyczyna: nieprzyzwyczajenie do wysokości, menstruacja czy tabletki przeciw malarii, czy po prostu ta cała śmieszna sytuacja z grupą. Podczas kolacji nie mam jednak nadal apetytu, pomimo że i tym razem nie mogę wyjść z podziwu, co też ci kucharze wyczarowali: od wybornej zupy pomidorowej po makaron ze świeżymi warzywami czy cudownym ryżem z curry i mięsem. Mam tylko wielką ochotę na surowe marchewki i natychmiast je dostaję, pięknie udekorowane plasterkami pomarańczy. Przy jedzeniu Franz nam wyjaśnia, że jeśli do jutra rana nie będzie czuł się lepiej, myśli o tym, aby zakończyć wędrówkę. Zauważył, że idzie coraz niepewniej. Dzisiaj dość często potykał się o kamienie. Wszyscy będziemy nad tym bardzo boleli, gdyż on i jego syn ciągle dają nam powody do uśmiechu. Po kolejnym pobycie w ubikacji młoda para stwierdza, że nigdy nie przyzwyczai się do tego typu toalet. Rencista bardziej interesuje się pisaniem swojego dziennika niż udziałem w konwersacji. Bądź co bądź dowiedziałam się jednak, że jest emerytowanym dentystą. Przypuszczam, że to właśnie jest powód jego awersji w stosunku do mnie. Być może wyczuwa we mnie dawniejszą akwizytorkę.

Jeden z pomocników przewodnika wspomina o możliwości nieznacznego skrócenia trasy, dzięki której wzrosłyby nasze szanse dotarcia na szczyt. Gdybyśmy się na nią zdecydowali, pojutrze musielibyśmy zamiast do chaty Kibo pomaszerować do Barafu Camp. Oszczędzilibyśmy w ten sposób siły i moglibyśmy już po południu odpoczywać. Niekorzystne byłoby tylko to, że nie dotarlibyśmy do

Gilmans Point, co zaliczane jest już jako zdobycie szczytu. Jeśli życzymy sobie otrzymać zdjęcia i certyfikaty, to byłoby to możliwe tylko, gdybyśmy ruszyli na Uhuru Peak. Oprócz mnie wszyscy zgadzają się na tę propozycję. Mam ochotę na zdjęcie i certyfikat i jestem przekonana, że na pewno dojdę do Gilmans Point, jednakże jeśli chodzi o dalszą wspinaczkę, nie czyniłabym jeszcze żadnych prognoz. Dyskutujemy zawzięcie i w końcu pozostajemy na razie przy naszej starej, umówionej trasie. Ostatnią możliwość, aby ją zmienić, będziemy mieli jutro wieczorem. Potrzebuję czasu na zastanowienie. Wszyscy wczołgują się do swoich namiotów i czekają na zbawczy sen.

Budzę się już o szóstej rano. Powietrze jest przejrzyste, a szczyt Kilimandżaro wydaje się na wyciągnięcie ręki. Znajdujemy się bezpośrednio pod nim. Znowu mam wrażenie, jakby ktoś wylał farbę albo mleko na wierzchołek góry. Wygląda zupełnie inaczej niż nasze szwajcarskie góry pokryte śniegiem i lodowcami. Prawdopodobnie dlatego, że jest wulkanem. Dzisiaj czuję się silna i wypoczęta i cieszę się niezmiernie z perspektywy dalszej wędrówki. Znowu czeka nas kolejny dzień aklimatyzacji i dlatego będziemy wspinać się, a następnie schodzić do różnych mniejszych kotlin. Przy śniadaniu Franz informuje nas ostatecznie, że zawraca w towarzystwie jednego z pomocników przewodnika. Już wie, że tego szczytu nie uda mu się zdobyć, i nie chce więcej ryzykować. Wraca do naszego pierwszego hotelu i ewentualnie zapisze się na safari do krateru Ngorongoro. Skorzysta z tego jego syn Hans, gdyż będzie miał teraz dwa śpiwory do dyspozycji i w ten sposób lepiej przetrwa noce. Przed wymarszem robimy jeszcze ostatnie wspólne zdjęcie całej drużyny, gdyż jeden z przewodników również musi zawrócić.

Ruszamy przed siebie i pozostawiamy za sobą ostatnie podobne do palm *starce*. Już wkrótce droga prowadzi prosto na skały. Powoli się wspinamy. Kijki znów bardziej przeszkadzają, niż pomagają. Poza tym bardzo podoba mi się ta wspinaczka. Nie mam teraz już czasu na ciągłe zastanawianie się, jak się właściwie czuję: dobrze czy źle. Ponownie przechodzi obok nas grupa tragarzy. Dzisiaj jeszcze bardziej podziwiam ich sztukę umiejętnego poruszania się po tym stromym i skalistym terenie z ciężkimi ładunkami na głowach. W przeciwieństwie do nas nie mogą pomóc sobie rękami, gdyż podtrzymują nimi kosze, torby albo patelnie. A przy tym są prawie dwa razy szybsi od nas. Robimy im miejsce, aby przeszli, a ja przyglądam się ich wyposażeniu. Niektórzy mają o wiele za duże buty na nogach, a inni niezawiązane sznurowadła. Do plecaka przymocowali cienki karton z tektury, w którym znajdują się surowe jajka. I z tym wszystkim muszą przecisnąć się między skałami, przez które my ledwo przechodzimy z naszymi niewielkimi plecakami. Nie chcę wiedzieć, co by się z nimi stało, gdyby jajka rozbiły się przed dotarciem do obozu. Kiedy o tym pomyślę, postanawiam, że dam dodatkowo wszystkim tragarzom sowity napiwek. Dla mnie to są właśnie prawdziwi bohaterowie Kilimandżaro.

Po dłuższej przerwie na pewnym wzniesieniu na wysokości 4250 metrów schodzimy po krótkim prostym odcinku w dolinę, a po jej drugiej stronie znowu się wspinamy. To powtarza się jeszcze parę razy. Hansowi i mnie bardzo to się podoba i czekamy na nowe wyzwania. Pozostali są po pewnym czasie nieco zawiedzeni, gdyż nie byli przygotowani aż na tyle wejść i zejść. Od czasu do czasu rozmawiam z Hansem. Ciągle jeszcze nie może pojąć, dlaczego jego ojciec opuścił grupę. Mówi nieco z wyrzutem: „W końcu to był jego pomysł, on bardzo chciał wspiąć się na tę górę. A ponieważ nie namówił nikogo innego, ja musiałem koniecznie z nim pojechać. I teraz męczę się wspinaczką na górę, mającą prawie sześć tysięcy metrów, na którą wcale nie chciałem wchodzić, podczas gdy mój ojciec spokojnie jedzie sobie na safari". To jego suche, rzeczowe podejście do sprawy wzbudza moją wesołość. Od czasu gdy jest sam, częściej rozmawiamy.

Po czteroipółgodzinnej wędrówce docieramy do Karanga Camp, całkiem w porę, by jeszcze zdążyć uciec do naszych namiotów przed pierwszym porządnym krótkotrwałym deszczem. Tutaj, na górze, pogoda często się zmienia. Raz jest naprawdę ciepło, a po chwili nadciąga mgła i człowiek się cieszy, że ma przy sobie jeszcze jedną kurtkę lub jeszcze jeden sweter. Nie widzimy teraz Kilimandżaro, góra pozostaje ukryta we mgle i w deszczu. Drużyna tragarzy zaszywa się w namiocie-jadalni i w kuchni. Cieszę się, że znowu mam połączenie komórkowe ze Szwajcarią i przesyłam do Napirai i Marcusa kilka SMS-ów, na które odpowiadają radośnie i z ulgą. Jako że zostaje jeszcze dużo czasu do kolacji, zaczynam czytać książkę, którą dała mi matka. Od pierwszej strony mnie wciąga. Pewna kobieta opisuje swoją podróż na rowerze przez Chiny, Nepal i Indie. Przejeżdżała między innymi przez góry wyższe niż pięciotysięczniki, przy czym jej rower zamarzł w śniegu i lodzie. Kiedy przyglądam się fotografiom, rośnie we mnie pewność, że nasz cel jest znacznie łatwiejszy do osiągnięcia. Po dwóch godzinach wyczołguję się z namiotu. Cieszę się, że znowu świeci słońce. Drużyna tragarzy myje się, za to my dzisiaj na próżno czekamy na wodę do mycia. Pomagam sobie wilgotnymi chusteczkami i pożyczam od Petry odświeżacz w sprayu. Jej wyposażenie w środki higieny jest rzeczywiście zadziwiające. Mam gdzieniegdzie żałobę pod długimi paznokciami, o które przy tych skromnych racjach wody nie można się lepiej zatroszczyć. W ogóle moje dłonie z częściowo połamanymi paznokciami wyglądają tak, jakbym drapała nimi garnki, jak niegdyś w Barsaloi.

Gdy tylko zaświeciło słońce, szczyt Kilimandżaro wynurzył się z mgły. Hans i ja korzystamy z okazji i robimy sobie wzajemnie kilka pięknych zdjęć na tle wspaniałego masywu górskiego. Ponownie zastanawiam się, czy w ogóle ktoś z nas wejdzie na samą górę, a jeśli tak, to kto. Nagle ogarnia mnie uczucie, że powinnam jednak zgodzić się na zmianę trasy. Nie chcę, aby z mojego powodu ktoś nie dotarł na szczyt. A poza tym musiałabym wtedy wytrzymać aż do Uhuru Peak. Podczas kolacji podaję do wiadomości, że się zgadzam, co wszystkich cieszy. Najszczęśliwsi są tragarze, jak się później od jednego z pomocników przewodnika dowiaduję, ponieważ nie będą musieli tak daleko dźwigać naszych bagaży.

Następnego ranka wstajemy w przepięknych promieniach słońca. Wydaje mi się, że w nocy góra Kilimandżaro jeszcze bardziej zbliżyła się do nas. Nie odnoszę wcale wrażenia, że od szczytu dzieli nas nadal prawie dwa tysiące metrów. Na śniadanie dostajemy znowu wspaniałe naleśniki, grzanki z chleba i arbuz. Jem dużo, gdyż wreszcie jestem porządnie głodna. Poza tym czeka nas intensywny dzień i noc, podczas której przewidziany jest atak na szczyt.

Barafu Camp leży sześćset metrów powyżej naszego obecnego obozowiska. Na początku wszystko idzie spokojnie. Pomału znikają ostatnie rośliny i wędrujemy już tylko po różnej wielkości kamieniach wulkanicznych. Pojedyncze odcinki drogi wyglądają jak spiętrzone szaroczarne skorupy doniczek. Wydaje się, że wszystko, co tutaj żyło, wymarło, jak w księżycowym krajobrazie. Tylko dwa razy dostrzegam małego czarnego pająka, który ucieka w bezpieczne miejsce. W dali widzimy tragarzy wspinających się na ostatnie wzniesienie przed obozem, do którego zdążamy. Mam złe przeczucie. I rzeczywiście, ten ostatni, bardzo stromy odcinek wspinaczki daje nam przedsmak tego, co nas czeka dzisiejszej nocy! Gdy tylko czujemy, że dalej już nie damy rady, robimy przerwę. Jestem szczęśliwa, że mogę ciągle ssać rurkę do picia, aby przynajmniej w ten sposób walczyć z pragnieniem. Zużywając olbrzymie ilości energii, dowlekamy się po trzech godzinach marszu i pokonaniu sześciuset metrów wysokości do leżącego na poziomie 4540 metrów obozu. Jest najbardziej kamienisty, wietrzny, a przede wszystkim także najbrudniejszy z wszystkich dotychczasowych. Tragarze początkowo rozbili nasze namioty za bardzo w dole i spieszą teraz, aby przygotować przed naszym przybyciem nowe miejsca. Nie mogę pojąć, jak ci mężczyźni na takiej wysokości skaczą z kamienia na kamień, niosąc przed sobą w dodatku naprężony namiot-igloo i walcząc z przeciwnym wiatrem. Wycieńczeni, dochodzimy ciężkim krokiem na swoje miejsca i odpoczywamy przy namiotach. W obozie są ludzie, którzy wrócili dzisiaj wcześnie rano ze szczytu. Pewna wysportowana para siedzi kompletnie wyczerpana na skale. Pytam, jak im się powiodło i czy byli na samej górze. W odpowiedzi kiwają tylko głowami i mówią: „Strasznie ciężko". Potem odkrywamy jeszcze pewnego starszego pana, który dopiero teraz, czyli krótko przed wpół do pierwszej, schodzi z góry, zataczając się. U nas, w Szwajcarii, powiedziano by na ten widok: „Ten to jest dopiero zmęczony jak koń po westernie".

Atrakcją w tym obozie jest latryna, która stoi nad bezdenną przepaścią. W dodatku wygląda na niepewną i zwietrzałą, i tym samym nie budzi specjalnego zaufania. Krążą nad nią wielkie, czarne kawki. To wszystko tłumaczy, dlaczego tutejsza okolica jest tak zaśmiecona. Także dwie chaty, które służą za noclegownie, zupełnie nie pasują do tego księżycowego krajobrazu. Wyglądają jak dwie zielone puszki z blachy. Niemniej mogę tutaj kupić za jedyne dwa dolary coca-colę i zaraz też każę sobie zarezerwować jedną, aby po zdobyciu szczytu wypić ją w charakterze szampana. Potem natykam się na pewną kobietę, która właśnie wychodzi na czworakach ze swego namiotu. Ją również pytam o przeżycia na szczycie. Nie udało jej się, na wysokości 5100 metrów, jak mówi, „odwróciła się plecami do tej głupiej góry". Nie mogła jakoś przekonać się do tego, żeby się jeszcze dalej pomęczyć, zwłaszcza że zamarzła jej woda do picia, pomimo że była dobrze zapakowana. Te relacje nie napawają mnie specjalną otuchą.

Hans stwierdza po raz kolejny, że jego wyposażenie nie odpowiada wymaganiom. Nie ma termosu i wie, że nawet najbardziej gorąca herbata zamarznie mu po kilku godzinach. Jako że rencista, który uprzednio był już dwa razy na szczycie, rezygnuje niespodziewanie z uczestnictwa w nocnym spektaklu, Hans może przynajmniej wziąć jego pokrowiec na butelkę, który trzyma ciepło. Dostaje również wysokościomierz, abyśmy w nocy mogli się zorientować, na jakiej wysokości się znajdujemy.

Na obiad zjadam z wielkim apetytem spaghetti. Przed godziną dotarłam tutaj całkowicie wyczerpana, lecz wystarczyło kilka minut w słońcu, abym nabrała sił. Przy stole oczywiście się mówi wyłącznie o czekającym nas podejściu. Wszyscy jesteśmy trochę poddenerwowani, zwłaszcza że informacje od schodzących nie były zbyt zachęcające. Mamy wyruszyć o północy, zostaje nam więc całe dziesięć godzin, które musimy jakoś spędzić w tej niegościnnej okolicy. Niektórzy z nas wykorzystują popołudnie na spanie. Rencista wspina się nieco wyżej, a ja czytam dalej swoją ekscytującą książkę. Im dalej czytam, tym bardziej się uspokajam. Jestem pełna podziwu dla tej dzielnej kobiety i jej przeżyć, a jednocześnie przypominam sobie swoje bardzo ciężkie czasy w Afryce. Ja też chwytałam się różnych sposobów, godziłam się na męczące jazdy – dokładnie jak ta kobieta w Nepalu. Być może dopiero w takich krajach człowiek staje się nagle silny, gdyż inaczej nie miałby nawet cienia szansy, aby dotrzeć do celu. Podczas czytania nabieram coraz większej pewności, że dzisiaj w nocy dotrę na Uhuru Peak. To przekonanie bardzo mnie uspokaja.

Czas płynie powoli. Znowu czekam na kolację, która podana zostanie dzisiaj godzinę wcześniej, abyśmy mogli się potem jeszcze trochę przespać. W obozie jest teraz spokojniej, gdyż większość ludzi zeszła niżej. Poza nami czekają jeszcze tylko dwie małe grupy na nocny marsz. Wreszcie wszystko jest gotowe i jemy kolację. „Zdaje mi się, że to ostatni posiłek straceńca" – mówi Hans. Kilka godzin później dowiemy się, jak bliski był prawdy. Podawane są pyszne pieczone kurze udka i sałatka z ziemniaków. Jestem bardzo głodna i wszystko zjadam. Przewodnik udziela nam ostatnich wskazówek, przy czym upomina nas, abyśmy włożyli na siebie wszystkie ciepłe rzeczy, ponieważ będzie bardzo zimno. Z trudem mogę sobie wyobrazić, że miałabym pomaszerować na szczyt w tylu pulowerach, kurtkach i w dodatkowej ciepłej bieliźnie, ponieważ zazwyczaj szybko się pocę. Idę jednak za jego radą i kilka godzin później jestem za nią wdzięczna.

Leżę w namiocie i trochę czytam. Czasami myślę o tym, jaki dam tragarzom na końcu napiwek. Poza tym chciałabym powiedzieć do nich kilka słów i zastanawiam się, co by pasowało. Około dziewiątej wieczorem słyszę, jak zrywa się wiatr, jestem jednak zmęczona i przysypiam na krótko. Kwadrans po jedenastej budzą nas. Szybko wkładam na siebie pozostałe części garderoby, które grzały się w śpiworze. Chucham ciepłym oddechem do środka butów, aby nie były takie lodowate. Następnie wkładam czapkę i rękawiczki, przymocowuję lampkę na czole i już jestem gotowa. W podręcznym plecaku znajduje się aparat fotograficzny, dwa termosy z płynem, kilka suszonych owoców i dwie kromki chleba razowego. Także spodnie przeciwdeszczowe zostają na razie w plecaku.

Zanim wreszcie wyruszymy w drogę, spotykamy się jeszcze wszyscy przy rozgrzewającej herbacie. My, kobiety, musimy iść pierwsze, zaraz za przewodnikiem. Po krótkim czasie lampka czołowa Petry ledwo świeci, i to ja pozostaję za przewodnikiem. Maszerujemy bardzo powoli. Widzimy właściwie tylko to, co znajduje się pod naszymi stopami. Od samego początku droga jest bardzo stroma. Pomimo że wiatr mocno szarpie ubraniami, już po półgodzinie muszę zdjąć jedną kurtkę i jeden pulower. Chce mi się pić, a nie mogę tym razem pociągać płynu przez rurkę. Dzisiejszej nocy nie mam jej przy sobie, gdyż by zamarzła. Idziemy naprzód, jest to bardzo męczące. Hans ma bóle głowy. Wkrótce muszę się zatrzymać i włożyć z powrotem ubrania, gdyż wiatr przybrał na sile. Bardzo szybko robi się jeszcze zimniej. Po godzinie albo dwóch, trudno dokładnie określić, każdy z nas zadaje sobie pytanie, dlaczego się tutaj znalazł. Z powodu silnego wiatru niewiele słyszę, co dzieje się u moich towarzyszy idących za mną. Od czasu do czasu rozlega się tylko: „Cholera!". Przed nami idzie jakaś inna mała grupa. Gdy spoglądam w górę, robi mi się niedobrze. Gdzie okiem sięgnąć, wszędzie tylko czarna góra. Nie widać końca drogi, za to jest coraz bardziej stromo, a serpentyny są coraz ciaśniejsze. Jako że wiatr się wzmaga, robi się jeszcze zimniej, prawie zamarzają mi palce. Wszędzie zauważam walające się strzępy papieru lub omijam wymiociny. Z naprzeciwka nadchodzi jakaś kobieta. Jest w drodze powrotnej. Jej górskie ubranie wygląda mi na źle dopasowane do panujących temperatur, a także plecak w kształcie pluszowego misia jest zupełnie nie na miejscu. Coraz częściej robimy przerwy, przy czym za każdym razem muszę od razu przysiąść. Wiemy, że będzie jeszcze gorzej. Im wyżej się wspinamy, tym trudniej jest oddychać. Z Petrą nie jest najlepiej, na dodatek dostała rozwolnienia. Znów zastanawiam się, czego ja tutaj, na tej górze, właściwie szukam. Nastrój jest bardzo kiepski. Wygląda na to, że Petra chciałaby zawrócić, ale jednemu z pomocników przewodnika udaje się ją przekonać, aby szła dalej. Idziemy ciężko, krok po kroku. Hans patrzy na wysokościomierz. Informacja, że nie dotarliśmy jeszcze nawet do pięciu tysięcy metrów, jest niezwykle deprymująca. Robi się coraz zimniej i wieje coraz silniejszy wiatr. Aby do oczu nie napływały mi stale łzy, zaciskam powieki, wskutek tego czuję się bardziej zmęczona i najchętniej wcale nie otwierałabym już oczu. Wlokę się dalej. Przewodnik ciągle szuka drogi. Wszystkie moje myśli koncentrują się tylko na tym, jak kompletnie jestem wycieńczona. Przewodnik mówi do nas: „Nie myślcie o górze! Zapomnijcie o niej! Myślcie o swoim domu w Niemczech albo gdzieś indziej!". Próbuję to zrobić i widzę przed oczami swoją córkę. Nagle słyszę, jak jakiś obcy głos woła jej imię, nie, wyjękuje je. Nieustannie rozlega się: „Napirai, Naaaapirai". Dopiero później pojmuję, że to właśnie ja tak głośno jęczę. Mój głos jest mi obcy i o wiele za niski. Muszę usiąść i natychmiast napić się herbaty. Czuję, jakbym umierała z pragnienia. Petra i jej towarzysz nie chcą dalej iść. Petra strasznie marznie i siedzi na ziemi, zanosząc się płaczem. Wiatr dmie strasz- liwie i ledwo możemy otworzyć oczy. Przewodnicy radzą jej, aby na- ciągnęła na siebie jeszcze spodnie przeciwdeszczowe. Ona jednak nie może już ruszyć ani ręką, ani nogą, pragnie tylko dostać się na dół. Jej partner i dwóch pomocników przewodnika naciągają jej dodatkowe spodnie i wyruszają z nią w drogę powrotną. W tym czasie Hans zwymiotował za jednym z kamieni. Właściwie również miał zamiar zawrócić, ale dzięki podanej przez przewodnika herbacie poczuł się lepiej. Znajdujemy się właśnie na wysokości prawie 5200 metrów. Oznacza to, że przebyliśmy dopiero połowę drogi i przed nami jeszcze 695 metrów. Nie mam pojęcia, jak mam je pokonać. Ale tutaj na pewno nie zawrócę! Przewodnik, Hans i ja idziemy dalej. Hans zatacza się niebezpiecznie. Walczymy o każdy metr. W zasadzie bardziej wlokę się, niż idę, podpierając się kijkami. Po każdych dwudziestu krokach muszę robić przerwę, gdyż inaczej chyba bym się przewróciła. Jestem tak wycieńczona, że nie mogę zrobić ani kroku dalej. Po dwóch, trzech minutach odpoczynku na chwilę wracają mi siły. Potrafię wtedy jasno myśleć. Kiedy jednak podejmujemy dalszą wędrówkę, już po kilku krokach wyczerpuje się moja energia. Coraz częściej słyszę samą siebie, jak jęczę obcym głosem. Nie mam na to żadnego wpływu. Im jestem słabsza, tym głośniejsze robi się moje zawodzenie. Raz jęczę: „Mama", innym razem wołam Napirai albo swego ukochanego Markusa. Następnie próbuję liczyć kroki albo po każdym kroku stukam jednym butem o drugi. Trzeba po prostu robić coś, co odwraca uwagę! W przeciwnym razie człowiek zajmuje się tylko swoim złym stanem i wyczerpaniem.

Wspinamy się już od pięciu godzin i nadal widzę tylko czerń, kiedy spoglądam w górę. Mówię do przewodnika, że idę najwyżej do Stella Point. Ile to jeszcze metrów, do diaska!? On udziela mi stale tej samej odpowiedzi, i to od kilku godzin: „Już niedaleko!". Jestem przekonana, że dalej niż do Stella Point nie dam rady się wspiąć. Ten cały szczyt mogą sobie wsadzić gdzieś! Wisząc nad kijkami i podciągając się do przodu, myślę o tym, jak źle było ze mną przed kilkoma laty w szpitalu w Maralalu. Wtedy byłam tak osłabiona z powodu malarii, że musiano mnie podtrzymywać, kiedy szłam do toalety. Pięćdziesiąt metrów zdawało się dla mnie wielokilometrową, niemożliwą do przebycia odległością. Wtedy nie pomagało mi robienie postojów, gdyż nie było mi potem wcale lepiej. Dzisiaj mogę po dwuminutowej przerwie na odpoczynek zmobilizować przynajmniej trochę sił. Kiedy przypominam sobie ówczesną sytuację, czuję się nieco lepiej. Ale w Szwajcarii nigdy nie musiałam tak cierpieć!

Z Hansem również nie jest najlepiej, zatacza się to w jedną, to znów w drugą stronę. Robimy kolejną przerwę. Przewodnik nie jest tym zachwycony, gdyż marznie tak samo jak my. Gdy wreszcie chcemy iść dalej, zauważam, że prawie zasnął. Natychmiast staję się całkowicie przytomna i potrząsam go za ramię. Otwiera oczy, mówi: *Yes, yes*, i rusza naprzód. Zaczynam mieć wątpliwości, czy jeden przewodnik rzeczywiście wystarczy na nas dwoje. Co będzie, gdy mu się coś stanie albo gdy jedno z nas opadnie z sił? Nie chcę o tym nawet myśleć. Ponownie pytam przewodnika, jak daleko jeszcze do Stella Point. Odpowiada: „Dla mnie jakieś sześć minut, ale nie wiem, ile to będzie z wami trwało!". W takim razie nie może już teraz chodzić o godziny. Ostatkiem sił jeszcze raz biorę się w garść. Myślę o zawiedzionej minie córki, kiedy się dowie, że jej mamie nie udało się dotrzeć na szczyt. Bóg jeden wie, że z tego powodu nie należy się wcale wstydzić, gdyż wspinaczka górska jest straszliwą męczarnią, w każdym razie dla nas. Dla Messnera i innych himalaistów, którzy na takiej wysokości urządzają sobie dopiero piknik, byłby to tylko spacer. Znowu odpoczynek, znowu podnoszenie się z trudem i znowu wleczenie się! Hans spogląda na wysokościomierz i wyjaśnia, że od Stella Point dzieli nas jeszcze jakieś sto metrów. Nie chce mi się wierzyć, że ma to jeszcze tak długo trwać! Przewodnik bierze od nas plecaki i od razu można lepiej oddychać. Przedzieramy się dalej. Nagle przewodnik, stojąc obok wielkiego kamienia, podaje nam rękę i mówi: *Congratulation, you have reached Stella Point*. Czuję się, jakby mnie ktoś zdzielił obuchem. Dotarliśmy na Stella Point, który, jak mu się przyjrzeć, nie wygląda wcale na nic specjalnego. Wysokościomierz pomylił się prawie o sto metrów! Gdy się odwracam, zauważam, że wschodzi słońce. Po raz pierwszy od ponad sześciu godzin widzimy wreszcie coś innego niż czarna kamienista ziemia i ciemności. Ta ciemnoczerwona wstęga jest warta małego podziwu, ale nie to nie powód, żeby wyciągać aparat fotograficzny spod wielu kurtek. Nigdzie wcześniej nie było tak zimno jak tutaj. W jakiś sposób wciągam jeszcze spodnie przeciwdeszczowe. Najważniejsze, żeby trochę grzało. Hans powtarza stale: „Tak się źle tutaj czuję, że ta góra nie może być zdrowa!". Mnie właściwie nie idzie najgorzej. Nie mam żadnych mdłości ani bólów głowy. Po prostu nic nie odczuwam. W środku jestem pusta i nic mnie nie rusza. Przewodnik nalega, abyśmy szli dalej. Słyszę, jak Hans mówi: „Dawaj, idziemy dalej! Jak już tutaj doszliśmy, to i z resztą drogi damy sobie jakoś radę". Jest w złym stanie, lecz mówi to tak optymistycznie, że ruszam w dalszą drogę. Później jestem mu za to wdzięczna. Bez chwiejącego się na nogach Hansa, który szedł przede mną, straciłabym pewnie na Stella Point poczucie sensu tego wszystkiego i zawróciła.

Stopniowo robi się jaśniej i po swojej prawej stronie widzimy krater, na którego krawędź musimy się wspiąć. Podpierając się na kijkach, wlokę się naprzód. Z wolna po lewej stronie wynurza się przed nami olbrzymia ściana lodowca. Śnieżnobiały, błyszczy na tle różowego nieba. Przysiadam na krawędzi i rozum mi podpowiada, że to by była piękna fotografia. Gdy przewodnik widzi, że mam trudności z wyciągnięciem aparatu z kieszeni, pomaga mi i zaraz też robi pierwsze zdjęcie. Jest krótko po szóstej i słońce dość szybko wschodzi, podczas gdy my wdzieramy się na górę wzdłuż krawędzi krateru. Hans zatacza się coraz bardziej. Poważnie martwię się o niego. Przewodnik jest jakieś dziesięć metrów przed nami. Przeciskamy się właśnie przez niewielki występ skalny tuż przy kraterze. Nagle budzę się z odrętwienia i krzyczę do Hansa: „Uważaj, trzymaj się mocno skały!". Za późno jednak. Hans pada jak długi w tył. Robię dwa kroki i jestem przy nim. Mocno go trzymam, podczas gdy jego tułów zwisa nad kraterem. Przewodnik spieszy w naszym kierunku i stawia Hansa na nogi. Od tej chwili nie puszcza go, dopóki nie docieramy na miejsce.

Ściany lodowców są coraz wyższe i bielsze na delikatnym różowym tle. Nagle słyszę swój płacz. Płaczę i nie poznaję swego głosu. Tracę kontrolę nad łzami i nie potrafię wytłumaczyć sobie powodu płaczu. Czy to wyczerpanie? A może to ten widok? Albo po prostu świadomość, że dotarłam tutaj, na górę, na dach Afryki? Nie wiem. Słyszę jak przewodnik mówi: „Nie płacz, bo stracisz za dużo energii!". Nie udaje mi się jednak powstrzymać od głośnego, głębokiego szlochania, póki wreszcie nie staję na Uhuru Peak. Jest siódma godzina, gdy przewodnik gratuluje nam wejścia na sam szczyt. On również jest wyczerpany, pomimo że był tu już ponad sto razy.

Poza nami znajduje się jeszcze na górze sześć osób. Siadam obok tablicy z nazwą szczytu i ściągam spodnie przeciwdeszczowe, aby porządnie wyglądać na zdjęciu. Przewodnik upomina nas, że mamy się pospieszyć. Musimy szybko schodzić z powrotem, gdyż Hans nie czuje się najlepiej. Zdrętwiałymi z zimna palcami robi nam kilka zdjęć. Automatycznie pstrykam kilka fotek okolicy i nadal czekam na wielkie emocje, ale nic nie czuję. Nie przychodzi mi nawet do głowy, tak jak planowałam przed podróżą, aby popatrzeć z góry na moją ukochaną Kenię. Czuję się jak pusty, przekłuty balon, jak zombi.

Podobnie dzieje się z Hansem, a poza tym jest blady jak śmierć. Żałuje tylko, że to on stoi teraz tutaj, a nie jego ojciec. Nigdy nie wierzył w to, że kiedykolwiek dojdzie na szczyt, ponieważ jest palaczem. Musimy ruszać. Kiedy podążamy po krawędzi krateru, z naprzeciwka nadchodzą kolejni zombi. Również na nic nie reagują, tylko wloką się po prostu ciężkim krokiem w kierunku szczytu. Podczas zejścia nadzwyczaj szybko odzyskuję siły. Biegniemy i ześlizgujemy się po stromym żużlowym zboczu. Mam wrażenie, jakbym skakała w głębokim śniegu, tyle że tutaj jest dużo pyłu.

Hans ma mocne bóle głowy i potyka się o własne nogi. Zastanawiam się, czy w ogóle da radę dotrzeć do obozu – musimy zejść ponad tysiąc dwieście metrów. Jak dobrze, że przed wyprawą trenowałam. Po godzinie odczuwam straszliwe pragnienie. Pomimo że jest już bardzo ciepło, Hans nie zdejmuje ani rękawiczek, ani czapki, ani kurtki. Nadal martwię się o niego, gdyż plącze mu się język, kiedy mówi. Stale słyszę zdanie: „Tak mi jest źle, że to nie może być zdrowe". Robimy przerwę i pijemy. Daję Hansowi tabletkę od bólu głowy i dodatkowo dwie aspiryny na rozrzedzenie krwi. Wspólnie spożywamy moje suszone owoce. Po kilku minutach czuje się już lepiej. Nadal jednak nie chce niczego zdjąć z siebie, pomimo że się poci. Przewodnik bierze go pod rękę i idą razem dalej. Po prawie dwóch godzinach widzimy poniżej nasz obóz. Rozpoznaję osoby z naszej grupy, które patrzą na nas, i macham do nich ręką. Nie odmachują mi. Dziewięć godzin od wyjścia docieramy wyczerpani do obozu.

Panuje nie najlepszy nastrój. Pierwsi z gratulacjami przychodzą do nas tubylcy, pomocnicy przewodnika. Potem pojawia się przyjaciel Petry i oschle nam gratuluje. Z kolei Petra wykrzyku-je swoje najlepsze życzenia z namiotu. Jeszcze bardziej oszczęd-ny w słowach jest emerytowany dentysta. Poza słowem „gratula-cje" nie mówi nic więcej. Straszne! Robi jednak na moją prośbę zdjęcie. Hans wchodzi na czworakach do namiotu i ze zmęczenia od razu zasypia. Nie mamy zbyt wiele czasu na spakowanie swo-ich rzeczy i zjedzenie obiadu. Jeszcze dzisiaj musimy zejść szla-kiem Mweka prawie tysiąc osiemset metrów do obozu o takiej samej nazwie.

Siedzę sama przed namiotem i czekam na jedzenie. Z nikim nie mogę podzielić się doświadczeniami, gdyż nikt się tym nie interesu-je. Za to wysyłam SMS-y do najbliższych. Na telefonowanie bateria jest za słaba. Napirai pisze: „Wspaniale, mamo, zawsze wiedziałam, że ci się uda!". Markus również jest dumny z mojego osiągnięcia i rozsyła nowinę po całej rodzinie.

Zejście odbywa się w odwrotnej kolejności przez różne strefy kli-matyczne. Gdy zanurzamy się w coraz bujniejszy dziewiczy las, cie-szy mnie widok najprzeróżniejszych kwitnących roślin. Schodze-nie straszliwie odbija się na stawach kolanowych i stopach. Po dwóch godzinach przestaję prawie zwracać uwagę na piękne kwit-nące krzewy i rozległe doliny, czuję tylko, jak w wielu miejscach na stopach zaczynają się tworzyć pęcherze. Próbuję zapobiec najgor-szemu i przyklejam plastry, martwiąc się, czy uda mi się dojść do obozu. Im niżej schodzimy, tym robi się bardziej parno i z czasem wszystko lepi się do ciała. Po trzech godzinach docieramy do obo-zu i w ostatniej chwili zdążamy jeszcze uciec przed ulewą do namio-tów. Jakieś piętnaście minut leje jak z cebra. Potem wszystko jest wilgotne, a podłoga w namiocie częściowo mokra. Jest mi wszystko jedno, bylebym tylko nie musiała dzisiaj iść jeszcze dalej po dwu-nastu godzinach wędrówki. Jest wczesne popołudnie i mamy jesz-cze dużo czasu do kolacji. Jak nigdy dotąd, czekam z utęsknieniem na pomarańczową miskę z podgrzaną wodą. Poza tym muszę za-troszczyć się o swoje stopy, gdyż jutro mamy przed sobą znowu dłu-gi odcinek do zejścia.

Powoli zaczynam cieszyć się na powrót do domu. Również w obozie czuje się, że wszyscy gorączkowo wyczekują końca wę-drówki. Dla przewodników i tragarzy jest to ostatnia wyprawa przed latem, gdyż właśnie zaczyna się pora deszczowa. Obawiają się również, że zanosi się na wojnę Ameryki z Irakiem. Jeśli do niej dojdzie, to wtedy znacznie mniej turystów będzie do nich przyjeżdżało. Żaden z nich nie wie, kiedy znowu zarobi jakieś pieniądze, a mimo to są pogodni i troszczą się o nas. Leżę w namiocie i przysłuchuję się głosom tubylców. Ciągle mają sobie coś do opowiedzenia. Cały dzień rozmawiają i śmieją się, a mimo to ciężka praca zostaje wykonana. Jak na dłoni widać, że są od nas, białych, bardziej beztroscy i komunikatywni. Każdy z naszej grupy znów siedzi we własnym namiocie i nawet po jedenastu dniach nie ma nic sobie nawzajem do powiedzenia. To smutne.

Przy kolacji toczy się dyskusja na temat napiwków. Dla mnie jest pewne, że do zwyczajowej kwoty dołożę dodatkowo sto dolarów dla tragarzy. Właściwie chciałam dać więcej, ale w obliczu tej całej dyskusji nie chcę wyjść na zarozumiałą. Później żałuję, że tego nie zrobiłam, zgubiłam bowiem w hotelu swoje ostatnie dwieście pięćdziesiąt dolarów.

Tej nocy śpię tak głęboko i mocno, że nawet nie słyszę, jak tragarze urządzają sobie małe pożegnalne przyjęcie. Również ostatniego dnia witani jesteśmy zwyczajową poranną herbatą. Po śniadaniu zwijanie obozu odbywa się jednak nieco szybciej niż zazwyczaj. Wkrótce cała drużyna staje przed nami, gdyż chce się pożegnać już tutaj. Petra wygłasza mowę pożegnalną i przekazuje napiwek głównemu przewodnikowi. Następnie wyciągam swoje sto dolarów i wyjaśniam, że są one dodatkowo przeznaczone dla prawdziwych bohaterów Kilimandżaro, a mianowicie wyłącznie dla tragarzy. Promienieją im twarze i radośnie wznoszą ręce ku górze. Tyle w nich radości, a jednocześnie tyle skromności! Słyszę: *Asante mzungu!* Gdy przepełnieni szczęściem śpiewają pieśń o Kilimandżaro, czuję wzruszenie podczas tej całej wyprawy. Na koniec każdy z tragarzy osobiście dziękuje nam uściskiem dłoni. Pakują olbrzymie bagaże na głowy i mijają nas, spiesznie podążając w kierunku doliny. Po ponad trzech godzinach i my docieramy do Machame Gate i czekamy na transport do hotelu. Tragarze są zajęci pucowaniem i praniem. Niektórzy czyszczą jeszcze nasze namioty czy garnki, podczas gdy inni już się myją. My również po siedmiu dniach marzymy o prysznicu w hotelu.

Przewodnik wręcza Hansowi i mnie certyfikat i kiedy słyszymy, że tej wyjątkowo zimnej nocy – na Stella Point było 25 stopni mrozu – tylko jedna piąta ze szturmujących szczyt ludzi dotarła na Uhuru Peak, zaczynamy być z siebie trochę dumni.

TĘSKNOTA ZA AFRYKĄ?

Kiedy następnego dnia siedzę zmęczona w samolocie, mam wystarczająco dużo czasu, aby pomyśleć o przygodzie, jaka mi się przydarzyła. Nieco zawiedziona, przyznaję się przed sobą, że ta podróż tylko trochę zaspokoiła powracającą do mnie ciągle tęsknotę za Afryką. Być może dlatego, że Tanzania to jednak nie Kenia, a może też nie ma już „mojej" Kenii, gdyż tyle się zmieniło.

Stało się dla mnie jasne, że na tym kontynencie, jako turystka, zawsze będę miała mieszane uczucia. Nie mogę, jako podróżująca biała, wyłącznie cieszyć się wszystkim, ponieważ wiele rzeczy widzę oczami tubylców. Z ich, a także po części z mojego, punktu widzenia nasze postępowanie wydaje się zupełnie niezrozumiałe. Na przykład to, że my, Europejczycy, wspinamy się z nadludzkim wysiłkiem na jakąś wysoką górę i jeszcze za to płacimy duże pieniądze, byłoby niewyobrażalne dla Lketingi i jego rodziny. Zapytałby mnie pewnie ze śmiechem: „Corinne, po co ty to robisz? To nie przyniesie ci ani jedzenia, ani wody, tylko same kłopoty. To szaleństwo!". I w pewien sposób miałby rację. Ludzie, którzy całą swoją siłę i energię przeznaczają na to, aby móc jakoś przeżyć, nie wpadną nigdy na pomysł, aby tak po prostu wziąć udział w przedsięwzięciach, które nie przynoszą żadnych namacalnych korzyści.

Patrzę na to moje wchodzenie na Kilimandżaro w dwojaki sposób: z jednej strony jawi mi się ono jako absurdalne i szaleńcze, z drugiej jednak strony jestem dumna i szczęśliwa, że nie poddałam się i dotarłam na sam szczyt, na dach Afryki.

Ta podróż pokazała mi jednak wyraźnie, że nie mogłabym już żyć w Afryce. Moje miejsce jest tam, gdzie teraz żyję, u boku Napirai i mojego obecnego partnera. Kiedy Markus na lotnisku w Zurychu bierze mnie w ramiona, promiennie się przy tym uśmiechając, i kiedy razem jedziemy do Lugano, wiem, że jestem w domu.

Często ludzie zadają mi pytanie, czy kiedykolwiek żałowałam, że zakochałam się w wojowniku Samburu. Za każdym razem odpowiadam z najgłębszym przekonaniem: Nigdy! Otrzymałam przywilej stania się częścią pewnej kultury, której w tej formie prawdopodobnie już niedługo nie będzie, i dane mi było przeżyć wielką miłość. Jeśli rzeczywiście istnieje reinkarnacja, to jestem przekonana, że wcześniej należałam do plemienia Samburu. Tylko w ten sposób mogę sobie wytłumaczyć swoje ówczesne wrażenie, że przyjechałam do domu i pomimo całego ubóstwa, do jakiego nie byłam przyzwyczajona, tak pewnie i bezpiecznie czułam się u Lketingi i jego rodziny. Wiem dokładnie, że gdybym nie poszła za tym wewnętrznym głosem, przez całe życie miałabym uczucie, iż przegapiłam coś ważnego. I nie byłoby wtedy mojej ukochanej ponad wszystko córki, Napirai!

Jeśli nawet we wcześniejszym życiu byłam Samburu, to w tym obecnym urodziłam się i wyrosłam w Szwajcarii, a tym samym ukształtowała mnie nasza środkowoeuropejska kultura. To jest chyba główny powód, dla którego miłość Lketingi i moja nie mogła przetrwać. Byliśmy po prostu zbyt różni. Poza tym nie mieliśmy możliwości głębokiego porozumienia językowego. W moim obecnym związku partnerskim wiem doskonale, jak ważna i piękna jest wymiana myśli i uczuć za pomocą rozmowy. Ponadto nie potrafię już sobie wyobrazić życia bez wygód, po tym jak przez swoje afrykańskie doświadczenia nauczyłam się nimi szczególnie cieszyć.

Nie, nie mogłabym już żyć w Afryce! Choć nadal jestem przywiązana do swojej byłej rodziny i bardzo ciekawa dzisiejszej Kenii. Być może będę mogła pewnego dnia zaspokoić tę ciekawość, kiedy Napirai będzie już dorosła i zechce poznać swoich afrykańskich krewnych. Kto wie?

PODZIĘKOWANIA

Chciałabym bardzo serdecznie podziękować wszystkim, którzy pomogli mi po powrocie z Kenii i ułatwili rozpoczęcie nowego życia w europejskim świecie:

Napirai i mojemu towarzyszowi życia, Markusowi, którzy z wyrozumiałością i cierpliwością znosili wszystkie moje pomysły,

swojej matce i jej mężowi Hanspeterowi, którzy przyjęli do siebie moją córkę i mnie,

wszystkim opiekunkom i ich rodzinom, którzy z miłością opiekowali się Napirai i dzięki temu również ją ukształtowali,

wszystkim swoim przyjaciółkom, przyjaciołom i znajomym, którzy w ostatnich trzynastu latach towarzyszyli mi na jakimś odcinku życiowej drogi,

moim pracodawcom, którzy obdarzyli mnie zaufaniem i dali mnie, matce samotnie wychowującej dziecko, szansę,

szwajcarskim urzędom, które nie potraktowały mojego przypadku biurokratycznie, a tym samym umożliwiły mi nowy początek w tym kraju,

i na koniec, lecz nie na ostatnim miejscu, współpracowniczkom i współpracownikom A1 Verlag, którzy z pieczołowitością i wielkim zaangażowaniem wyprawili moje książki w drogę.